무너진 자리에서
피어난 은혜

일러두기
본문의 성경은 《성경전서 개역개정판》을 주로 사용하였습니다.
본서에 표시된 성경본문의 강조는 저자의 것이며 원서와 동일하게 표시했습니다.

무너진 자리에서 피어난 은혜

김지훈 지음

국제제자훈련원

매일 은혜 하나 21일 은혜 캘린더

우리의 삶 가운데 매일 풍성한 은혜를 부어주시는 주님을 기억하며,
21일 동안 매일 주신 은혜를 기록해봅시다.

1일	2일	3일
4일	5일	6일
7일	8일	9일
10일	11일	12일

13일	14일	15일
16일	17일	18일
19일	20일	21일

Remembering Grace.

이 책은 보물과 같습니다. 김지훈 교수는 자신의 고통을 헛되이 하지 않았습니다. 오히려 그 상처를 진주로 바꾸었습니다. 그는 고난을 통해 반전의 드라마를 써 내려가시는 하나님을 믿었습니다. 상처 입은 이들을 향한 하나님의 섭리를 더 깊이 이해하고자 하는 모든 이들에게 이 책을 강력히 추천합니다.

강준민 | L.A. 새생명비전교회 담임목사, 《뿌리깊은 영성》 저자

처음에 추천사를 부탁받고 보내준 초본을 읽은 후 척수손상재활을 전문으로 하는 의사이자 태어나면서부터 지금까지 기독교인으로 살아가는 저에게 이 책에 담담하게 써 내려간 이야기 속에 지내온 시간이 어떤 것인지 알기에 감히 추천사를 쓰는 게 쉽지 않았습니다. 제 추천사가 여기에 담긴 글의 무게와 깊이를 가볍게 하거나 얕게 하지 않기를 바라며 용기를 내어 글을 적어봅니다. 이 책은 지나온 삶에 대한 반성만을 담은 신앙고백이자 힘든 역경을 이겨낸 단순한 해피엔딩이 아닌 오늘과 앞으로를 살아갈 때 우리가 무엇을 바라며 어떻게 살아가야 하는지에 대한 이야기가 담겨 있습니다. 질문 시간을 통해 자신을 한 번 더 돌아볼 시간을 갖게 한 점이 여느 책과 다른 무게가 있습니다. 결론부터 말하자면《무너진 자리에서 피어난 은혜》를 크리스천이든 아니든, 장애인이든 비장애인이든 더욱 더 많은 사람들이 읽었으면 합니다. 두려움과 절망 속에서 말씀으로 피어난 아름다운 향기가 이 책을 읽는 모든 이에게 스며들어 하나님의 은혜가 함께 하시기를 바랍니다.

중추신경계는 뇌와 척수로 이루어져 있고 감각, 운동 및 자율신경계를 조절합니다. 척수는 척추 안에 보호를 받고 있지만 교통사고, 낙상, 스포츠 같은 외

상이나 질병으로 척수손상이 발생할 수 있습니다. 척수손상 후에 손상된 수준과 정도에 따라서 사지마비나 하반신마비뿐 아니라 소변과 대변 기능에 장애가 생기고 혈압과 체온을 조절하기도 어려워지며 욕창이나 신경인성 통증 같은 합병증도 발생하게 됩니다. 이전에는 의식하지 않고 쉽게 했던 일이 갑자기 어려운 일이 되며 식사나 옷을 입는 등 기본적인 일상조차 다른 사람의 도움이 필요하게 됩니다. 현재까지 줄기세포나 뇌칩 이식 같은 연구가 많이 진행되지만 척수신경을 완전하게 회복해 주는 의학까지 아직 발전하지 못하였습니다. 척수손상 후 재활치료를 위해 입원한 환자들이 가장 많이 하는 질문 중 하나는 '재활을 열심히 하면 다시 걸을 수 있을까요?'입니다. 하지만 재활치료 목적이 마비를 이전과 같은 상태로 되돌리는 것이 아닌 남은 기능을 최대한 증가시키고 성공적으로 사회로 복귀하도록 하는 것이기에 예후에 대하여 환자에게 대답을 하는 것은 매번 어려운 일입니다. 보통 "재활치료가 초기에는 신경회복에 도움이 될 수 있지만, 그렇다고 마비를 다 고치는 게 아닙니다. 재활은 환자분이 앞으로 어떻게 살아가야 하는지 배우는 과정입니다"라고 답을 드립니다. 이는 의사로서 환자에게 도움이 되고자 하는 최선의 말을 했지만 이는 신체적으로 어떻게 살아가야 하는지만 이야기하고 앞으로 삶에 무엇을 중심에 두고 살아가야 하는가에 대한 이야기까지는 하지 못하였습니다. 마음속에 그 답이 있었음에도 환자가 종교가 다를 수도 있고, 현재 상황에 어울리지 않는다는 생각에 차마 더 이야기를 할 수 없다고 생각했습니다.

그래서 고통 속에 임하시는 하나님이 계시기에 소망하며, 무너진 그 자리에서 피어난 은혜를 마주하였다는 김지훈 교수님의 당당한 고백이 참으로 부끄럽게 다가왔습니다. 또한 남들에게 드러내기 쉽지 않은 과거 또한 여실히 드러내어 약함을 부끄러워하지 않고 회개하고 하나님의 존재와 자비를 체험하며 새로운 삶을 살아가는 용기는 부럽기까지 합니다. 여기에 담긴 진실한 고백이 많은 사람들에게 전달되어 같은 믿음과 용기를 가질 수 있기를 바랍니다.

환자들은 정해진 치료와 병원 스케줄에 맞춰 살아가지만 장애를 수용하고 앞으로의 삶을 받아들이기는 쉽지 않습니다. 이전의 삶으로 똑같이 돌아갈 수 없다는 좌절감으로 우울과 불안 같은 심리적인 문제가 생기기도 합니다. 의사와 심리치료사와 상담을 하더라도 당사자의 어려움을 온전히 경험하지 못한 사람들의 말은 공허하게 울리는 소리가 되기도 합니다. 이럴 때 퇴원 후 사회에서 그 삶을 살아가는 척수장애인과 직접적인 대화를 하는 것이 더 큰 응원과 위로가 될 때가 있습니다. 그래서 국립재활원에는 입원한 환자와 지역사회 거주하는 척수장애인과 만남을 주선하는 '멘토-멘티' 프로그램이 있습니다. 가족에게조차 내비칠 수 없던 속사정을 이야기하고, 현재의 어려움을 헤쳐 나갈 수 있는 힘과 용기를 얻기도 합니다. 본문에서 인생에서 좌절이나 예상치 못한 고난은 누구에게든 생길 수 있고 꿈꾸며 나아가고자 했던 우리의 계획이 실패할 수 있지만 하나님은 예측하지 못한 길을 통해 더 크고 깊은 계획을 이루심을 경험하였다고 간증합니다. 그러기에 이 책이 현실을 살아가면서 좌절이나 실패, 예상하지 못한 고난으로 힘겨워하며 나아가야 할 길을 찾지 못하는 사람들에게 멘토 역할을 해줄 거라고 확신합니다.

우연이라고 쓰고 섭리라고 읽는다는 교수님의 말처럼, 하나님의 준비하심이었는지 금주 설교말씀에 선교는 소망, 복음, 은혜로 이루어진다고 하셨습니다. 이 책에는 이 세 가지가 다 있으니, 이를 통하여 이루실 하나님의 계획을 기대하며 이 책을 추천합니다.

김은유 | 보건복지부 국립재활원 척수손상재활과장

김지훈 교수의 이야기를 읽을 때마다 제 마음에는 한 가지 확신이 떠오릅니다. "하나님은 결코 우리를 포기하지 않으신다." 그는 무너짐의 자리에서 이 진리를 온몸으로 배운 사람입니다. 삶이 송두리째 흔들리는 순간에도 믿음을 붙든 그의 고백은, 하나님의 은혜가 얼마나 깊고 실제적인지를 보여줍니다.

저는 아일리프 신학교 시절 처음 그를 만났습니다. 그때 그는 육체적으로 연약했지만, 영적으로는 강인한 학생이었습니다. 임상목회교육 과정에서 함께하며 나눴던 대화들─삶과 죽음, 고통과 소망, 믿음과 회복에 대한 대화─은 지금도 제 마음에 깊이 남아 있습니다. 그는 질문하는 사람이었고, 그 질문 속에서 하나님을 찾아가는 사람이었습니다. 그 후로도 그는 꾸준히 성장했습니다. 시련 속에서도 배움을 멈추지 않았고, 상처 속에서도 사랑을 배우려 했습니다. 이 책은 그런 그의 여정의 열매입니다. 아픔을 숨기지 않고 드러내며, 그 속에서 은혜를 발견한 이의 진솔한 고백이 담겨 있습니다.

지훈 교수의 이야기는 단순한 간증을 넘어, 무너짐 속에서도 여전히 함께하시는 하나님을 향한 한 사람의 고백입니다. 이 책을 읽는 모든 이가 그의 여정 속에서 자신의 상처를 안아주시는 하나님의 따뜻한 손길을 느끼게 되길 바랍니다. 무너진 자리에서 피어난 은혜 — 그것은 그의 이야기이자, 동시에 우리 모두의 이야기입니다.

손재흥 | 예능교회 담임목사

저자는 극한의 고통 속에서 만난 하나님을 이 책에 담아냈습니다. 무너진 자리가 새로운 시작이 될 수 있다는 것을 자신의 삶으로 증명합니다. 21일간의 은혜 기록은 고통이 단번에 사라지는 기적보다 더 강력한 메시지를 전합니다. 절망 속에서도 매일 하나님을 붙들었던 그의 진솔한 고백은, 무너짐을 경험한 독자들에게 깊은 위로가 됩니다. 고통과 상실, 그리고 의미에 대한 질문의 실마리를 풀어줄 이 책을 모두에게 추천합니다.

이지선 | 이화여자대학교 사회복지학과 교수, 《지선아 사랑해》 저자

이 책은 신적인 영감과 꺾이지 않는 소망, 그리고 하나님의 궁극적인 승리와 의로움을 향한 꺼지지 않는 갈망으로 가득 차 있습니다. 김지훈 교수의 간증이 담긴 이 책은 인생의 고통과 고난, 장애, 허무함, 무의미함 속에서 씨름하는 모든 이들이 꼭 읽어야 한다고 생각합니다. 《무너진 자리에서 피어난 은혜》는 오늘날 우리가 만날 수 있는 가장 강력하고 놀라운 치유와 회복의 이야기 중 하나입니다.

정성욱 | 덴버신학교 조직신학 교수

김지훈 교수는 한순간의 사고로 삶의 방향이 완전히 바뀌었지만 절망의 깊은 골짜기 속에서도 하나님의 손길을 발견하며 다시 일어섰습니다. 그의 고백은 단지 개인의 간증을 넘어 지금 이 순간에도 고통으로 무너짐의 시간을 지나고 있는 모든 이들에게 하나님의 주권과 은혜가 어떻게 역사하는지를 실존적 신앙으로 알려주며 믿음의 방향을 제시해 줍니다.

정주호 | 스타트레인 대표, 《홀리 바다: 목적이 이끄는 몸》 저자

저는 50년이 넘도록 사지마비 상태로 살아왔지만 여전히 새로운 도전들이 계속되기에, 장애를 다루는 전문가라고 생각하지 않습니다. 우리를 찾아오는 새로운 도전들은 저와 김지훈 교수 같은 이들을 하나님의 은혜에 더욱 깊이 의지하도록 만듭니다. 《무너진 자리에서 피어난 은혜》에서 제 동료이자 친구인 김지훈 교수는 모든 연약함이 하나님의 은혜의 능력이 드러나는 무대가 될 수 있다는 감동을 나누고 있습니다.

조니 에렉슨 타다(Joni Eareckson Tada) | 조니앤프렌즈 국제장애센터 설립자 및 대표

《무너진 자리에서 피어난 은혜》에서 김지훈 교수는 지난 20년간의 놀랍고도 고통스러운 여정을 회상합니다. 저는 2004년 그가 척수 손상으로 사지마비가 되었을 때부터 그를 알고 지냈으며, 수많은 장학금으로 이어진 그의 끊임없는 인내와 노력의 과정을 지켜보았습니다. '살아낸 신학'(lived theology)의 결과로 나타난 '살아있는 신학'(living theology)이 담긴 그의 삶의 이야기에 참 감사합니다. 그의 이야기는 저에겐 큰 영감이 되고, 많은 이들에게 격려가 될 것이라 생각합니다.

스테파니 퍼시벌(Stephanie Percival) | 전 크레이그 병원 임상관리국장

심한 스키 사고로 거의 전신이 마비된 사람이 석사와 박사 학위를 마치고, 모교에서 강사로, 그리고 어시스턴트 디렉터로 섬기는 일은 흔치 않습니다. 더욱이 예수 그리스도와의 관계로 인해 자신의 상황 속에서도 진심으로 기뻐할 수 있는 삶을 사는 이는 극히 드뭅니다. 김지훈 교수는 이 모든 것을 이루었고, 그 이야기를 솔직하고 진솔하며 감정이 살아 있는 문체로 풀어냈습니다. 저는 이 책을 가능한 한 많은 독자들에게 적극 추천합니다.

크레이그 L. 블롬버그(Craig L. Blomberg) | 덴버신학교 신약학 명예교수

《무너진 자리에서 피어난 은혜》에서 김지훈 교수는 고통 속에서 우리를 만나주시는 사랑의 하나님에 대한 개인적이고 솔직한 이야기를 깊이 있게 들려줍니다. 그는 아무것도 숨기지 않고, 고통, 의심, 두려움, 좌절, 수치, 위선, 그리고 "왜 하필 나인가?"라는 분노까지도 모두 정직하게 드러냅니다. 같은 질문으로

고민해 온 이들에게 이 간증은 진정한 영감을 줄 것입니다.

수잔 숄티(Suzanne Scholte) | 서울평화상 수상자

김지훈 교수는 비극과 투쟁, 인내와 희망의 가슴 아픈 이야기를 전합니다. 자신의 삶을 솔직히 드러내며, 독자들이 그의 경험 속으로 함께 걸어 들어가 하나님의 사랑을 새로운 시각으로 보게 합니다. 이 책은 우리가 받은 생명을 가장 충실하게 살아내도록 도전하고 영감을 주는 작품입니다.

커트 테일러(Curt Taylor) | 체리힐스 커뮤니티교회 담임목사

저처럼 솔직한 회고록을 좋아하는 사람이라면, 그리고 단순히 한 사람의 인생이 변화된 이야기뿐 아니라, 신실하신 하나님을 다시 한번 기억하게 해주는 책을 찾고 있다면, 김지훈 교수의 감동적인 이 책을 반드시 읽어보시길 바랍니다.

켈리 M. 카픽(Kelly M. Kapic) | 《우리는 유한한 인간입니다》 저자

《무너진 자리에서 피어난 은혜》는 자기 중심적 삶에서 하나님 중심의 삶으로, 불안에서 자유로, 슬픔에서 기쁨으로 나아가는 감동적인 여정을 담고 있습니다. 김지훈 교수는 설원 속 사고로 인한 마비라는 비극적인 사건을 회고하며, 그 속에서 씨름했던 좌절과 두려움, 분노의 순간들을 생생히 기록했습니다. 인생의 갑작스러운 시련을 경험한 모든 이들은 그의 지혜로운 은혜의 언어 속에서 위로와 용기를 얻게 될 것입니다.

린 H. 코익(Lynn H. Cohick) | 신약학 석좌교수, 휴스턴 신학교 학장

김지훈 교수는 고난에 대해 알고 있습니다. 그리고 예수님을 사랑하는 법도 알고 있습니다. 어떤 이들에게 이 두 가지는 함께할 수 없는 일처럼 보이기도 합니다. 그러나 그에게 있어, 이 이야기는 고난 가운데서 예수님을 사랑하기로 한 결정으로 이어졌고, 그것은 그의 삶을 새롭게 바꿔 놓았을 뿐 아니라, 그가 가르치고 말하고 글로 전하는 모든 사람에게도 영향을 미치고 있습니다. 그의 이야기와 예수님을 향한 그 마음에 저는 놀라움과 감사를 느낍니다.

브래드 뮬리(Brad Meuli) | 덴버구호선교회 대표 및 CEO

이 정직하고 담대한 회고록에서 김지훈 교수는 후천적 사지마비가 당사자 자신뿐 아니라 교회 공동체에도 어떤 도전을 던지는지를 보여줍니다. 그 어떤 장애도, 모든 그리스도인이 하나님의 사랑의 통로가 되길 원하시는 하나님의 음성을 잠재울 수 없습니다. 자기중심적 꿈에 사로잡혔던 삶에서, 완전히 새롭고 생명을 주는 꿈을 허락하시는 하나님과의 살아 있는 대화로 나아가는 감동적이고 몰입감 넘치는 여정의 이야기입니다.

브라이언 브록(Brian Brock) | 애버딘대학교 도덕 및 실천신학 교수

《무너진 자리에서 피어난 은혜》는 스노보드 사고로 사지마비가 되어 극심한 통증과 타인의 돌봄에 전적으로 의존하게 된 김지훈 교수가 인생의 목적을 찾아가는 고통스러운 여정을 담은 놀라운 이야기입니다. 그는 바닥까지 떨어져 하나님께 부르짖었고, 하나님 안에서 자신감을 얻고 힘을 회복했습니다. 그 고통스러운 과정을 통해 그는 인생의 목적이 하나님께로부터 무엇인가를 받는 것이 아니라, 하나님께 영광을 돌리는 데 있음을 깨달았습니다.

스티븐 G. 스털링(Steven G. Stirling) | MAP인터내셔널 대표 및 CEO

하나님,
왜 저입니까?

우리는 이 세상을 살아가며 수많은 고난과 시련을 경험합니다. 때로는 견딜 수 없는 상실감과 아픔 속에서 마음이 무너지고 모든 것이 허무하게 느껴지는 날도 있습니다. 어떤 고난은 일시적으로 지나가지만, 또 어떤 고난은 우리 삶을 송두리째 뒤흔들며 결코 이전으로 돌아갈 수 없게 만듭니다. 그때 우리는 묻습니다. "하나님은 선하고 전능하신데 왜 이런 고난을 막아주시지 않는가?", "하나님이 살아 계신다면 왜 세상에 이렇게 많은 고통과 악이 존재하는가?", "왜 성경의 기록처럼 기적은 일어나지 않는가?"

이러한 질문은 하나님에 대한 신뢰를 흔들고 때로는 믿음에서 떠나게 만들기도 합니다. 실제로 수많은 사람이 하나님을 등지고 신앙을 포기했습니다. 그러나 동시에 이 질문은 많은 사람에게 신앙의 본질에 대한 깊은 사유와 영적 갈망을 불러일으키기도 했습니다. 초대교회의 수많은 성도가 예수님을 믿는다는 이유로 핍박을 받고 감옥에 갇히고 고문을 당했으며, 심지어 콜로세움에서 생명을 잃었습니다. 그러나 그들은 고난 앞에서도 예수 그리스도를 부인하지 않았습니다.

믿음은 때로 합리적 이해를 넘어서는 결단이며 인간의 힘이 아닌 하나님의 은혜로만 가능한 선택입니다. 세상은 그러한 믿음을 어리석다고 하겠지만, 그 길은 2천 년 교회 역사를 통해 수많은 성도가 걸어간 신실한 여정이었습니다. 또한 고난의 길이지만 주님과 동행하는 여정이었고, 고통의 삶이지만 주님이 주시는 기쁨이 있었으며, 실망과 유혹이 있지만 십자가를 지는 제자도였습니다. 그들은 눈에 보이는 성공이 아니라 주님을 향한 순종과 신뢰로 삶의 의미를 발견하고 주님 안에서 승리한 사람들입니다.

저 역시 인생의 결정적인 전환점을 맞이한 사람입니다. 저는 장애를 저의 삶과 무관한 것으로 여겼습니다. 그러나 한순간의 사고로 제 삶은 완전히 달라졌고, 회복할 수 없는 현실 앞에서 하나님을 향한 질문과 갈망이 터져 나왔습니다.

어린 시절부터 교회에 다니고 하나님을 믿는다고 말했지만, 솔직히 말해서 제 믿음은 세상의 유혹과 욕망 속에서 점점 무너지고 있었습니다. 술, 담배, 마약, 폭력, 성적인 죄, 퇴학 그리고 방황의 시간 속에서 저는 세상적인 성공과 쾌락만을 추구하며 살았습니다. 그러던 어느 날 모든 것이 무너졌습니다. 제가 하나님을 찾기 시작한 것도 믿음 때문이 아니라 다시 걷고 싶다는 절박한 소망 때문이었습니다. 저는 제 뜻대로 살아왔고 하나님을 이용하려 했습니다. 그러나 하나님께서는 그 사고를 통해 저를 낮추시고, 무너진 자리에서 새로운 삶을 시작하게 하셨습니다. "젊은 자들아 이와 같이 장로들에게 순종하고 다 서로 겸손으로 허리를 동이라 하나님은 교만한 자를 대적하시되 겸손한 자들에게는 은혜를 주시느니라"(벧전 5:5).

이 책은 그러한 여정의 고백입니다. 단지 저의 이야기만이 아니라 고난 가운데 하나님을 찾고자 하는 모든 이에게 드리는 위로와 격려입니다.

저는 거짓말하지 않겠습니다. 예수님을 믿는다고 해서 인생이 단번에 바뀌고, 모든 문제가 해결되고, 매일이 행복과 감사로만 가득 차는 것은 아닙니다. 하나님은 우리에게 고난을 면제해 주시기보다 그 속에서 우리와 함께하시고 그 가운데서도 살아갈 힘을 주시는 분입니다.

여러분이 지금 어떤 고난을 겪고 있든지, 하나님께서는 당신을 결코 버리지 않으십니다. 우리가 느끼지 못하고, 보지 못하고, 이해하지 못하더라도 그분의 사랑은 변함없이 우리와 함께합니다. 그 사랑은 너무 크고 강렬하여 독생자 예수 그리스도를 십자가에 내어주셨습니다. 이 사건은 단순한 신화나 상징이 아닌, 역사적 사실입니다. 예수님은 존재하셨고 십자가에 달리셨으며, 죽음을 이기고 부활하셨습니다. "우리가 아직 죄인 되었을 때에 그리스도께서 우리를 위하여 죽으심으로 하나님께서 우리에 대한 자기의 사랑을 확증하셨느니라"(롬 5:8).

고통은 하나님의 부재를 의미하는 것이 아니며, 오히려 고통 속에 임하시는 하나님이 계시기에 우리는 소망할 수 있습니다. 우리의 고난은 곧 하나님의 임재를 증명하는 자리입니다. 오직 예수님만이 인류의 유일한 희망임을 저는 확신합니다.

이 책을 쓰는 것이 쉽지는 않았습니다. 저의 수치와 상처, 연약함을 드러내야 했기 때문입니다. 하지만 그것이 누군가에게 위로가 될 수 있다면, 저의 고백은 더 이상 부끄러운 것이 아닙니다. 우리는 모두 아픔과 외로움, 상실과 절망 속에 살아가며 그 속에서 의미 있는 삶을 소망하는 동일한 인간입니다. 여러분이 겪는 슬픔은 저의 슬픔이고, 저의 연약함은 곧 여러분의 연약함입니다. 하나님을 잃어버린 듯한 침묵의 시간 속에서 우리는 함께 하나님의 얼굴을 다시 찾고자 발버둥치는 동반자입니다. 고통의 동반자와 함께 저의 여정을 나누고 싶습니다. "서로 돌아보아 사랑과 선행을 격려하며 모이기를 폐하는 어떤 사람들의 습관과 같이 하지 말고 오직 권하여 그날이 가까움을 볼수록 더욱 그리하자"(히 10:24-25).

이 책은 일반적인 간증집처럼 연대기 순으로 구성되어 있지 않습니다. 각 장은 고난, 꿈, 회복, 웃음 등 여러 주제를 중심으로 저의 경험과 신학적 성찰과 적용을 담았습니다. 저는 신학을 공부했지만, 모든 문제에 대한 정답을 가진 사람은 아닙니다. 다만 저의 삶을 돌아보며 하나님께서 어떻게 역사하셨는지를 묵상하며 쓴 글입니다. 여러분이 모든 내용에 동의하지 않으시더라도 서로의 이야기를 나누며 함께 기도하고, 다시 일어설 수 있기를 소망합니다.

무엇보다 저는 이 책을 통해 하나님께 영광 돌리기를 원합니다. 저를 인내로 품어주시고 쓰러졌을 때도 포기하지 않으신 예수님께 깊은 감사를 드립니다. 저의 모든 죄를 용서하시고 높으신 손으로 다시 일으켜 세워주신 주님을 사랑합니다. 또한 저의 부모님께 감사를 전합니다. 부모님의 희생과 사랑은 말로 다 표현할 수 없습니다. 저를 도와주신 가족과 멘토들과 친구들 그리고 덴버신학교 한국어 글로벌 캠퍼스와 스태프와 여러 교수님, J.D. Kim Ministries의 동역자들, Cherry Hills Community Church와 드림 교회 성도님들 그리고 저의 책 출간을 허락해주신 국제제자훈련원에도 깊이 감사드립니다. 이름 없는 사람임에도 하나님의 은혜로 이 글을 세상에 내놓을 수 있게 되어 기쁩니다.

이 책을 펼친 여러분에게 간절히 전합니다. 여러분은 혼자가 아닙니다. 우리의 고난 속에 분명 하나님이 함께하십니다. 주님의 손길이 여러분의 삶에도 닿아, 위로와 회복 그리고 소망의 여정이 시작되기를 진심으로 기도합니다.

목차

한계:
공든 탑도 무너진다

우리는 흔히 말합니다. "공든 탑은 무너지지 않는다." 땀 흘려 쌓은 수고와 인내는 반드시 결실을 본다고 믿기 때문입니다. 우리는 누구나 삶을 공들여 세워갑니다. 목표를 향해 노력하고 관계를 가꾸며 미래를 준비하여 한층 한층 쌓아 올립니다. 무너지지 않을 성처럼 여겨지는 이 인생의 탑은 안정감과 자부심을 주기도 합니다. 그러나 인생은 때때로 그 믿음을 무너뜨립니다. 아무리 정성을 다해 쌓아 올린 탑이라도 예상치 못한 순간에 무너질 수 있다는 사실을, 우리는 경험을 통해 배웁니다. 삶은 아무런 예고 없이 방향을 틀어 우리를 낯선 길로 이끕니다.

여러분도 그런 경험이 있습니까? 삶이 예기치 않은 방향으로 흘러가고, 아무것도 통제할 수 없게 된 날이 있습니까? 이 장은 바로 그런 날에 관한 이야기입니다. 제가 세워 온 인생의 탑이 한순간에 무너지던 날입니다. 그러나 그날은 또한 하나님께서 그 무너짐 속에서 저를 다시 세우기 시작하신 날이기도 합니다. 본 장은 그러한 무너짐을 경험한 어느 하루의 기록이며, 동시에 그 폐허 위에서 다시 일어나기 시작한 이야기이기도 합니다. 이 상실의 기억이 다른 누군가에게 다시 일어설 수 있는 용기의 불씨가 되기를 바랍니다. 이 글을 읽는 여러분도 삶의 예기치 못한 전환점 앞에서 다시 하나님을 찾고 그분의 뜻을 깊이 묵상하는 시간이 되기를 소망합니다.

콜로라도주(Colorado) 아스펜(Aspen)에 거주하며 일하고 있던 나는 한 달에 한 번 정도 친구 션(Sean)과 함께 덴버(Denver)로 향하곤 했다. 그곳에서 한국 음식도 사고 지인들과 가족을 만나기 위해서였다. 익숙한 도로를 달리며 가는 이 여정은 고단한 일상 속에 작은 위안이자, 정체성을 다시 확인하는 시간이었다. 2004년 12월 7일이 있던 그 주에 우리의 휴무일은 일요일과 월요일이었기에, 우리는 토요일 저녁에 일을 마친 후 덴버로 갔다. 그리고 일요일에 다시 아스펜으로 돌아와 월요일에 스노보드를 타기로 했다.

그 주는 특히 기대가 컸다. 동료가 전해준 말에 따르면, 스키장에 눈이 많이 와서 파우더처럼 부드러운 눈이 쌓였고 설산의 풍경이 장관이라고 했다. 그 생생한 묘사는 마치 풍경이 눈앞에 펼쳐지는 듯했다. 겨울 시즌이 본격적으로 시작되면 식당 일이 바빠져서 주 6일 근무를 해야 할 수도 있기에, 그 전에 최대한 많이 스노보드를 즐기고 싶었다. 그것은 단순한 취미가 아니라 나에게 자유와 해방감을 주는 시간이었다.

나는 열세 살에 콜로라도로 이사 온 이후 매년 겨울이 되면 친구들과 함께 스노보드를 타기 위해 산을 찾곤 했다. 전문가 수준은 아니었지만 블랙 다이아몬드 코스를 무리 없이 내려올 수 있을 정도의 실력은 있었다. 무엇보다 설산을 가르며 흩날리는 눈발 속을 질주할 때, 그 순간은 내게 일상의 피로를 씻어내는 가장 확실한 해방이자 생명의 활력소였다.

덴버에 도착한 주일 아침, 우리는 아버지가 담임목사로 섬기시는 오로라 침례교회(Aurora Korean Baptist Church)에서 예배를 드렸다. 예배는 평범했고, 찬양과 설교도 모두 익숙한 흐름 속에 진행되었다. 그러나 나는 헌금 시간에 평소보다 훨씬 많은 금액을 봉투에 넣으며 기도했다. "하나님, 저를 축복해 주시면 교회를 세우겠습니다. 사업하고, 결혼하고, 자리를 잡으면 열심히 신앙생활 하겠습니다. 지금은 인생을 즐기게 해주세요."

그 기도가 내 마음속 깊은 곳에서 터져 나왔다. 진심이 담긴 기도였지만, 왜 그런 기도를 하는지 나도 몰랐다. 축복에 대한 감사였을까? 간절한 소망이었을까? 어쩌면 그것은 모태신앙인의 양심 고백이었는지도 모른다. 어린 시절부터 교회를 다니며 적어도 하나님의 공의와 사랑 그리고 나의 죄에 대해서는 인식하며 살아왔기 때문이다. 아니면 헌금으로 하나님의 복을 사고 싶은 오만이었을까? 하나님께 '축복해 달라'고 간절히 기도했지만, 그 축복이 어떤 방식으로 올지는 전혀 알 수 없었다. 그날따라 그 기도는 다르게 느껴졌고, 왠지 모르게 마음 한편이 무거웠다. 기도의 말투와 마음은 진지했지만, 그 속에는 어딘가 알 수 없는 조급함과 공허함이 섞여 있었다.

예배 후에 우리는 한인 식료품점에 들러 김치와 라면과 반찬을 샀고 삼겹살과 소주도 구입했다. 아스펜에는 한인 마켓도, 한식당도 없었기에 덴버에 오면 가능한 한 한국 음식을 많이 구매했다. 이날은 부모님 댁에 들러서 어머니가 해주시는 저녁을 먹기로 했다.

저녁 6시가 넘어가자, 어머니는 피곤한 기색이 역력하셨다. 주일 하루 동안 예배, 소그룹, 식사 준비 등 모든 사역에 헌신하신 후였기 때문이다. 그만큼 작은 교회에서 목회자 부부의 부담은 매우 컸다. 하지만 그 수고는 보이지 않는 곳에서 드려지는 거룩한 헌신이었다. 어머니는 지친 목소리로 말씀하셨다. "아들아, 오늘은 정말 피곤하다. 오늘 밤은 그냥 집에서 자고 내일 아스펜으로 떠나면 안 되겠니? 그래야 음식도 천천히 준비할 수 있고."

나는 부모님의 피곤함을 이해했지만 션은 단호히 거절했다. "안돼. 계획대로 해야 해. 내일 스노보드 못 타면 이번 시즌에 기회가 없을 수도 있어." 션과 나는 늘 나의 의견에 따라 움직이곤 했는데, 이날만큼은 션이 강경했다. 나는 마음이 불편했지만 친구들과의 약속도 중요했기에 어머니에게 대답했다. "엄마, 그냥 쉬세요. 음식은 다음에 올 때 가져갈게요. 무리하지 마세요."

나는 이 말로 상황이 정리될 것이라 생각했지만 그건 너무 순진한 생각이었다. 어머니는 결국 저녁을 준비하셨고, 우리는 한 시간 후에 출발할 수 있었다. 어머니는 떠나는 나를 붙잡고 다시 말씀하셨다. "오늘 밤은 그냥 여기서 자고 가면 안 되겠니?" 어머니의 목소리가 평소와 달랐다. 간절했고 염려가 담겨 있었다. 이상하게도 마음 한구석이 무거워졌다. 하지만 나는 그 감정을 억누르고 결국 집을 나섰다.

이후 우리는 지인들과 술집에서 만남을 가졌고, 그들은 더 마신 후에 하룻밤 자고 가라고 권했다. 나도 그러길 원했지만 션은 또 한번 단호히 거절했다. 우리는 거의 말다툼 직전까지 갔고, 결국 나는 마지못해 그의 결정에 따랐다.

다음 날 아침, 날씨는 완벽했다. 하늘은 맑고 햇살은 눈부셨다. 우리는 스노보드를 타기 위해 아스펜 스노우매스 스키 리조트

(Aspen Snowmass Ski Resort)로 향했다. 그곳에서 동료인 아사는 션과 함께 새로운 코스를 보여주겠다며 나를 이끌었다. 그리고 한참을 찾은 후에야 정상 근처에서 발견했는데, 나는 그동안 가본 적 없는 스키장의 가장 높은 곳에 서 있었다.

숨이 멎을 듯한 아름다운 광경이었다. 파란 하늘과 가깝고 산들은 햇빛을 받아 눈부시게 빛났다. 설산의 침묵 속에서 바람이 내 귓가를 스치며 속삭이는 듯했다. 그런데 그 순간, 설명할 수 없는 한기가 스쳤다. 마치 무언가가 다가오는 것 같은 느낌이었다. '이번이 마지막일 수도 있다'라는 생각이 들고 묘한 불안감이 엄습했다. 하지만 나는 그것을 애써 무시한 채 스노보드 신발을 착용했다.

나는 눈 위를 미끄러지듯 내려가며 차가운 공기와 속도감에 잠시 집중했지만, 마음 깊은 곳에 있는 이상한 불안감은 사라지지 않았다. 그러던 중에 코스를 따라 내려오던 션이 뒤에서 다가와 스노보드를 바꿔 타자고 제안했다. 평소 같으면 아무렇지 않게 거절했겠지만, 그날은 어딘지 모르게 이상한 기운이 감돌았다. 나는 망설였고 그것은 어쩌면 내 안의 직감이었을지도 모른다. 그러나 나는 결국 그의 제안을 받아들이고 보드를 바꿨다.

보드를 타고 내려오던 나는 잠시 멈춰서 친구들을 기다렸다. 그러다가 어제 아버지가 고민이 많으시다고 했던 어머니의 말이 생각나 전화를 드렸다. 아버지는 회의 중이라며 괜찮다고 하셨고, 나는 전화를 끊고 다시 눈 위를 내려갔다. 그런데 마음 어딘가에 남아 있던 찜찜한 감정은 여전히 나를 놓아주지 않았다. 그리고 그것은 곧 현실이 되었다. 다시 스노보드를 타고 눈 위를 내려가기 시작한 나는 곧 작은 눈 더미(mogul) 하나를 마주쳤다. 그 앞에서 나는 순간적인 판단을 요구받았다. 피할 것인가, 넘을 것인가? 그리고 그 다음 착지 순간에 예기치 못한 또 다른 눈 더미가 나타나면서 나는 중심을 잃은 채 공중으로 떠올랐다.

그 다음은 한순간이었다. 거친 충격과 이상한 '뻑' 소리 그리고 정적. 몸이 눈 위에 내리 꽂히는 느낌과 동시에 나는 몸을 움직이려 했지만 아무 반응이 없었다. 다리에, 팔에, 손가락에 아무 힘도 들어가지 않았다. "괜찮을 거야" 하며 스스로를 다독였지만 그것은 희망 섞인 주문에 불과했다. "션! 몸이 안 움직여!" 내 입에서 나온 말은 허공에 흩어졌고, 션은 처음에 장난이라고 여겼다. 하지만 내가 반복해서 외치자 그의 얼굴이 굳어졌다. 그는 나를 혼자 두고 갈 수 없어 머뭇거렸고, 나는 간신히 그를 설득해 구조요청을 하러 보내야 했다.

그렇게 나는 산 위에서 혼자가 되었다. 하늘은 여전히 맑고 푸르렀지만, 내 머릿속은 점점 어두워졌다. 몸을 움직이려고 해봐도 아무 일도 일어나지 않았다. 그때 갑자기 내 몸이 눈 위에서 천천히 미끄러지기 시작했다. 멈추고 싶었지만 그럴 수 없었다. 결국 나는 경사면 아래로 흘러내리듯 내려갔다. 이후 간신히 멈췄지만 그 뒤에는 한동안 정적이 이어졌다. 나는 기도하고 싶지 않았다. 기도는 현실을 받아들이는 행위 같았다. 하지만 하나님을 놓아버리는 것도 두려웠다. 그래서 조용히, 천천히 어릴 적 외웠던 주기도문을 되새기기 시작했다. "하늘에 계신 우리 아버지…뜻이 하늘에서 이룬 것같이…."

이후 스키를 타던 사람들에게 발견된 나는 그저 "911! 911!"이란 말을 간신히 할 수 있었다. 그리고 그들도 도움을 요청하러 떠나자 다시 혼자가 된 나는 두려움과 절망 속에서 버텼다. 구조대가 도착했을 때 나는 기력이 빠진 채로 응급조치를 받았다. 스노모빌에 실려 내려갔고, 곧장 대기 중이던 구급차에 실려 아스펜밸리 병원(Aspen Valley Hospital)으로 이송되었다. 그곳에서 검사를 마친 나는 구급 헬기에 실려 그랜드정션(Grand Junction)에 위치한 세인트 매리 병원(St. Mary's Hospital)으로 이송되었다. 그때 헬기를 처음 타보았지만 그것은 내가 상상한 어떤 비행도 아니었다. 나는 창밖의 하늘을 바라보며 속으로 다시 기도했다. "제발, 다시 걸을 수 있게 해주세요."

병원에 도착하자마자 나는 수술실로 이송됐고 마취 마스크가 내 얼굴을 덮었다. 첫 수술이었다. 나는 수술 도중에 깨어날까 봐 두려운 마음에 깊이 숨을 들이마셨다. 긴급 수술이 진행되어 C3, C4, C5번 경추를 고정하는 척추 유합 수술이 시행되었다. 금속 볼트와 판이 내 목에 삽입되었다.

한편, 사고 당일 아버지는 아스펜 밸리 병원으로부터 이상한 전화를 받았다. 몇 시간 전까지만 해도 멀쩡히 통화했던 아들이 위독한 상태이며 긴급 수술이 필요하다는 소식이었다. 그러나 전화의 내용이 명확하지 않아서 아버지는 당황했다. 잠시 후, 션이 아버지에게 다시 전화를 걸어 상황을 조금 더 구체적으로 설명했다. 내가 구급차에 실려 간 뒤 션은 병원으로 따라와서 대신 접수 절차를 마쳤다. 그는 크게 걱정하며 의료진에게 내 상태를 물어보았지만 확실한 대답은 듣지 못했다. 그저 상황이 심각하다는 암시만 받을 뿐이었다. 그 후 션은 아버지에게 전화를 걸어 "그랜드정션에 있는 병원으로 이송될 예정"이라고 알렸다. 아버지는 전화를 끊자마자 교회 집사님과 함께 5시간을 운전해서 병원에 도착했다.

회복실에서 눈을 떴을 때, 나는 여러 개의 수액 줄과 모니터에 연결되어 있었다. 몸을 움직이려 했지만 어깨에 번지는 통증은 내게 그것이 단순한 사고가 아님을 일깨워주었다. 눈을 돌리자 옆에 앉아 계신 아버지의 지친 얼굴이 보였고, 그 모습은 잠시나마 위로가 되었다.

며칠이 지나자 현실이 조금씩 다가왔다. 나는 걷지 못할 수도 있다는 공포에 직면했다. 그로 인해 나의 감정은 무뎌져서 의료진에게조차 차갑게 대했고 문병 온 동료들의 위로도 마음으로 받아들일 수 없었다. 나는 무너지고 있었다. 이 사고로 단지 몸만 다친 것이 아니라 자아도 산산이 조각났다.

그렇게 9일이 지난 후 병원 비행기로 덴버의 재활 전문 병원인 크레이그 병원(Craig Hospital)으로 이송되었다. 그 비행기 안에서 나는 처음으로 희망이라는 단어를 다시 떠올렸다. '모든 것이 다시 제자리로 돌아올 수 있을까?' 그것은 막연한 바람이었지만 내가 붙잡을 수 있는 유일한 줄이었다.

이것이 나의 전환점이었다. 어떤 탑도 무너지지 않는 탑은 없었다. 나의 탑은 무너졌고, 이제 나는 그 폐허 위에서 다시 시작해야 했다.

인간의 한계와 허무는 하나님의 은혜를 바라보게 합니다

인간은 자신의 힘과 노력으로 인생을 세우고 유지할 수 있다고 믿기 쉽습니다. 하지만 모든 것이 무너졌을 때, 비로소 우리는 인간이 얼마나 유한하고 의존적인 존재인지 깨닫게 됩니다. 시편 기자는 이렇게 고백합니다. "인생은 그 날이 풀과 같으며 그 영화가 들의 꽃과 같도다 그것은 바람이 지나가면 없어지나니 그 있던 자리도 다시 알지 못하거니와"(시 103:15-16). 이사야 선지자도 동일한 진리를 선포합니다. "말하는 자의 소리여 이르되 외치라 대답하되 내가 무엇이라 외치리이까 하니 이르되 모든 육체는 풀이요 그의 모든 아름다움은 들의 꽃과 같으니 풀은 마르고 꽃이 시듦은 여호와의 기운이 그 위에 붊이라 이 백성은 실로 풀이로다 풀은 마르고 꽃은 시드나 우리 하나님의 말씀은 영원히 서리라 하라"(사 40:6-8). 무너짐은 고통스럽지만 그 안에서 우리는 하나님만이 변하지 않는 반석이심을 배우게 됩니다. 공든 탑은 무너질 수 있어도 그분의 탑은 영원합니다.

고난은 하나님의 새로운 역사를 위한 준비가 될 수 있습니다

무너짐은 끝이 아니라 새로운 시작이 될 수 있습니다. 하나님께서는 고난을 통해 우리를 다시 빚으시며 이전보다 더 견고한 믿음의 토대를 세워가십니다. "보라 내가 너를 연단하였으나 은처럼 하지 아니하고 너를 고난의 풀무 불에서 택하였노라"(사 48:10). 그분은

29

요셉의 고난을 큰 구원의 도구로 쓰셨습니다. 또한 바울도 자신의 고난을 이렇게 고백합니다. "우리가 사방으로 욱여쌈을 당하여도 싸이지 아니하며 답답한 일을 당하여도 낙심하지 아니하며 박해를 받아도 버린 바 되지 아니하며 거꾸러뜨림을 당하여도 망하지 아니하고 우리가 항상 예수의 죽음을 몸에 짊어짐은 예수의 생명이 또한 우리 몸에 나타나게 하려 함이라"(고후 4:8-10). 무너짐을 통한 하나님의 새 창조는 회복뿐만 아니라 이전보다 더 성숙하고 깊은 믿음의 자리로 나아가게 하는 통로가 됩니다.

하나님께서는 새로운 일을 행하시며, 그 일을 위해 '새 틀'을 만드십니다

하나님께서는 무너진 인생을 다시 일으키실 때 단지 이전 것을 복구하는 방식으로 일하지 않으십니다. 그분은 새로운 일을 행하시는 창조의 하나님이시며, 그 새로운 일을 담기 위해서는 우리 안에도 새로운 그릇, 새로운 틀이 필요합니다. 예수님은 이렇게 말씀하십니다. "새 포도주는 새 부대에 넣어야 할 것이니라"(눅 5:38). 기존의 구조, 사고방식, 삶의 패턴으로는 하나님의 새 역사를 감당할 수 없습니다. 하나님께서는 낡은 가죽 부대가 터지는 것을 막기 위해 우리를 '새 부대'로 빚어 가십니다. 이는 때때로 우리의 자아, 기대, 습관, 심지어 신앙의 틀마저 해체하고 새로운 순종의 구조로 재편하신다는 뜻입니다. 하나님께서는 공든 탑이 무너진 자리에 새롭고 더 견고한 영적 토대를 세우기 원하시며, 우리는 그분의 손에 의해 '새 부대'로 빚어지는 과정을 겪게 됩니다.

무너짐 앞에서 하나님의 주권을 다시 고백해야 합니다

공든 탑이 무너질 때 우리는 상실과 좌절, 통제할 수 없는 현실에

압도됩니다. 그러나 우리는 바로 그 자리에서 하나님이 여전히 주권자이심을 고백해야 합니다. 실패와 무너짐은 그분의 주권 밖에서 일어난 일이 아닙니다. 하나님께서는 그 허물어진 자리에서 새로운 일을 시작하십니다. 현재의 상황 속에서 믿기 어렵더라도 "하나님은 여전히 나의 주권자이십니다"라고 소리 내어 고백하며 기도해 봅시다. 하나님의 뜻은 이루어집니다. "나라가 임하시오며 뜻이 하늘에서 이루어진 것같이 땅에서도 이루어지이다"(마 6:10).

나의 신앙 구조를 돌아보며 '새 부대'를 준비해야 합니다

새 포도주는 새 부대에 담아야 한다는 말씀처럼 하나님께서 새로운 일을 행하실 때 우리 마음과 사고방식, 신앙의 틀을 점검하고 변화시켜야 합니다. 이는 영적 회개와 자기 점검, 순종의 훈련을 의미합니다. 나의 일상 중 어떤 부분이 낡은 부대로 작동하고 있는지 살펴봅시다. 예를 들어 하나님 없이 계획하기, 고정된 사고방식, 신앙의 습관화 등과 같은 부분을 하나님 앞에 고백하고 새롭게 순종할 수 있는 구체적인 결단을 적어봅시다.

고난 가운데 있는 사람들을 위로하고 그들과 함께합시다

무너짐의 경험은 혼자 감당하기 어려운 고통입니다. 그러나 그 경험을 지나온 이들은 다른 이들의 무너짐 앞에서 하나님의 위로의 통로가 될 수 있습니다. 하나님께서는 고난을 통과한 자들을 통해 또 다른 자들을 도우십니다. 나와 가까운 사람들 중에 현재 어려움을 겪고 있는 사람을 떠올려보고, 이번 주에 문자나 전화로 위로의 말을 전해봅시다. 가능하다면 식사 또는 짧은 만남을 통해 함께 기도하는 시간을 가집시다. "우리가 환난 당하는 것도 너희가 위로와 구원을 받게 하려는 것이요 우리가 위로를 받는 것도 너희가 위로를 받게 하려는 것이니 이 위로가 너희 속에 역사하여 우리가 받는 것 같은 고난을 너희도 견디게 하느니라 너희를 위한 우리의 소망이 견고함은 너희가 고난에 참여하는 자가 된 것 같이 위로에도 그러할 줄을 앎이라"(고후 1:6–7).

다시 기록하고 또 기억하면서

💬 공든 탑이 무너질 때, 우리는 무엇을 붙들고 살아야 합니까? 우리는 때로 하나님의 뜻 안에서 이루어졌다고 믿는 삶의 계획조차 무너지는 경험을 합니다. 그런 상황에서 '하나님이 선하고 전능하시다면 왜 그 무너짐을 허락하셨을까?'라는 질문을 하게 됩니다.

💬 나는 지금까지 어떤 '공든 탑'을 쌓아왔습니까? 그 탑이 무너졌을 때 하나님에 대한 신뢰와 삶의 방향은 어떻게 바뀌었습니까?

💬 무너짐을 통해 드러난 나의 '신앙의 본질'은 무엇입니까? 그 본질을 성경의 기준에 비추어 점검해 봅시다.

시간:
다시 사는 법을 배우다

우리는 보통 인생을 '앞으로 나아가는 여정'으로 이해합니다. 배우고 성장하면서 때로는 넘어지더라도 다시 일어나 앞으로 나아가는 것, 이것이 삶의 정상적인 흐름이라고 여깁니다. 그래서 우리의 시간은 직선이고 인생은 점점 나아져야 한다고 믿습니다. 하지만 삶은 예고 없이 반대로 흐르기도 합니다. 익숙했던 몸이 낯설어지고 자연스러웠던 일상이 멀어질 때가 있습니다. 한때는 아무렇지 않게 했던 것들이 도전이 되고, 내가 나 같지 않은 하루가 시작됩니다.

저는 어른이 되었지만 어린아이처럼 다시 배우고 연습하고 의존해야 했습니다. 시간이 거꾸로 흐르는 것 같은 현실 속에서 저는 다시 사는 법을 배워야 했습니다. 여러분도 그런 날을 경험했을지도 모릅니다. 사고, 질병, 이별, 실패, 혹은 마음을 송두리째 무너뜨린 어떤 사건 등을 말입니다. 그때 우리는 다시 시작하는 법을 배워야 합니다. 믿음조차 낯설게 느껴지고 하나님께서 정말 이 여정에 함께하시는지 묻고 싶을 때도 있습니다. 본 장은 그런 질문 속에서 하나님을 다시 찾고, 무너진 자리에서 믿음의 형태가 바뀌어 가는 과정에 대한 이야기입니다. 이 이야기를 통해, 거꾸로 흐르는 것 같은 시간 속에서도 새로운 생명을 빚어가시는 하나님을 발견하게 되기를 바랍니다. 우리가 원래의 삶으로 '되돌아가는' 것이 아니라 전혀 다른 방식으로 새롭게 살아가도록 인도하시는 하나님의 손길을 함께 따라가기를 바랍니다.

나는 내 상태를 정확히 알지 못했지만, 시간이 지나고 회복하면서 재활에 힘쓰면 곧 정상적인 생활로 돌아갈 수 있을 것이라 굳게 믿었다. 최고의 의료 서비스를 제공받을 수 있는 크레이그 병원으로 이송되었고, 부모님도 온 마음과 전심을 다해 나의 회복을 위해 기도하셨기에 나는 그 기도가 반드시 응답받을 것이라 믿었다. 몇 개월 안에 병원을 걸어서 나갈 것이며, 다시 일터로 복귀해 꿈꾸던 일식(日食) 셰프이자 사업가로서의 인생을 이어갈 것이라는 확신이 내 안에 자리 잡고 있었다. 내 꿈은 잠시 멈춘 것뿐, 다시 일어서는 것은 시간 문제라고 생각했다.

　내가 병원에 도착하자마자 모든 것이 숨 가쁘게 진행되었다. 간호사들은 나를 검사실로 옮긴 후 정맥주사를 제거하고 자리를 비웠다. 곧 두 명의 치료사가 들어와 내 상태를 평가했고, 수십 가지 질문이 쏟아졌다. "엄지손가락을 움직일 수 있나요? 검지손가락은요? 다른 손가락들은? 발목, 다리, 발가락, 어깨는요? 어깨를 고정한 상태로 두 손을 맞댈 수 있습니까?" 그리고 질문이 끝나자 치료사 중 한 명이 조심스럽게 바늘을 꺼내며 내 몸 이곳저곳을 찌르겠다고 말했다. 그녀는 부드러운 미소를 지으며 반복적으로 물었다. "이거, 느껴지시나요?"

몇몇 부위는 미세하게 감각이 있었지만, 무엇을 느끼는 것인지 구별하기 어려웠다. 압박인지, 통증인지, 혹은 단순한 접촉인지 명확하지 않았다. 어딘가는 날카로웠고, 또 어딘가는 무감각했다. 아마도 간호사가 이 검사의 의미를 설명했겠지만, 그때의 나는 그 내용을 제대로 이해할 정신적, 감정적 여유가 없었다.

진단 결과는 C4와 C5 척추 손상이었고, 이는 어깨 아래로 마비가 있다는 뜻이었다. 나는 여전히 어깨와 손목만 조금 움직일 수 있었고, 삼두근이 제대로 작동하지 않아 손가락조차 움직일 수 없었다. 허리 아래에 마비가 있는 환자들과는 달리, 나는 수동 휠체어를 사용할 수도 없었다. 내 손과 팔은 나를 전혀 지탱해줄 수 없었다.

내 부상 등급은 "B 불완전"(B incomplete)으로 분류되었다. 이 말은, 내 몸의 감각이 완전히 사라진 것은 아니지만 부분적으로만 존재한다는 의미였다. 어떤 부위에서는 감각이 아예 없었고, 또 어떤 곳은 아프기보다는 무겁고 둔한 압박감으로 느껴졌다. 간호사들은 내 상태를 정확히 아는 것이 얼마나 중요한지 설명해주었다. 무리한 활동을 피하고 이상한 감각이 느껴질 때 즉시 알려야 응급 상황에서 나의 상태에 효과적으로 대처할 수 있다고 했다.

맞춤형 전동 휠체어 제작을 위한 치수 측정도 이어졌다. 키와 몸무게는 물론, 팔과 다리의 길이까지 세심하게 측정되었다. 척수 손상 환자는 자세를 자유롭게 바꿀 수 없기에, 휠체어 하나가 삶의 질을 결정짓는다고 해도 과언이 아니었다. 새 휠체어가 도착하기 전까지는 병원에서 임시로 중고 전동 휠체어를 조립해주었다. 정식 휠체어의 가격은 무려 2만 달러(약 2,700만 원)에 달했다.

병원 생활은 낯설고 외로웠다. 의료진은 나를 도우려 했지만 그들의 전문용어는 내게 외계어처럼 들렸다. 한국어 통역을 요청할 수도 있었지만, 나는 자존심이라는 이름의 벽을 세웠다. 그러다 문득 나는 스스로에게 물었다. '이 자존심이 과연 무슨 의미가 있을까?' 어쩌면 현실을 인정하고 싶지 않은 내 마음이 3개월 후면 걸을 수 있을 것이라는 허황된 믿음에 집착하게 만들었는지도 모른다.

의사선생님도, 간호사도, 상담선생님 그 어느 누구도 "3개월 후면 걸을 수 있다"고 한 적은 없었던 것 같다. 3개월 후 퇴원할 수 있다고는 들었던 것 같다. 하지만 나는 스스로 확신했다. 하나님이 내 기도 때문은 아니더라도, 부모님의 간절한 기도는 외면하지 않으시고 치유해 주시리라는 믿음이 있었다. 그 믿음 때문에 나를 도우려던 사회복지사의 도움도 거절했다. "하나님께서 나를 치유하실 겁니다." 내 목소리는 단호했고 믿음으로 가득 차 있었다. 그러나 지금 돌아보면, 그 믿음은 어쩌면 현실을 회피한 채 내가 만든 신념 위에 세워진 것이었는지도 모른다.

크레이그 병원에서의 하루는 정신없이 바빴다. 나는 물리치료사, 작업치료사, 사회복지사, 심리학자, 의사 그리고 활동지원사들로 구성된 팀과 함께 지냈다. 그들은 하루 24시간을 빽빽한 일정표로 짜 주었고, 나는 주어진 시간표에 따라 분 단위로 움직였다. 마치 훈련소에 온 것 같은 바쁜 나날이었지만, 그만큼 회복에 대한 기대도 컸다. 다행히 주말에는 치료 일정이 없어서 잠시 숨을 고를 수 있었다.

치료는 대부분 재활 치료실에서 진행되었고 항상 두 명 이상의 치료사가 내 곁에 있었다. 재활 치료실은 늘 분주했고, 환자들과 의료진 모두 각자의 회복 여정을 따라 열심히 재활 훈련에 참석했다. 에너지가 가득한 공간이었지만, 나는 마음 한구석에 있는 고립감을 떨쳐버릴 수 없었다.

나의 작업치료사인 숀나(Shonna)는 나에게 일상 속 기본 동작을 하나하나 시도하도록 했다. 컴퓨터 마우스를 클릭하고 키보드 자판을 누르고 포크와 숟가락을 들어 음식을 먹는 연습을 하게 했다. 양치질을 하고 손가락을 사용하지 않고 물건을 잡고 문을 열고 엘리베이터 버튼을 누르는 일도 훈련의 일환이었다. 숀나는 내게 타이핑스틱이라는 보조 기구를 건네주며 다양한 방식으로 일상을 되찾는 법을 가르쳐 주었다.

물리치료 시간에는 휠체어에 앉은 상태로 가벼운 스트레칭과 운동을 했다. 한때 너무나 당연했던 동작들, 팔을 들고 포크를 입에 가져가는 것조차 이제는 온몸의 집중력을 요구하는 고된 과제였고, 단순한 움직임 하나에 몇 분이 걸릴 때면 나도 모르게 한숨이 터져나왔다.

병원은 수영장을 포함한 체육관 시설까지 갖추고 있어서 나는 두 차례 수중 치료를 경험했다. 물속에서는 몸이 가볍게 느껴지고 잠시나마 자유를 느낄 수 있었다. 그러나 내게 가장 위안이 된 장소는 병원 앞 야외 휴식 공간이었다. 그곳엔 작은 테이블과 의자 몇 개가 있었고, 겨울이라 대부분 비어 있었다. 나는 휠체어를 뒤로 기울인 채 하늘을 바라보며 고요를 즐겼다. 그 순간만큼은 과거의 후회도, 미래의 두려움도 없었다. 그냥 그 자리에 '있는' 나 자신을 받아들이는 시간이었고, 신선한 겨울 공기가 폐 속 깊이 들어올 때마다 마음이 잠시 맑아지는 듯했다.

어느 날, 물리치료사 캐리(Carey)가 내게 새로운 훈련 장비를 소개했다. 그것은 환자가 서 있는 자세를 유지할 수 있도록 돕는 직립 기기였다. 순간 나는 의아했다. "어차피 몇 달 후면 걸을 텐데 굳이 이런 기계에 올라서야 하나?" 그러나 이내 생각을 바꿨다.

"이것도 훈련이지. 병원을 걸어 나가기 위한 준비일 뿐이야."

캐리와 활동지원사들은 조심스럽게 나를 기계로 옮겼고, 벨트를 조여 몸을 고정했다. 천천히, 아주 천천히 내 몸이 수직으로 일어섰다. 몇 주 전까지만 해도 자연스럽게 했던 '서기'가 이제는 특별한 기계 없이는 불가능했다. 그럼에도 나는 벅찬 감정을 느꼈다. "이렇게 서는 날이 곧 올 거야."

하지만 그 감정은 오래가지 않았다. 갑작스러운 어지러움이 몰려오고 시야가 흔들리면서 작은 별들이 눈앞에 반짝였다. 내가 상황을 알리자, 캐리와 보조원들은 즉시 내 머리와 몸을 붙잡고 휠체어로 옮긴 뒤 다시 치료용 테이블에 눕혔다. 그러나 그 순간 어지러움이 더 심해졌고 마침내 나는 의식을 잃었다. "괜찮아요? 일어나요!" 그녀의 목소리가 들려와서 눈을 떴을 때 나는 여전히 치료 테이블 위에 누워 있었다. 주변 사람들은 걱정 어린 시선으로 나를 둘러싼 채 수군거렸다. "완전히 기절했어. 몇 분 동안 의식이 없었어."

그 말은 마치 내 몸이 내 것이 아님을 증명하는 선언처럼 들렸다. 환자들의 기절은 이 병원에서 드문 일이 아니었지만, 막상 그것을 경험하자 나는 두려움과 당혹감에 휩싸였고, 이제 나는 어지러움, 별빛처럼 반짝이는 시야, 점점 어두워지는 의식 등의 신호를 기억하고 스스로를 보호해야 했다. 휠체어를 기울이고 심호흡을 하는 것, 이것이 내가 배운 생존 기술이었다.

그러나 그것은 시작에 불과했다. 가장 수치스러운 날은 며칠 후 찾아왔다. 나는 그룹 훈련을 마치고 운동 테이블 위에서 잠시 쉬던 중, 뱃속에 이상한 압박감을 느꼈다. 순간 "설마…아니겠지?"라고 생각했지만 내 몸은 내 의지와 상관없이 반응했다. 스물두 살의 청년이 사람들 앞에서 바지를 적셨다.

캐리와 활동지원사는 조용히 다가와 무슨 일이 있는지 물었고, 나는 고개를 끄덕였다. 그들은 신속히 조치를 취했지만 이 사건은 조용히 지나갈 수 있는 일이 아니었다. 모두가 무슨 일이 일어났는지 알고 있었고, 나는 고개를 숙인 채 최대한 눈을 피해 방으로 돌아왔다. 캐리는 "너의 잘못이 아니야. 네가 몸을 통제할 수 없는 거야. 이런 일은 흔한 일이야"라고 위로했지만, 나는 차마 눈물을 멈출 수 없었다.

수치심, 모욕감, 분노, 두려움이라는 감정이 한꺼번에 몰려왔다. "이게 내 미래인가? 나는 이제 누군가의 도움 없이는 살아갈 수 없는가?" 마치 인생이 뒤로 흘러간 느낌이었다. 한때는 독립을 꿈꾸고 삶을 계획하며, 꿈을 향해 달렸던 내가 이제는 '다시' 배우는 삶, 그보다 더 무거운 짐을 지고 시작하는 인생 앞에 서 있었다. 그럼에도 나는 다시 치료실로 향했다. 아무렇지 않은 척 운동했고, 내면의 절망을 애써 눌렀다. "두 달만 기다리자. 다시 걸을 수 있을 거야. 지금은 잠시의 과정일 뿐이야." 그렇게 나는 현실을 외면한 채 '곧 나아질 거라는 믿음'의 얇은 방패 뒤에 숨었다. 그것은 분명 잘못된 믿음이었지만 그 순간을 이겨낼 소망과 힘을 주었다.

시간은 우리의 것이 아니라 하나님의 것입니다

우리는 삶이 일정한 순서와 흐름 속에서 움직인다고 생각합니다. 하지만 신앙의 여정은 단순한 시간의 직진이 아닙니다. 하나님은 시간의 방향을 바꾸시는 분입니다. 때로는 우리의 시간을 멈추게도 하시고 되돌리기도 하시며, 혹은 새롭게 다시 시작하게 하십니다. 하나님은 시간의 주인이시며 인간의 실패나 무너짐 속에서도 새로운 질서와 계획을 펼치시는 분입니다. "주여 주는 대대에 우리의 거처가 되셨나이다 산이 생기기 전, 땅과 세계도 주께서 조성하시기 전 곧 영원부터 영원까지 주는 하나님이시니이다"(시편 90:1-2). "나는 알파와 오메가요 처음과 마지막이요 시작과 마침이라"(계 22:13). 삶이 뒤틀리는 것처럼 보일지라도 하나님은 시간의 처음과 끝, 모든 지점에 임재하시는 분입니다. 우리가 거꾸로 가는 듯한 시간을 경험할 때, 하나님께서는 이미 그 자리에서 우리를 기다리고 계십니다.

하나님께서 무너진 자를 위해 새 질서를 창조하십니다

우리의 삶이 붕괴될 때, 하나님께서는 단순히 그것을 원상 복구하지 않으십니다. 그분은 새 일을 행하시며 무너짐은 종종 새로운 창조의 출발점이 됩니다. 하나님의 회복은 '과거로의 복귀'가 아니라 '새로운 존재로의 재창조'입니다. "보라 내가 새 일을 행하리니 이제 나타낼 것이라 너희가 그것을 알지 못하겠느냐 반드시 내가 광야에 길을 사막에 강을 내리니"(사 43:19). 재활 과정은 시간의 역주행처럼 느껴졌지만, 사실 하나님께서는 그 여정을 통해 이전보다 더 깊고 성숙한 믿음의 사람으로 다듬고 계셨습니다.

믿음은 '통제'가 아니라 '신뢰' 위에 세워집니다

삶이 뜻대로 되지 않고 몸이 내 마음대로 움직이지 않으며 기도마저 응답 받지 않는 것처럼 느껴질 때, 믿음은 더욱 본질적인 질문 앞에 섭니다. "나는 여전히 하나님을 신뢰할 수 있는가?" 믿음이란 하나님께 나의 기대를 관철시키는 힘이 아니라 하나님의 뜻과 시간이 나를 이끌도록 내어 맡기는 것입니다. "너는 마음을 다하여 여호와를 신뢰하고 네 명철을 의지하지 말라 너는 범사에 그를 인정하라 그리하면 네 길을 지도하시리라"(잠 3:5-6). 더 나아가, 하나님의 생각은 인간의 생각과 다릅니다. "이는 내 생각이 너희의 생각과 다르며 내 길은 너희의 길과 다름이니라 여호와의 말씀이니라"(사 55:8). 저는 '3개월 안에 걸어서 퇴원할 것'이라 믿었지만, 하나님의 시간표는 다르게 흘러갔습니다. 그 차이 속에서 저는 하나님을 조정하는 믿음에서, 하나님께 맡기는 신뢰로 나아가는 법을 배워야 했습니다.

하나님 앞에서 나의 '시간표'를 내려놓아야 합니다

우리는 인생의 회복을 위한 개개인의 기대 일정과 계획표를 가지고 있습니다. 언제쯤 다시 설 수 있을지 그리고 얼마 안 남았을 거라는 확신으로 하나님께 결과를 요구하곤 합니다. 그러나 진정한 믿음은 그 시간표를 하나님 앞에 내려놓는 결단에서 시작됩니다. 우리의 기도 제목 중 '언제', '어떻게'라는 구체적인 기대가 강하

2일 : 시간_다시 사는 법을 배우다

게 담긴 것이 있다면 그것을 하나님께 맡기는 기도를 드려봅시다. "주님, 제가 정한 시간이 아니라 주님의 때를 따르겠습니다."

새로운 일상을 위한 '작은 훈련'을 받아들입시다

삶이 거꾸로 가는 것처럼 느껴질 때, 우리는 본능적으로 과거로 돌아가고 싶어합니다. 그러나 하나님께서는 우리에게 새로운 삶의 질서와 패턴을 훈련시키시고 이전과는 다른 방식으로 살아가도록 이끄십니다. 그 첫걸음은 작은 순종을 받아들이는 데서 시작됩니다. 지금 내 삶에 너무 평범하고 작아 보이지만 하나님이 훈련하고 계신 부분이 무엇인지 살펴봅시다(예: 침대에서 일어나기, 도움 요청하기, 기도문 외우기, 일기 쓰기 등). 그리고 그것을 오늘 '하나님께 드리는 작은 훈련'으로 실천해 봅시다.

다시 사는 법을 배우는 이들과 함께 걸어갑시다

무너짐 이후의 삶은 혼자 걷기 어렵습니다. 지금 내가 회복의 길을 지나고 있다면 비슷한 길을 걷고 있는 누군가에게 동반자가 되어줄 수 있습니다. 혹은 아직 회복 중이라면 동행자를 찾는 용기가 필요합니다. 하나님께서는 공동체 안에서 우리의 믿음을 빚어가십니다. 고통 속에 있는 지인을 위해 매주 1회 안부 문자를 보내거나, 회복 중인 공동체 혹 소그룹에 참여해 봅시다. 나의 회복의 경험을 나누는 일은 곧 다시 사는 법을 배우는 사역입니다.

다시 기록하고 또 기억하면서

💬 나는 언제 '당연했던 것들'이 낯설게 느껴졌습니까? 말을 하고, 손을 움직이고, 걷고, 웃고, 누군가를 사랑하는 일 등 한때는 아무렇지 않게 했던 것들이 어느 날 갑자기 낯설고 멀게 느껴질 때가 있고, 전혀 다른 방향으로 삶이 흘러갈 때도 있습니다.

💬 나는 '하나님이 정하신 시간'과 '내가 기대한 시간' 사이의 충돌을 경험한 적이 있습니까?

💬 지금 나의 삶 속에서 '다시 배워야 하는 일상'은 무엇입니까? 하나님께서 느린 회복과 훈련의 시간을 통해 당신에게 가르치시는 인생의 질서는 무엇인지 깊이 묵상해 봅시다.

진실:
위장을 지우는 용기

웃음은 기쁨의 표현이라고 합니다. 그런데 때로는 우리의 얼굴에 번지는 미소가 진정한 기쁨에서 나온 것이 아닐 수 있습니다. 오히려 그것은 고통과 외로움, 두려움과 절망을 감추기 위한 위장일 때가 많습니다. 우리는 누군가의 밝은 표정을 보고 그 사람이 괜찮다고 생각하지만, 그 미소 뒤에는 말로 다할 수 없는 상처와 눈물이 숨어 있을 수 있습니다. 진짜 감정을 드러냈을 때 오히려 거절당하거나 공감받지 못하고 불편함을 안긴다는 이유로, 우리는 점점 더 감정의 방공호 안으로 숨어버립니다.

이 장은 그런 '감정의 위장'을 지우기 위한 조용한 용기에 관해 이야기합니다. 겉으론 웃고 있지만 속은 무너져 있는 수많은 이의 이야기를 대변하며 저 스스로도 '괜찮은 척' 살아온 시간을 돌아보게 됩니다. 이 글은 단지 개인적인 고백이 아니라 자기 감정을 숨기며 살아가는 모든 이에게 건네는 초대장입니다. 여러분도 혼자가 아닙니다.

그렇다면 진짜 웃음은 어디서 오는 것일까요? 진정한 위로는 누구에게서 오는 것일까요? 그 해답은 사람의 이해를 넘어 하나님의 공감과 임재 그리고 그분이 주시는 회복의 은혜 속에서 발견됩니다. 이제 우리는 '웃는 척'이 아닌, 울어도 되는 진실한 자리로 나아가야 할 때입니다. 그곳에서 하나님이 여러분의 눈물 속에 웃음을 준비하고 계십니다.

내가 병원에 있는 동안 많은 친구가 병문안을 와주었다. 그들은 풍선과 카드 그리고 음식을 가져왔으며, 내가 전동 휠체어를 타고 마비된 상태로 있는 모습을 보고는 놀란 기색이 역력했다. 나를 안타까워하며 무슨 말을 해야 할지 몰라 어색해하는 모습도 보였다. 하지만 친구들은 용기를 내어 나를 위로했다. "빨리 회복하길 바라", "네가 치유되도록 기도할게", "퇴원하면 우리 파티하자"와 같은 긍정적인 메시지를 전해주었다.

나는 특히 조쉬(Joshua)를 만나서 기뻤다. 입원한 후 2-3주 동안 담배 생각만 했기 때문이다. 평소에 하루 한 갑을 피웠기에 너무 갈급했다. 그래서 나는 그와 만나자마자 병원 밖으로 나갔다. 조쉬는 내가 담배를 피워도 괜찮은지 물었다. 나는 단호하게 대답했다. "당연하지." 그러자 그가 담배를 내 입에 물리고 불을 붙여주었다. 그런데 첫 모금을 깊이 들이마시자 격한 기침이 나왔고 결국 나는 담배를 뱉었다. 예전 같지 않게 몸이 다르다는 것을 실감했다.

아스펜에서 함께 일했던 동료들과 총주방장도 덴버까지 운전해 나를 보러 왔다. 그는 내가 다시 움직일 수 있게 되면 같이 일하자고 말했다. 그 말이 내게 큰 동기부여가 되었다. 또 며칠 후엔 옛 여자친구가 찾아와 카드를 건넸다. 카드에는 내가 빨리 회복하길 바란다는 말과 함께 다시 만나자는 내용이 적혀 있었다. 하지만 그날 이후로 그녀에게서 연락이 오지 않았다. 아마 생각보다 내 상황이 더 힘들어 보였던 것 같다.

고등학교 친구 몇 명도 찾아와서 한동안 함께 시간을 보냈다. 한 친구는 한국 예능 프로그램을 가져다주었는데 몇 번이나 너무 크게 웃어서 눈물이 날 정도였다. 이상한 것은 내가 지금껏 그렇게 크게 웃어본 적이 한 번도 없다는 점이었다. 나중에야 알게 된 사실이지만, 나는 그때 프로작(Prozac)이라는 우울증 약을 복용하고 있었다. 그게 뭔지 몰랐지만 덕분에 병원 생활을 버틸 수 있었다. 웃음은 어떤 약보다 좋은 치료제라 했지만, 이 웃음은 약에서 나온 웃음이었다. 그 웃음이 진짜 웃음이었는지, 혹은 고통을 무의식적으로 가리는 수단이었는지 알 수 없었다.

나는 점점 친구들이 내 상황을 이해할 수 없을 거라고 느꼈다. 그래서 웃었다. 얼굴은 웃었지만 마음은 울었다. 그들이 내게 "기분 어때?"라고 물어볼 때마다 나는 외롭고, 슬프고, 우울하고, 화가 나고, 절망적이며 심지어 자살 충동까지 느낀다고 말해야 했을 것이다. 하지만 그런 감정을 솔직하게 말한들 무슨 소용이 있을까? 그들이 동정할 수는 있겠지만 내가 가진 온갖 부정적인 감정을 감당할 수 있을까? 그렇다면 나만 마음이 편해지고자 이미 삶에서 힘겨운 시간을 보내고 있는 그들에게 내 짐을 더 떠넘겨야 하는 걸까? 혹시 그들이 나를 도울 수 있는 능력을 과소평가하는 것은 아닐까? 나는 더 이상 그들에게 부담을 주고 싶지 않았다. 그래서 결심했다. 그냥 참자. 웃자.

대인관계를 개선하기 위해 노력했지만, 사고 이후 많은 사람이 떠났다. 혹은 다시 만나지 못했다. 내가 만나길 거부한 적도 많았다. 그냥 싫었다. 만나 봤자 비슷한 상황으로 이어졌다. 주위에는 신앙을 가진 지인도 없었고 아버지가 섬기시던 교회도 사고 후 여러 문제로 성도들의 방문과 위로가 없었다. 병원에서 상담사를 소개해 주었지만 재정적인 문제로 도움을 받지 못했다. 솔직히 상담을 믿을 수 없었다. 어설픈 위로보다 차라리 침묵이 낫다고 생각했다.

그 후로 나는 내 감정을 말하는 것을 피하고 모든 것을 스스로 감당하기로 했다. 부모님과 친구들과의 관계, 병원과 학교에서 모든 사람과의 만남 가운데서 나는 웃었다. 웃는 마스크를 썼다. 처음에는 어려웠다. 감정을 참기 어려웠고 내 자신을 속이는 것 같았다. 사실 친한 지인들에게 여러 번 내 마음을 나눈 적이 있었다. 하지만 그들은 그 대화를 회피했다. 나를 이해하지 못했고 대화 주제를 바꾸곤 했다. 처음에는 당황스러웠다. 나로서는 어려움을 나눴는데 아무런 반응이 없었기에, 혹시 그들이 원하는 답변이 아니어서 그런 것이 아닐까 생각했다. 하지만 시간이 흐르면서 깨달았다. 그들도 몰랐던 것이다. 도와주고 싶지만 방법을 몰랐고, 나의 마음을 이해하고 싶지만 그들의 삶과 나의 삶이 너무 멀어져 있었다. 그 후로 나는 소통하기보다 그들의 삶에 관심을 더 가져야 했다. 그래서 질문하고 들어주었다. 그렇게 마음을 열지 않는 것이 더 편했다.

나는 마음에 슬픔과 절망과 화를 묻었다. 그러자 마음이 쓰렸다. 약을 먹어야 했지만 처방이 없었다. 그래서 더 참았다. '참으면 없어지겠지' 하고 생각했다. 시간이 가장 좋은 처방이라고 들었지만, 오랜 시간이 걸릴 것 같았다.

병원에서 퇴원한 후 집에서 생활하는 어느 순간에 나는 삶의 의미가 없다고 느꼈다. 가끔 지인이 방문한 후면 더 외로웠고 아무도 날 이해할 수 없다는 생각이 왜 그렇게 쓸쓸하고 허무하게 느껴졌는지 모르겠다. 왜 다른 사람들이 나를 이해해야 하는지, 왜 그들이 나를 이해해주길 원하는지도 몰랐다. 혹시 이해해주면 나의 인생이 헛되지 않음을 인정받는다고 느꼈던 걸까? 의미가 있다는 말을 듣고 싶었던 걸까? 하지만 그 누군가 "아직 당신의 삶에 의미와 목적이 있습니다"라고 말했다면 나는 그를 믿지 않았을 것이다. 거짓이고 값싼 동정이라 했을 것이다. 나 자신도 무엇을 원하고 기대하는지, 왜 살아가야 하는지 몰랐다. 알고 싶지도 않았다.

그러던 어느 날 어머니가 직장에 나가시며 나에게 말했다. "아들, 사람을 의지하지 말고 하나님만 의지해. 오직 하나님만이 우리의 상황을 완전히 이해하셔." 그리고 기도해 주셨다. "성령 하나님, 우리 아들을 지켜주시고 위로해 주세요." 그렇다. 사람들의 위로와 이해를 원했던 것이다. 나는 사고 후 모든 것을 잃어버렸다. 나의 꿈, 목적, 건강, 자유, 친구, 직업, 돈, 행복, 정체성이 하루아침에 그리고 한 순간에 증발해 버렸다. 나는 그 공허함과 상실을 사람들과의 관계를 통해 채우려 했다. 그러나 채워지지 않았다. 채울 수 없었다. 그래서 나는 다시 기도했다. "저와 항상 함께 해주시는 성령 하나님, 저를 도와주세요. 주님께 모든 것을 내려놓습니다." 그렇게 나의 모든 감정과 화, 슬픔을 기도하며 고백했다. 그때 하나님을 향한 나의 불만과 불평과 원망도 내려놓았다. 하나님께서 나의 카운슬러, 상담자가 되어주셨다.

예수님은 성육신을 통해 인간의 희로애락을 경험하심으로 나의 고통에 공감해 주셨고, 성령 하나님은 내주하심으로 나의 비워진 마음을 채워 주셨으며, 하나님 아버지는 위로부터 주시는 위로를 허락하셨다. 하나님은 단지 나를 고통에서 건지시는 분이 아니라 그 고통 가운데 함께하시는 분이었다.

그 후 나의 웃음은 마음의 울음이 아닌 하나님이 주시는 웃음, 주님의 웃음이 되었다. 그리고 진정한 위로란 인간의 이해가 아닌 하나님의 임재로부터 오는 것임을 깨닫기 시작했다.

하나님은 상한 마음을 돌보시는 분입니다

사람들은 우리의 웃는 얼굴 뒤에 숨긴 눈물과 고통을 알지 못하지만, 하나님께서는 아십니다. 시편 기자는 "여호와는 마음이 상한 자를 가까이 하시고 충심으로 통회하는 자를 구원하시는도다"(시 34:18)라고 말씀합니다. 진정한 회복은 사람의 공감이 아니라 하나님의 임재에서 시작됩니다. 그분이 우리의 깊은 상처를 아시고 그것을 그대로 두지 않으시며 우리에게 찾아오십니다. "지극히 존귀하며 영원히 거하시며 거룩하다 이름하는 이가 이와 같이 말씀하시되 내가 높고 거룩한 곳에 있으며 또한 통회하고 마음이 겸손한 자와 함께 있나니 이는 겸손한 자의 영을 소생시키며 통회하는 자의 마음을 소생시키려 함이라"(사 57:15). 이는 외로움과 고통의 자리에 하나님이 함께하신다는 약속입니다.

성령 하나님은 우리 안에 거하시며 내면을 위로하시는 분입니다

외적인 웃음이 아닌 내면 깊은 곳에서 우러나오는 기쁨과 위로는 성령을 통해 경험되는 것입니다. "이와 같이 성령도 우리의 연약함을 도우시나니 우리는 마땅히 기도할 바를 알지 못하나 오직 성령이 말할 수 없는 탄식으로 우리를 위하여 친히 간구하시느니라"(롬 8:26). 우리가 감정을 말로 표현할 수 없을 때, 성령님은 우리를 위해 말없는 기도로 함께하십니다. 예수님은 성령님을 '보혜사'라 부르시고 우리에게 약속하십니다. "평안을 너희에게 끼치노니 곧 나의 평안을 너희에게 주노라 내가 너희에게 주는 것은 세상이 주는 것과 같지 아니하니라 너희는 마음에 근심하지도 말고 두려워하지도 말라"(요 14:27). 이 평안은 세상이 줄 수 없는, 오직 하나님께로부터 오는 위로입니다.

하나님은 우리의 불평과 탄식을 들으시는 분입니다

사람들은 고통 속에서 하나님께 불평하거나 원망하는 것을 신앙의 실패라고 생각합니다. 하지만 성경은 하나님을 향한 정직한 탄식과 불평을 환영한다고 가르칩니다. 중요한 것은 우리가 어디에서 불평하는가 입니다. 광야에서 이스라엘 백성들은 하나님 없이 불평하며 원망했습니다. "여호와께서 들으시기에 백성이 악한 말로 원망하매 여호와께서 들으시고 진노하사 여호와의 불을 그들 중에 붙여서 진영 끝을 사르게 하시매"(민 11:1). 그들의 불평은 불순종과 불신으로 이어졌습니다. 그러나 다윗은 하나님 안에서 불평했습니다. "내가 내 원통함을 그의 앞에 토로하며 내 우환을 그의 앞에 진술하는도다"(시 142:2). 다윗의 탄식은 하나님과의 관계 안에서 이루어진 대화이며, 이는 오히려 하나님께 더 가까이 나아가게 했습니다. 그는 또 "백성들아 시시로 그를 의지하고 그의 앞에 마음을 토하라 하나님은 우리의 피난처시로다"(시 62:8)라고 고백합니다. 이처럼 우리의 슬픔, 실망, 분노는 하나님께 솔직하게 드려질 수 있으며 그분은 이를 책망하지 않으시고 오히려 우리를 안아주십니다. 하나님께 드려진 탄식은 기도의 일부이고 치유의 시작점이 될 수 있습니다. 우리는 하나님 앞에서 정직할 수 있으며 그분은 그 정직함을 통해 우리를 만나주십니다.

신뢰할 수 있는 친구와 교회 공동체를 세웁시다

고통의 순간에 큰 위로가 되는 것은 진실된 관계입니다. 우리는 모두 혼자 아파하지 않도록 설계된 존재입니다. 그러므로 기도와 지혜로 신뢰할 수 있는 친구들을 곁에 두고, 교회 공동체 안에서 감정과 아픔을 나눌 수 있는 환경을 함께 만들어 가야 합니다. 사도 바울도 다음과 같이 권면합니다. "너희가 짐을 서로 지라 그리하여 그리스도의 법을 성취하라"(갈 6:2). 하나님께서는 우리에게 서로를 향한 책임과 위로의 사명을 주셨습니다.

하나님께 마음을 쏟아내야 합니다

하나님께서는 우리가 아무렇지 않은 척하는 것을 원하지 않으십니다. 우리의 눈물, 분노, 슬픔을 있는 그대로 가지고 나오길 바라십니다. 또한 마음 깊은 곳에서 우러나오는 정직한 기도를 기뻐하십니다. 우리의 한숨조차 성령이 도우시며, 하나님 앞에서 그 모든 감정은 받아들여질 수 있습니다.

진정한 웃음의 근원을 기억해야 합니다

우리의 웃음이 약물이나 상황을 모면하기 위한 가식에서 비롯되는 것이 아니라 하나님의 은혜에서 흘러나오는 것이 되기를 기도합시다. 하박국 선지자도 극심한 결핍 속에서도 고백합니다. "나는 여호와로 말미암아 즐거워하며 나의 구원의 하나님으로 말미암아 기뻐하리로다"(합 3:18). 진정한 기쁨은 상황에 있는 것이 아니라 하나님과의 관계에 있습니다. 오늘도 그분 안에서 웃을 수 있는 은혜를 구합시다.

다시 기록하고 또 기억하면서

💬 나는 지금 '누구' 앞에서 '어떤' 위장을 한 채 살아가고 있습니까? 저는 외면으로는 웃었지만 내면은 울었다고 고백했습니다. 가짜 웃음은 관계를 지키기 위한 위장이었고, 동시에 깊은 고독과 단절의 신호였습니다.

💬 요즘 내가 가장 많이 웃는 순간은 언제입니까? 그 웃음은 어디에서 비롯된 것입니까?

💬 나는 슬픔이나 분노, 외로움을 누구에게 드러낼 수 있습니까? 드러내지 못한다면 그 이유는 무엇입니까? 진정한 회복과 위로는 인간의 공감보다 하나님의 임재에서 시작된다는 사실을 기억하고, 오늘 그분께 나의 마음을 열어보길 바랍니다.

죽음:
사형선고

삶에는 육체적 한계뿐만 아니라 영혼 깊은 곳에서부터 무너진 꿈과 미래도 존재합니다. 저에게는 그 순간이 재판관의 냉정한 판결이 아닌 의사의 조용하고 단호한 목소리로 찾아왔습니다. "평생 걸을 수 없을지도 모릅니다." 이 한마디는 제 삶의 가능성을 단숨에 무너뜨렸고, 그동안 제가 그려온 인생의 청사진과 계획과 열정과 꿈은 산산이 흩어졌습니다. 남은 것은 오직 차가운 현실과 그 현실 앞에 무력해진 저 자신뿐이었습니다. 그러나 본 장은 단순한 상실의 기록이 아니라 희망이 짓눌릴 때 우리 안에서 무엇이 죽고 드러나는지를 고백하는 이야기입니다. 우리가 붙잡고 있던 환상이 꺾일 때 비로소 드러나는 두려움과 절망 그리고 인간 존재의 무게는 한편으로 고통이지만, 다른 한편으로는 진리를 마주하는 통로가 됩니다.

아이러니하게도 이러한 죽음의 순간이 저를 새로운 신앙의 여정으로 이끌었습니다. 그것은 더 이상 기적을 기대하는 믿음이 아니라 절망의 침묵 속에서도 하나님을 향해 손을 내미는 신앙, 눈물로 응답 없는 밤을 지새워도 여전히 하나님을 찾는 영혼의 몸부림이었습니다. 저는 이 글을 통해 제 이야기를 전하고자 하는 것이 아닙니다. 예상치 못한 고통 앞에서 삶의 모든 것이 뒤바뀐 이들의 이야기를 함께 나누고자 합니다. 고통이 사형선고처럼 느껴질지라도 그 안에 숨겨진 신비로운 하나님의 은혜의 가능성을 바라보며, 어떤 죽음은 새로운 삶을 향한 첫걸음일 수 있다는 사실을 고백하고 싶습니다.

병원에서 걸어 나갈 수 있으리라는 나의 자신감이 무너질 위기에 직면하면서, 나는 내 확신이 어디서 온 것인지 천천히 분석하기 시작했다. 그리고 "내가 정말로 다시 걸을 수 있을까?" 하는 의문이 들면서 두 가지 질문이 떠올랐다.

첫 번째 질문은 "만약 내가 걸을 수 있다면 적어도 손가락 하나 정도는 움직일 수 있어야 하지 않을까?"였다. 사고가 난 지 거의 두 달이 지났지만, 내 몸은 여전히 아무 반응이 없었다. 나는 재활 치료 중에 어지러움을 느낄 정도로 몸을 움직이려 애썼고 캐리 치료사는 멈추라고 했다. 나는 마음으로 상상하는 것만으로도 몸이 깨어날 수 있을까 싶어서 정신 집중 훈련을 해보기도 했다.

두 번째 질문은 "왜 나는 장애를 가지고 살아가는 법을 배우고 있을까?"였다. 처음 크레이그 병원에서 재활을 시작할 때, 나는 단순히 치료사들의 지시를 따르며 그들은 내가 다시 움직일 수 있도록 돕는 것이라고 믿었다. 하지만 시간이 지날수록 그들이 내게 가르치는 것은 마비된 상태로 사회에 적응하며 살아가는 법이었다. 크레이그 병원은 마비된 신경을 되살려 장애를 치료하는 곳이 아니었다. 환자들은 휠체어를 타고 공공장소에 나가고, 대중교통 이용법을 배우고, 몸을 관리하는 법을 익히고 있었다. 그제야 나는 무언가 심각하게 잘못되었다는 사실을 깨달았다.

나는 내 부상과 현실을 명확하게 이해해야 했다. 그래서 주치의가 말해주는 진실을 듣기로 결심했다. 나는 아버지와 함께 주치의를 만나 "왜 내 몸은 회복하는 데 시간이 많이 소요됩니까?"라고 물었다. 주치의는 잠시 생각에 잠긴 후 조심스럽게 설명했다. "척수는 마치 전선과 같습니다. 뇌에서 다리를 움직이라는 신호를 보내면 그 신호가 척수를 통해 전달되어 다리가 움직이는 원리입니다. 하지만 당신은 C-5번 척추(어깨 부위)에 부상을 입었기 때문에 뇌에서 보낸 신호가 다리까지 전달되지 않습니다. 즉, 뇌는 인터넷 회사, 몸은 컴퓨터, 척수는 인터넷 선과 같아요. 인터넷 회사도 있고 컴퓨터도 작동하는데, 선을 연결할 방법이 없어요."

나는 더 알고 싶었다. "그럼 끊어진 신경을 어떻게 연결할 수 있나요?" 그러자 주치의가 다시 말했다. "줄기세포 치료가 신경을 재생할 가능성이 있습니다." 나는 웃으며 말했다. "그럼 줄기세포 치료든 수술이든 뭐든 좋으니 당장 해 주세요!" 그러나 주치의가 대답했다. "현재 기술로는 치료가 불가능하며 언제 치료법이 개발될지도 모릅니다." 좌절한 나는 마지막으로 물었다. "그럼 치료 없이도 내가 다시 걸을 수 있나요? 걸을 수 있는 확률이 얼마나 되나요?" 그러자 그가 조심스럽게 대답했다. "당신은 평생 걷지 못합니다. 미안합니다."

나는 그의 솔직한 답변에 그저 감사할 수밖에 없었다. 의사가 떠난 후, 방 안은 무거운 침묵과 절망감으로 가득 찼다. 내 심장은 깊은 슬픔과 실망 그리고 고통으로 무너졌다. 눈물이 차오르기 직전이었다. 그때 아버지가 내 어깨를 가볍게 두드렸다. 나는 결국 참지 못하고 울음을 터뜨렸다. 그리고 아버지에게 의사의 말을 설명하려고 돌아보았을 때, 나는 예상치 못한 표정을 마주했다. 아버지는 마치 어린아이처럼 환한 미소를 짓고 계셨다. "와! 의사가 99퍼센트 확률로 다시 걸을 수 있다고 한 거잖아?"

순간 나는 충격을 받았다. 어떻게 완전히 다르게 이해하신 걸까? 아버지가 단순히 의사의 말을 잘못 이해하신 걸까, 영적인 해석을 하신 걸까? 아니면 하나님의 능력을 믿는 믿음에서 나온 반응일까? 나는 아버지의 기쁨을 망칠 수 없었기에 눈물을 참고 간신히 대답했다. "네, 의사 선생님이 확신하셨어요. 나는 다시 걸을 수 있어요." 그리고는 "바람 좀 쐬고 올게요"라고 말한 뒤 병실을 나와 나만의 공간에서 하염없이 울었다.

다음 날, 나는 아버지에게 의사의 진짜 진단 결과를 말씀드렸다. 감정이 쉽게 흔들리지 않는 아버지가 처음에는 현실을 받아들이지 않으려 하셨다. 하지만 결국 그 자리에 주저앉아 눈물을 흘리며 오랫동안 말없이 계셨다. 나는 그제야 알았다. 아버지는 이미 어머니에게 잘못된 정보를 전하셨다. 우리는 차마 어머니에게 진실을 말할 수 없었다. 어머니는 아들이 다시 걸을 수 있다는 희망으로 너무나 기뻐하고 계셨기 때문이다. 아버지는 나를 바라보며 조용히 말씀하셨다. "이건 내가 해결하마."

나는 완전히 부서졌다. 내면도, 외면도 모두 산산이 조각났다. 3개월 안에 병원에서 걸어 나갈 수 있을 거라는 자신감과 희망은 흔적도 없이 사라졌다. 나는 마침내 환상에서 깨어났고, 사고 이후 처음으로 냉혹한 현실과 마주했다. 악몽을 꾸는 것 같았지만 현실은 악몽보다 더 끔찍했다. 이런 일이 나에게 실제로 일어났다는 것이 믿기지 않았다.

나는 성경의 기준으로 볼 때 '세속적인 것'이라고 불릴 만한 것들에 참여했다. 단지 세상의 기준에 따라 나 자신을 '행복하게' 만들기 위해 살아왔을 뿐이다. 물론 그런 삶이 부모님을 기쁘게 하지 못했지만, 그렇다고 이런 대가를 치러야 한다는 것은 너무 가혹했다. 너무나 불공평했다. 이런 비극은 영화나 드라마 속에서 일어나는 일이라고 생각했지, 내 인생에 벌어질 것이라고는 꿈에도 상상하지 못했다.

나는 두려움과 불안 속에서 조심스럽게 가까운 미래를 그려보기 시작했다. 미래는 암울하고 복잡하고 받아들이기 어려웠고, 혼자 감당하기엔 벅찼다. 불안이 내 시야를 뒤덮고 두려움이 귓가에서 울려 퍼지는 가운데 '실패'가 내 인생 전체를 삼켜버렸다. 나는 실패했다. 나의 꿈을 이루는 데 실패했고 나를 사랑하며 오랜 시간 인내해준 부모님을 실망시켰으며 나를 믿어주었던 친구들을 배신했다. 그리고 나 자신을 철저히 무너뜨렸다.

만약 내가 평생 걷지 못한다면 무엇을 할 수 있을까? 걸어서 2층과 지하에 갈 수도 없다면 큰 집이 무슨 의미가 있을까? 멋진 차를 가질 수 있어도 직접 운전할 수 없다면 무슨 소용인가? 팔과 다리를 움직일 수 없다면 삶의 의미는 무엇인가? 나는 심지어 혼자서 씻을 수도, 용변을 볼 수도 없었다.

나는 극심한 우울에 빠졌고 내 인생은 끝났다고 말하기 시작했다. 앞으로 무엇을 하며 살아야 할까? 누가 나를 좋아해 줄까? 아무도 나를 원하지 않고 모두에게 짐이 될 뿐이라고 생각했다. 합법적 신분도 없는 내가 어떻게 경제적으로 자립할 수 있을까? 친구들은 도와줄 수 없을 것이다. 부모님은 한동안 돌봐주시겠지만 시간이 지나서 지치시면 어떻게 될까? 만약 부모님이 나를 포기하거나 이혼하기라도 한다면? 나는 더없이 비참하고 수치스러운 삶을 지탱할 자신이 없었다. 이 생각에 다다르자 나는 차라리 지금 이 순간에 내 생을 끝내는 것이 나을지도 모른다는 생각이 들었다. 그렇게 하면 부모님과 친구들에게 더는 짐이 되지 않을 것이고 그들도 내 미래를 걱정하며 힘들어하지 않아도 될 테니 말이다. 내가 죽으면 부모님이 처음에는 슬퍼하겠지만, 시간이 지나면 결국 내 존재 없이 자유롭게 살아갈 수 있지 않을까? 어쩌면 그것이 그분들이 바라는 바일 수도 있었다. 그때 내 머릿속에 스치는 한 가지 의문이 있었다. '이 모든 생각은 단순히 우울과 공포에서 비롯된 것일까? 아니면 사탄이 나에게 거짓을 속삭이는 것일까? 아니면 이것이 진실일까?'

그렇게 자살 방법을 고민하던 중, 병원 복도에 비상 계단 표지판이 눈에 띄었다. 무게가 300파운드(약 136킬로그램)나 되는 휠체어를 타고 계단 아래로 떨어지면 확실할 것 같았다. 다만 적절한 시기를 찾는 것이 문제였다. 나는 정말 죽을 각오가 되어 있는 걸까? 지옥이 두렵지 않을까? 어쩌면 나는 이 세상에서 장애를 가지고 살아가는 것이 지옥보다 더 끔찍하다고 생각했을지도 모른다. 아니면 사후 세계에 대해 깊이 고민해 본 적이 없었을 수도 있다. 그러나 계단을 향해 가려는 순간, 내 안에 무언가가 나를 멈추게 했다. 어린 시절 교회에서 들었던 성경 이야기들, 지루하게 들렸던 목사님들의 설교 그리고 아버지의 말씀이 천천히 기억에 스쳐 지나갔다.

나는 하나님을 믿었는가? 성경 속의 기적들을 정말 사실이라고 생각했는가? 물론 적어도 나는 하나님의 존재를 부정하지는 않았다. 성경에 기록된 기적들도 무조건 거짓이라고 단정하지 않았다. 하지만 내 신앙이 정말 진실한 것인지는 확신할 수 없었다. 몇 번 하나님께 기도한 적은 있지만 진지하게 신앙을 고민한 적은 없었다. 그러나 지금은 달랐다. 그래서 나는 하나님께 손을 뻗어 기도하기 시작했다. "하나님, 성경에 기록된 이야기들을 정말로 믿어야 할지 잘 모르겠습니다. 어릴 때부터 교회에 다니며 많은 것을 배웠지만, 정작 제 마음 깊은 곳에는 확신이 없습니다. 하지만 하나님께서 여전히 제 삶 속에서 일하실 수 있다면 그리고 성경이 말하는 대로 저를 고치실 수 있다면, 너무 늦지 않았다면 저에게 손을 내밀어 주세요. 예수님의 이름으로 기도합니다. 아멘."

기도를 마친 후 나는 눈을 떴다. 팔과 다리를 움직여 보려고 했지만 아무런 변화도 없었다. 그러나 나는 실망되지 않았다. 오히려 웃음이 나왔다. 그 웃음은 불신에서 나온 것이 아니었다. 오히려 이번에 진지하게 신앙을 탐구해 보고 싶었다. 부모님이 왜 신앙을 위해 삶을 바치셨는지 그리고 무엇보다도 이 믿음이 나를 치유할 수 있는지 직접 경험해보고 싶었다. 나는 최선을 다해 신앙을 받아들이기로 결심했다.

만약 하나님께서 나를 고쳐주신다면 그것은 놀라운 일이 될 것이다. 하지만 그렇지 않다면 나는 신앙이 무의미하다는 결론을 내리고 더 이상 미련을 가지지 않으면 그만이다. 나는 어디로 갈 수도 없는 상태였다. 그렇다면 적어도 1년은 신앙을 시험해 볼 시간이 있었다. 1년이면 충분했다.

하나님은 무너진 자리에서 참고 기다리시는 아버지입니다

하나님은 우리가 다시 일어설 때까지 조급해하지 않으시고 넘어져 있는 그 자리에 머물러 주시는 아버지입니다. 우리의 감정이 마비되고 기도조차 나오지 않을 때도 '기다리시는 분'으로 머물러 계시며 우리가 다시 고개를 들고 그분의 얼굴을 향할 때까지 인내하십니다. "주의 약속은 어떤 이들이 더디다고 생각하는 것같이 더딘 것이 아니라 오직 주께서는 너희를 대하여 오래 참으사 아무도 멸망하지 아니하고 다 회개하기에 이르기를 원하시느니라"(벧후 3:9). 하나님께서는 우리가 다시 그분을 찾을 수 있을 때까지 강요하지 않으시고 조용히 곁에서 기다리십니다. 그 기다림은 침묵 같지만, 사실은 사랑의 언어이며 우리를 향한 신뢰의 표현입니다. 또한 그분은 우리에게 필요한 속도에 맞춰 걸으시며 우리의 회복이 느리더라도 끝까지 포기하지 않으십니다. "기다리는 자들에게나 구하는 영혼들에게 여호와는 선하시도다 사람이 여호와의 구원을 바라고 잠잠히 기다림이 좋도다"(애 3:25-26).

하나님은 낙심한 자를 위로하시고 마음을 다시 세워주시는 분입니다

하나님의 위로는 단순히 아픔을 달래는 감정적인 반응이 아니며 부서진 심령을 다시 일으키는 영적 회복의 능력입니다. 그 위로는 우리의 상처와 눈물을 외면하지 않고, 오히려 그 자리에 찾아와 마음 깊은 곳에서부터 생기를 불어넣습니다. 바울은 하나님에 대하여 다음과 같이 고백합니다. "찬송하리로다 그는 우리 주 예수 그리스도의 하나님이시요 자비의 아버지시요 모든 위로의 하나님 이시며 우리의 모든 환난 중에서 우리를 위로하사 우리로 하여금 하나님께 받는 위로로써 모든 환난 중에 있는 자들을 능히 위로하게 하시는 이시로다"(고후 1:3-4). 하나님께서는 우리의 침묵 속 탄식을 들으시고 언어로 표현할 수 없는 고통도 이해하십니다. 그분의 위로는 상황을 곧바로 바꾸기보다 먼저 고통을 그분 앞에 놓고 울 수 있도록 우리의 마음을 열어주십니다.

하나님께서는 우리의 절망조차 새로운 신앙의 시작점으로 삼으십니다

하나님께서는 우리가 완전히 무너졌다고 느끼는 그 지점에서 오히려 더 깊고 진실한 믿음의 길로 초대하십니다. 우리가 더 이상 기대할 것도 없고 붙잡을 것도 없을 때, 그 무너진 자리에 새로운 믿음의 기초를 놓으십니다. 절망은 신앙의 끝이 아니라 거짓된 소망이 무너지고 참된 소망이 시작되는 자리입니다. 하나님의 은혜는 우리의 무력함을 통해 더욱 분명하게 드러나며, 아무것도 남지 않았을 때 오히려 가장 깊은 진리를 깨닫게 합니다. 그분은 무너짐 속에서도 우리를 향한 계획을 결코 거두지 않으시고 폐허 위에서도 생명을 다시 시작하시는 창조주이십니다. 성령 하나님은 우리를 위해 탄식으로 중보해 주십니다. "이와 같이 성령도 우리의 연약함을 도우시나니 우리는 마땅히 기도할 바를 알지 못하나 오직 성령이 말할 수 없는 탄식으로 우리를 위하여 친히 간구하시느니라"(롬 8:26).

치유의 속도에 대해 스스로에게 관대해져야 합니다

많은 사람이 "빨리 나아야 한다"는 압박감 속에서 스스로를 몰아붙입니다. 그러나 영적, 정서적, 신체적 회복은 시간과 과정이 필요한 여정입니다. 내가 처한 현재 상태를 있는 그대로 수용하고 '회복되지 않은 자신'도 하나님의 은혜 안에 있음을 받아들이는 것이 중요합니다. 매일 나의 감정을 솔직하게 기록해 봅시다. 두려움, 분노, 실망, 수치심 등의 감정을 하나님 앞에 가져가고 기도로 정직하게 나아갑시다. 그리고 나 자신에게 말해봅시다. "지금 이 상태도 하나님이 사랑하시는 나의 모습이다." 잘 나아야 합니다. 건강해야 합니다.

하루 한 번, 기다림의 기도를 드립시다

하나님은 우리가 기다리는 중에도 말씀하시는 분입니다. 기도는 단지 응답을 위한 도구가 아니라 기다림 속에서 하나님의 임재를 체험하는 길입니다. 회복이 오지 않아도 하나님께서 여전히 가까이 계십니다. 매일 정해진 시간에 한 문장 기도를 드립시다. "하나님, 오늘도 기다리는 제 안에 평안을 부어주소서. 잘 기다리게 해주소서." 그리고 시편 130편 5절을 암송하며 기도해 봅시다. "나 곧 내 영혼은 여호와를 기다리며 나는 주의 말씀을 바라는도다."

치유를 기다리는 사람에게 '괜찮다'고 말해줍시다

우리 주변에는 상처 입은 이들, 병으로 고통받는 이들, 또는 마음이 무너진 이들이 있습니다. 그들에게 성급한 조언이나 회복을 재촉하기보다는 "괜찮아요. 천천히 가도 됩니다"라고 말해주는 것이 진정한 사랑의 실천입니다. 친구나 가족, 혹은 공동체 내에 힘들어하는 사람에게 이렇게 말해봅시다. "지금 있는 그대로의 당신도 충분히 소중하고 괜찮습니다. 서두르지 않아도 돼요. 하나님께서는 지금도 당신을 기다리고 계세요."

4일 : 죽음_사형선고

💬 모든 인간적인 설명과 기대가 사라진 자리에서 하나님을 붙든다는 것은 나에게 어떤 의미입니까? 때때로 우리 인생에 더 이상 기대할 것이 없다고 느껴지는 순간이 찾아옵니다. 회복의 가능성도 미래에 대한 전망도 사라지고, 아무리 기도해도 변화되지 않는 현실 앞에서 우리는 묻게 됩니다. '이제 무엇을 붙들어야 하는가' 그런 순간, 신앙은 기적을 얻기 위한 수단이 아니라 하나님을 붙드는 결단이 되어야 합니다. 하나님께서는 우리의 모든 가능성이 무너진 자리에 계시며, 우리가 더 이상 아무것도 기대할 수 없을 때도 여전히 신실하신 분입니다.

💬 이성적으로는 희망이 보이지 않지만 믿음으로는 여전히 가능성을 바라볼 수 있다면, 지금 나는 무엇을 기대하고 믿으며 살아가겠습니까? 절망의 끝자락이 곧 하나님의 시작점이 될 수 있습니다. 하나님은 우리의 끝에서 새로운 일을 시작하시는 분입니다. 그분의 은혜는 우리가 아무것도 붙들 수 없을 때 더욱 깊이 다가옵니다.

무너진 자리에서 피어난 은혜

자유와 책임:
책임의 무게

우리는 누구나 자유로운 삶을 꿈꿉니다. 우리가 원하는 길을 스스로 선택하고 다른 사람의 간섭 없이 인생을 주도할 수 있기를 바랍니다. 더 나은 미래, 더 나다운 삶을 위해 우리는 수많은 결정을 내립니다. 그런데 그 자유가 항상 가볍고 낭만적이지만은 않습니다. 어떤 선택은 우리 삶의 방향을 송두리째 바꾸어 놓습니다. 때로는 나 한 사람의 결정이 가족, 친구, 혹은 사랑하는 이의 삶까지도 깊이 흔들어 놓을 수 있습니다. 자유는 분명 축복이지만 그 안에는 반드시 책임이라는 무게가 함께 따라옵니다.

이 장은 '선택 이후의 현실'을 온몸으로 감당해야 했던 한 사람의 이야기를 담고 있습니다. 어떤 결정은 되돌릴 수 없고 결과는 피할 수 없습니다. 그러나 그 무게 아래에서도 하나님의 은혜는 우리를 포기하지 않고 붙듭니다. 여러분은 지금 어떤 선택의 결과 안에 살고 있습니까? 그 선택이 무거울지라도 하나님께서는 그 자리를 외면하지 않으십니다. 우리의 자유와 책임 그리고 그 위에 덮이는 하나님의 은혜를 함께 묵상해 보기를 바랍니다.

아버지는 나의 퇴원을 앞두고 새로운 집을 알아보느라 분주하셨다. 기존에 우리가 살던 타운하우스는 나에게 전혀 적합하지 않았다. 계단이 많고 침실은 모두 2층과 지하에 위치해 있어서 휠체어를 사용하는 내게는 감히 접근조차 어려운 구조였다. 다행히도 아버지는 계단이 전혀 없는 1층 집을 찾아내셨다. 방 두 개, 욕실 두 개, 서재 하나 그리고 차량 한 대를 위한 차고가 있는 아늑한 공간이었다. 내부의 모든 문은 휠체어가 통과할 수 있을 만큼 충분히 넓었고, 다만 샤워실 입구에 약간의 턱이 있는 것이 유일한 장애 요소였다. 아버지는 건축업자인 교회 집사님에게 도움을 요청하셨는데, 집사님이 기꺼이 와서 휠체어가 다닐 수 있도록 그 작은 턱을 제거해 주셨다.

크레이그 병원에서 세 달간 재활 치료를 마친 나는 마침내 새로운 집으로 돌아왔다. 낯선 공간이었지만 오랜 친구이자 가족인 반려견 재롱이가 반갑게 짖는 소리와 부모님의 따뜻한 품은 그 집을 곧 '내 집'이라 부를 수 있게 해주었다. 그러나 집은 병원이 아니었다. 병원에는 척수 손상 환자에게 맞춘 모든 시설이 구비되어 있었지만 이곳은 그렇지 않았다. 익숙해진 병원의 편리함을 떠나 이제 나는 다시 현실과 마주해야 했다.

나는 휠체어를 타고 집안을 천천히 둘러보며 하나하나 점검했다. 재롱이는 내 곁을 따라다니며 낯선 공간의 냄새를 맡았고 나는 그 모습을 보며 왠지 모르게 위로를 받았다. 침실에서 욕실로, 욕실에서 주방으로 그리고 다시 차고까지 집 안의 모든 동선을 확인하며 이 공간이 과연 나의 새로운 삶을 품을 수 있을지 고민했다. 다행히 대부분의 공간이 내 움직임에 적합했고 작은 불편도 극복 가능하다는 희망이 생겼다. 그렇게 나는 그곳에서 사지마비 장애인으로의 새로운 삶을 시작하게 되었다.

하지만 나의 사고는 나만의 문제가 아니었다. 내 실수는 마치 나비효과처럼 우리 가족 전체에 파장을 일으켰다. 한국 문화에서는 성인이 결혼 전까지 부모와 함께 사는 것이 자연스러운 일이지만, 미국에서 성인이 부모와 함께 산다는 것은 다소 부끄러운 일로 여겨졌다. 나는 그 부끄러움을 감수하고 부모님께 의지해야 했다. 왜냐하면 나는 이제 혼자서는 생존조차 불가능했기 때문이다.

집안 공기는 날카롭고 무거웠다. 그리고 어머니는 종종 아버지를 향해 이렇게 말하셨다. "미국에 오지만 않았어도 이런 일은 없었을 거야. 몇 년 전부터 내가 한국으로 돌아가자고 했잖아. 돌아갔다면 이보다는 나았을 거야. 적어도 우리 아들이 이렇게 휠체어에 앉아 있는 일은 없었을 거야." 아버지는 처음엔 묵묵히 듣고 계셨지만, 감정을 주체하지 못하면 언성을 높이셨다. 두 분 사이에는 격렬한 언쟁이 오갔고 아버지는 화가 난 채 문을 열고 집을 나가셨다. 그 소리를 조용히 듣고 있던 나는 오히려 침묵이 더 두려웠다. 다툼 소리는 외부의 고통이지만 침묵은 내 안의 죄책감을 자극하는 메아리였다. 어머니는 나에게도 분노를 드러내셨다. "아들, 그때 내 말만 듣고 한국으로 갔더라면 이런 일은 없었을 거야!" 나는 떨리는 목소리로 대답했다. "엄마, 나는 그때 한국 학교에서 왕

따당할까 봐 두려웠어요." 어머니는 사고 전날 밤을 회상하며 말을 이어가셨다. "그날 엄마랑 아빠는 너무 지쳐 있었어. 그래서 제발 집에 있으라고 했잖아. 그날 밤 네가 집에만 있었다면 이런 일은 없었을 거야."

결국 선택은 나의 몫이었다. 세상에는 다양한 이유로 척수 손상을 입는 사람들이 있다. 누군가는 타인의 실수로, 누군가는 자신의 부주의로, 또 누군가는 조국을 위해 싸우다가 다치게 된다. 그리고 나처럼 단순히 삶을 즐기다가 사고를 당한 사람도 있다. 나는 단지 친구들과 스노보드를 타며 즐기고 싶었을 뿐이었다. 그러나 그 결과는 너무나 가혹했다. 피해자는 평생 견딜 수 없는 고통 속에서 살아가야 했다. 나는 몇 주 몇 달을 밤마다 혼자 되새기며 후회했다. "만약 그날 집에 있었다면." 그 선택은 되돌릴 수 없었고 받아들이기 힘들었다. 하지만 그 결과를 감당하는 책임은 온전히 나에게 있었다. 그 책임의 무게는 말로 다할 수 없이 무거웠다.

나는 피해자에게 고통을 안긴 가해자이자 동시에 내 선택의 결과로 고통을 받아야 하는 피해자였다. 하지만 그 행위는 우발적이었다. 악의는 없었다. 나는 그저 젊은 날을 즐기고 싶었을 뿐이다. 그날 밤에 지친 부모님은 나를 위해 음식을 준비해 주셨지만, 나는 그것을 당연하게 여긴 채 아무 생각 없이 집을 나섰다. 나의 선택은 분명 이기적이었다. 그러나 그렇다고 해서 이토록 가혹한 형벌을 받아야 했을까? 나는 세상의 방식으로 살았지만, 나와 생각이 다른 사람에게 직접적인 해를 가한 적은 없다고 믿고 있었다. 내가 이토록 가혹한 형벌을 받아야 했을까? 그러나 그 생각조차 어쩌면 자기 합리화였는지 모른다.

현실은 냉혹했다. 내가 자초한 사고는 나와 내 가족 모두에게 평생 지워지지 않을 상처를 남겼다. 자유의지는 선택의 자유이지만, 그 자유에는 반드시 책임이 따른다. 그 책임을 다하지 못할 때 고통은 나뿐만 아니라 사랑하는 이들에게도 전해진다. 나의 선택은 부모님의 자유조차 제한하고 그분들의 삶의 방향마저 바꾸어 버렸다.

나의 선택으로 인해 나는 거의 모든 것을 잃었다. 부모님 또한 많은 것을 잃었다. 그러나 한 가지는 결코 잃지 않았다. 바로 신앙이다. 주님은 나를 떠나지 않으시고 나는 그분을 잃지 않았다. 주님은 잃을 수 없었다. 그 무엇도 잃게 하지 못했다. 아무리 삶이 무너져도 그분은 나의 중심을 지탱해 주셨다. 그 무게에 눌려 모든 것을 포기하고 싶었지만, 주님이 말씀하셨다. "수고하고 무거운 짐 진 자들아 다 내게로 오라 내가 너희를 쉬게 하리라"(마 11:28). 나는 그분의 말씀에 기대어 천천히 그리고 분명히 짐을 내려놓기 시작했다.

기도하면서 그리고 주님을 의지하면서 나는 내 어깨 위에 놓인 책임의 짐을 하나씩 그분 앞에 올려놓았다. 그것은 단번에 이루어진 일이 아니었다. 하지만 시간이 흐르면서 내 안에 믿음이 조금씩 자라났다. 나의 능력으로 해결할 수 없는 문제들, 나의 의지로 감당할 수 없는 책임들을 주님 앞에 맡길 때, 주님은 함께 걸어주시고 견디게 하시고 은혜의 무게로 나를 덮어주셨다. 책임은 때로 고통이 되지만, 그 고통을 이기게 하시는 분은 결국 은혜의 주님이셨다.

하나님의 형상으로 지어진 인간은 자유의지를 가진 존재입니다

하나님께서는 우리를 기계처럼 창조하지 않으셨습니다. 인간은 하나님을 닮은 존재이며 자유의지를 통해 사랑하고 결단하고 책임질 수 있는 고귀한 존재입니다. "하나님이 자기 형상 곧 하나님의 형상대로 사람을 창조하시되 남자와 여자를 창조하시고"(창 1:27). 이 자유는 단순히 하고 싶은 것을 할 수 있는 능력이 아니라 선을 행하고 하나님과의 관계를 선택할 수 있는 특권입니다. 바울은 이 자유를 사랑으로 드러내라고 합니다. "형제들아 너희가 자유를 위하여 부르심을 입었으나 그러나 그 자유로 육체의 기회를 삼지 말고 오직 사랑으로 서로 종 노릇 하라"(갈 5:13). 자유의 목적은 하나님을 사랑하고 이웃을 사랑하는 것입니다. 나는 이 자유를 어떻게 사용하고 있습니까?

선택에는 반드시 책임이 따릅니다
인간은 결과의 무게를 감당해야 합니다

하나님은 우리의 선택을 존중하시며 동시에 그 결과에 대해 책임지게 하시는 분입니다. 성경은 분명히 경고합니다. "스스로 속이지 말라 하나님은 업신여김을 받지 아니하시나니 사람이 무엇으로 심든지 그대로 거두리라"(갈 6:7). 모든 선택은 열매를 맺습니다. 그리고 그것은 종종 우리가 감당하기에 너무 무거운 고통이 될 수 있습니다. 자유는 결코 무책임함을 뜻하지 않으며 오히려 더 큰 책임의 장으로 우리를 이끕니다. 타인에게 영향을 미치는 선택일수록 우리는 더 큰 신중함으로 해야 합니다.

예수님은 우리의 짐을 함께 짊어지시는 분입니다

자유와 책임의 긴장 속에 무너진 우리는 실패와 고통을 어떻게 견뎌야 할까요? 예수님은 우리를 향해 부드럽고 확고한 음성으로 말씀해주십니다. 그분은 죄 사함만이 아니라 우리 인생의 짐까지 친히 짊어지기 위해 이 땅에 오셨습니다. "그는 실로 우리의 질고를 지고 우리의 슬픔을 당하였거늘 우리는 생각하기를 그는 징벌을 받아 하나님께 맞으며 고난을 당한다 하였노라"(사 53:4). 우리는 그분께 우리의 짐을 맡길 수 있습니다. 우리의 책임, 상처, 후회까지도 내려놓을 수 있습니다. 예수님은 그것을 감당하시며 짐을 덜어주는 것뿐만 아니라 우리 안에 새로운 회복과 쉼을 주시는 분입니다. 자유는 값진 선물이지만 그 무게가 우리를 짓누를 때 주님이 말씀하십니다. "내게 맡겨라. 내가 너와 함께 지겠다." 이 은혜의 초대에 응답할 때, 우리는 비로소 자유의 진정한 의미를 누릴 수 있습니다.

작은 선택에도 기도하며 결정해야 합니다

우리는 매일 수많은 결정을 내립니다. 그중에는 인생을 바꾸는 것도 있지만 사소해 보이는 선택도 있습니다. 그리고 모든 선택은 삶의 방향을 조금씩 틀어놓습니다. 그러므로 그리스도인은 크든 작든 모든 결정을 하나님께 아뢰며 말씀과 기도로 분별하는 삶을 살아야 합니다.

나의 선택이 다른 사람에게 미치는 영향을 인식해야 합니다

자유는 나 자신만을 위한 권리가 아닙니다. 내가 하는 말 한마디, 행동 하나, 결정 하나가 공동체와 가족, 교회와 친구들에게까지 깊은 파장을 일으킬 수 있습니다. 선택은 언제나 개인의 것이지만 그 결과는 공동체의 몫이 되기도 합니다. 성경은 말씀합니다. "너희가 짐을 서로 지라 그리하여 그리스도의 법을 성취하라"(갈 6:2). 이것은 단지 타인을 돕는 수동적인 자세가 아니라 타인의 삶에 영향을 미치는 우리의 책임을 인식하고, 그 영향이 회복과 생명을 향하도록 선택하라는 능동적인 부르심입니다. 우리는 말과 행동을 통해 누군가를 넘어뜨릴 수도 있고, 또한 세워주고 치유하며 살아나게 할 수도 있습니다. 그러므로 자유의지를 사용할 때마다 그것이 공동체를 향한 사랑의 실천으로 나타나도록 기도하면서 신중하게 선택해야 합니다.

자신의 짐을 돌아보고 하나님께 맡기는 훈련을 합시다

지금 나는 어떤 짐을 지고 있습니까? 혹은 과거에 감당하기 힘든 짐을 짊어지고 걸어야 했던 적이 있습니까? 우리가 감당할 수 없는 책임, 죄책감, 후회가 있을 때 그 무게를 혼자 감당하지 않기를 바랍니다. 예수님은 그 짐을 맡기라고 하십니다. "수고하고 무거운 짐 진 자들아 다 내게로 오라 내가 너희를 쉬게 하리라"(마 11:28). 매일의 삶 속에서 기도로 주님께 맡기고 은혜 안에서 회복을 누리며 살아갑시다. 주님은 쉼과 새 힘을 주시는 분입니다. 또한 자신의 짐을 돌아보는 일은 회피가 아니라 회복의 첫 걸음입니다.

다시 기록하고 또 기억하면서

💬 하나님께서는 왜 우리에게 자유롭게 선택할 권한을 주시면서도 왜 그 선택의 책임을 감당하게 하실까요? 그 자유는 방종이 아닌 책임 있는 순종과 사랑을 위한 은혜의 선물입니다. 때로 우리는 자율적인 결정을 내리지만, 그 결과는 예상보다 훨씬 더 무거운 책임으로 돌아오기도 합니다. 어떤 선택은 우리 삶을 바꾸고, 어떤 결정은 우리 곁의 사람들에게까지 영향을 미칩니다.

💬 나는 지금까지 어떤 선택의 책임을 감당하며 살아왔습니까? 고난은 종종 우리가 자율적 결정을 내릴 수 없을 만큼 상황을 제한하기도 합니다. 그러나 그 안에서 우리는 자유가 곧 책임이고, 책임이야말로 성숙한 믿음을 요구하는 여정임을 배우게 됩니다.

💬 나는 책임의 무게 앞에서 어떤 자유를 내려놓았고, 하나님 안에서 어떤 새로운 자유를 발견했습니까? 하나님께서는 우리로 하여금 책임의 무게를 통해 믿음의 뿌리를 더 깊이 내리게 하십니다. 그 안에서 참된 자유와 순종이 피어나길 바랍니다.

소망:
절망에서 절망으로

때로는 아무리 애써도 바꿀 수 없는 현실 앞에서 좌절해야 하는 순간이 찾아옵니다. 기대했던 변화가 없고 기도의 응답이 들리지 않으며 노력한 결과가 전혀 보이지 않을 때, 우리는 마음 깊은 곳에서 절망이라는 단어와 마주하게 됩니다. 그러나 그 절망조차 쉽게 인정하기 힘듭니다. '이 또한 지나가리라'는 희망으로 버텨보지만 시간이 지나도 달라지지 않는 상황은 어느새 희망마저 고통으로 변하게 만듭니다.

　이 장은 바로 그런 '절망의 심연'을 지나면서 하나님을 찾고 또 다시 희망을 바라보려고 몸부림친 여정입니다. 제가 걸어온 길은 의학적 치료와 대체요법과 종교적 헌신 그리고 눈물 어린 기도의 반복이었습니다. 그러나 아무리 돌아봐도 눈에 띄는 변화는 없었고 그렇게 저는 '절망'이라는 단어 앞에 서게 되었습니다. 이 이야기는 그 처절한 여정 속에서도 하나님께 붙들렸던 제 영혼의 고백입니다.

스노보드 사고 이후 의사는 내게 "다시 걸을 수 있는 가능성이 희박하다"고 했지만, 나는 몸을 움직이기 위해 할 수 있는 모든 것을 시도했다. 그중 제일 먼저 한 것은 재활 치료였다. 크레이그 병원에서 퇴원한 후에 물리치료사가 가르쳐준 대로 팔과 다리를 계속해서 움직이며 손상된 신경을 자극하려고 했다. 한 친구의 어머니가 물리치료사 훈련을 받고 있어서 그분이 일정 기간 매일 나를 도와 스트레칭과 재활 치료를 함께해 주시기도 했다. 그러나 1년이 지나도 내 몸에는 아무런 변화가 없었다. 새로운 움직임도, 감각도 생기지 않았다. 또한 침술도 시도했다. 한방 침술의 원리는 혈액순환을 개선하고 신경 재생을 돕는 것이었다. 아버지는 매주 나를 한의원에 데려가셨는데, 침을 맞는 동안 혈액순환과 근육 이완에는 도움이 되었지만 끊어진 신경을 재생시키지는 못했다.

어느 날은 한 한인 목사님이 나를 찾아오셨다. 그분은 침술 전문가로 '녹색 침'이라는 특별한 치료법을 연구하고 있다고 했다. 자연 물질로 만들어진 그 침이 체내에 삽입되면 서서히 녹아 신경을 재생시킨다고 했다. 그분은 캘리포니아의 한 대학에서 연구 중이라며 직접 침을 가져와 내 척수 손상 부위 근처에 놓아주었다. 당시에는 그 말이 합리적으로 들렸다. 나는 무엇이라도 해야 했다.

하지만 결과는 달라지지 않았고 오히려 목을 움직일 때 통증이 생기고 불편해져서 실망감만 더 커졌다.

　그 외에도 한국에 계신 목사님이 보낸 보이차도 마시고 한국의 암 환자촌에서 효과를 보았다는 볶은 곡물 식이요법도 시도했다. 비타민 B군이 풍부해서 신경 재생에 좋다며 한국에서 곡물을 보내주었는데 식단이 매우 엄격했다. 아침에는 볶은 곡물과 볶은 버섯, 견과류, 양파와 각종 채소를 먹었고 점심에는 과일과 볶은 곡식을 먹었다. 저녁에는 오직 볶은 곡물만 먹어야 했다. 그 외에는 어떤 음식도 허용되지 않았다. 고기를 좋아하던 나에게 고기, 생선, 가공식품을 금지하는 식단은 참기 힘든 고통이었지만 나는 버텼다. 저녁마다 가족들이 따뜻한 밥상을 마주할 때 나는 혼자서 조용히 곡물을 입에 넣으며 묵묵히 앉아 있었다. 그렇게 7개월이 지나자 내 몸무게는 30파운드(약 13킬로그램)가 빠졌다. 건강이 악화되고 얼굴이 창백해졌으며 기운도 없었다. 샤워할 때는 저혈압으로 자주 기절하고 3분 이상 말하면 피곤해서 정신을 잃곤 했다. 새로운 변화가 보이지 않자, 결국 나는 더 이상 이 식단을 유지할 이유가 없다고 판단하고 포기했다. 내 희망은 또다시 철저히 무너졌다.

　그 후 2005년에 나는 줄기세포 연구와 관련하여 희망적인 소식을 들었다. 한국의 연구원인 황우석 박사가 인간 배아 줄기세포를 만드는 데 성공했다는 연구 결과를 발표했다. 나는 스노보드 사고 이후 끊어진 척수 신경을 재생할 수 있는 유일한 가능성이 줄기세포 연구에 있다고 믿었기에, 그 소식은 나와 가족에게 큰 희망이 되었다. 한국 사회에서는 황 박사를 "대한민국의 자랑"이라고 칭송했고, 나 역시 하나님께서 나를 치유하기 위해 그를 세우셨다고 믿었다. 나는 치유를 위해 하나님께 기도하면서 동시에 이 연구가 나에게 새로운 기적을 가져다 주기를 간절히 바랐다.

그러나 몇 달이 지나자 우리가 기대한 것과는 다른 충격적인 소식이 들려왔다. 황 박사가 배아 줄기세포 연구 과정에서 윤리적 기준을 어겼다는 의혹이 제기된 것이다. 이후 조사가 진행되면서 그의 연구가 완전히 조작된 것임이 밝혀졌다. 그의 연구에 희망을 걸었던 수많은 사람이 세상이 무너지는 듯한 절망을 느꼈다. 그것은 줄기세포 연구가 그들에게 새로운 삶의 의미를 주고, 다시 희망을 품을 용기와 꿈꿀 수 있는 기회를 주며, 어둠 속에 한 줄기 빛과 같았기 때문이다.

주치의가 "평생 다시는 걷지 못할 수도 있다"고 말했을 때, 나는 척수 손상의 심각성을 실감했다. 그래도 나는 과학과 의학에 대한 희망을 버리지 않았다. 오히려 버릴 수 없었다. 인간은 과학을 통해 달에 가는 시대를 열었고 아이폰과 갤럭시 핸드폰 같은 혁신적인 기술을 개발해냈다. 그렇다면 의학은 어떨까? 우리는 한때 불치병이었던 수많은 질병을 치료할 수 있게 되었다. 또한 연료 없이도 작동하는 자동차가 등장하고 첨단 기술을 활용한 휠체어가 기울이고 젖히고 심지어 서 있을 수 있는 기능까지 갖추게 되었다. 과학의 이름으로 불가능한 것이 과연 있을까? 하지만 나는 그 당시의 과학이 내 문제를 해결할 수 없다는 현실을 인정해야 했다. 언젠가는 가능할지도 모르지만, 적어도 2005년에는 내척수를 복구할 해결책이 없었다. 나는 하나님께서 과학을 통해 치유하실 것이라 믿었기에 더욱 실망스러웠다. 과학이 나를 걷게 할 것이라 기대했지만, 그 기대가 무너지고 말았다.

나는 할 수 있는 모든 노력을 기울였다. 하지만 기대할 때마다 실망했고, 실패가 거듭될수록 나의 희망은 점점 산산조각 났다. 그 조각들을 다시 맞춰 희망을 품고 싶었지만 날카로운 파편에 베일

까봐 두려웠다. 희망을 갖는 것이 오히려 두려움이 되었다. 줄기세포 연구는 나의 마비된 영혼을 움직이고 기쁨과 행복을 잃은 내 삶을 채워주던 희망이었다. 그러나 이제는 그 공허함이 나를 짓눌렀다. 아무 일도 없던 것처럼 긍정적인 태도를 유지하려 했지만 그 과정은 쉽지 않았고, 결코 유쾌한 경험이 아니었다. 그래도 스스로를 위로했다. 최소한 내가 할 수 있는 최선의 노력을 다했기에 더 이상 내가 어찌할 수 있는 일은 없었다.

나는 스스로에게 '아직 하나님이 계시니 실망할 이유가 없다'고 말했다. 그 생각이 내 마음을 위로하고 격려해 주길 바랐다. 그리고 그러한 태도는 내 안에 오랫동안 머물며 결국 다시 희망을 보고 품을 수 있게 도와주었다. 그 희망이 내 안의 폭풍을 점차 가라앉히고, 하나님은 살아 계시며 어떤 수단을 사용하지 않고도 나를 치유하실 수 있다는 믿음을 주었다. 마치 예수님이 성경에 기록된 대로 시각 장애인의 눈을 뜨게 하셨던 것처럼 말이다.

2005년 어느 날, 아버지의 지인 중 한 목사님을 만났다. 그분은 하나님을 신실하게 섬기며 교회의 교인들뿐 아니라 덴버 지역의 많은 한인 목회자에게도 존경받았다. 나는 그 교회의 교인이 아니었지만 목사님은 매주 나를 찾아와 기도해 주셨고, 나는 그 헌신과 섬김에 깊이 감사했다. 그러던 어느 날 목사님이 나에게 미국 기독교 방송들을 보라고 추천해 주셨다. 그중 하나가 베니 힌 (Benny Hinn) 목사님이 인도하는 *This Is Your Day*(오늘은 당신의 날입니다)라는 프로그램이었다. 힌 목사님은 전 세계를 다니며 대규모 예배 집회를 인도하는 분이었고, 그 집회는 치유의 기적이 일어나는 것으로 유명하여 '기적 집회'(Miracle Crusade)라고 불렸다. 그분은 주로 믿음, 치유, 기적 그리고 신앙생활에 대해 가르치셨다.

기적 집회에서 힌 목사님은 복음을 전하고 사람들을 위해 기도했다. 그분은 종종 "예수 그리스도의 이름으로 치유 받으십시오! 성령을 받으십시오!"라고 외쳤다. 그분의 기도가 끝나면 수많은 사람이 앞으로 나와서 자신이 체험한 기적과 치유에 대해 간증했다. 목사님이 손을 얹기만 해도 사람들은 마치 하나님의 손길을 받은 듯 바닥에 쓰러졌고, 때로는 회중을 향해 손을 휘두르기만 해도 수십 명이 한꺼번에 뒤로 넘어졌다.

나는 이 프로그램과 기적 집회를 '유레카!'로 받아들였다. 마침내 내 기도와 치유에 대한 해답을 찾았다고 생각했다. 이 기적 집회는 성령의 사역이며 나를 위한 하나님의 특별한 응답이라 믿었다. 목사님이 추천해 주신 프로그램이었기에 그 사역을 의심하지 않았고, 힌 목사님의 설교는 성경적이라는 강력한 확신이 있었다. 그것은 마치 하나님께서 나에게 주시는 개인적인 메시지처럼 느껴졌다. 그렇게 생각할 수밖에 없었던 이유는 2005년 9월 23일에 힌 목사님이 덴버에서 기적 집회를 인도한다는 소식을 들었기 때문이다. 그분은 워낙 바쁘게 세계 곳곳을 다니며 집회를 인도하셨기에, 덴버에서 열리는 집회는 다시 오지 않을 일생일대의 기회로 여겨졌다. 그래서 나는 이것이 나의 치유를 위해 하나님이 예비하신 만남이라 확신했다. 2005년 9월 23일, 그날은 나의 날이었다.

힌 목사님은 강한 믿음의 중요성에 대해 설교하며 순종, 회개, 헌신, 헌금을 통해 우리의 믿음이 강화된다고 강조하셨기에 나는 그 가르침에 따라 기도, 성경 읽기, 암송, 묵상의 시간을 늘렸다. 또 죄가 병의 원인이라는 말씀을 들으며 반복해서 회개하고 내 안에 숨겨진 죄가 있는지 철저히 점검했다. 모든 세속적인 방송과 음악도 끊고 기독교 프로그램만 보았다. 의심이나 두려움, 걱정이 찾아오면 그것이 믿음을 약화시킨다는 가르침을 기억하며 그러한 생각 자체를 멀리했다. 나는 더욱 강한 믿음이 필요했다. 침대에 누워 있을 때는 치유를 받는 순간 내가 어떻게 반응하고 힌 목사님과 카메라 앞에서 무엇을 말할지를 상상하며 준비했다. 나는 치유를 맞이할 준비가 되어 있었다.

그 후 드디어 기적 집회가 열리는 주말이 다가왔다. 나는 금요일 밤에 치유 받기를 기대했지만, 토요일이어도 괜찮다고 생각했다. 아버지와 친구 선과 함께 집회 장소에 몇 시간 일찍 도착했을 때 이미 수십 명이 줄 서 있었다. 모두가 희망과 믿음, 긍정적인 에너지로 가득 차 있었고 서로를 향해 웃으며 말했다. "오늘이 당신의 날입니다! 오늘은 치유 받는 날입니다!"

드디어 집회가 시작되었다. 예배와 설교, 헌금 시간이 있었지만 나는 마지막 순서를 기다렸다. 그리고 힌 목사님이 다양한 질병과 어려운 상황에 있는 사람들을 위해 기도하기 시작하실 때 그 기도는 점점 강렬해졌고 목사님은 "예수 그리스도의 이름으로 치유 받으라!"고 외쳤다. 그 순간, 팔에 부상이 있던 친구 선이 갑자기 울기 시작하더니 뒷걸음질 쳤다. 목사님의 기도가 계속되자 그는 또다시 뒷걸음질 쳤고 거의 넘어질 뻔했다. 나도 체험하고 싶었기에 기도에 집중하며 "주님, 저는 준비되었습니다. 당신의 치유를 받을 준비가 되어 있어요. 제발 저를 고쳐 주세요!"라고 외쳤다. 그런데 목사님의 기도가 점점 느려지는 듯했다. 그래서 나는 더 크게 외쳤다. 그러자 목사님이 기도를 멈추고 치유 받은 사람들에게 앞으로 나오라고 했다. 나는 크게 실망했지만 그것을 숨기고 앞에 나온 사람들을 보며 기뻐하려고 노력했다. 예배는 아직 끝나지 않았기에 혹시 마지막에 치유 받지 못한 사람들을 위한 기도를 다시 해줄지도 모른다고 기대했다. 하지만 간증이 이어지고 박수가 터진 후 집회는 추가 기도 없이 마무리되었다. 다음 날 오전에도 집회가 있었기에 나는 "내일이 바로 그날이야"라고 말하며 스스로를 다독였다.

나는 예배가 끝난 후 션에게 기분이 어떤지 물었다. 그는 팔꿈치에 아무런 통증이 느껴지지 않는다고 말하며 미안하다고 했다. 수술 이후 줄곧 진통제를 복용했고 그날 저녁에도 통증이 있었는데, 이제는 통증이 없다고 했다. 나는 "정말 잘 됐다"고 말했지만 마음속엔 쓸쓸함이 있었다. 나는 그에게 왜 기도 중에 자꾸 뒤로 물러났는지도 물었다. 그러자 션은 자신도 잘 설명할 수는 없지만 무엇인가가 자신을 밀어내는 듯한 느낌을 받았다고 했다. 특별한 무언가를 느끼진 않았지만, 지금은 몸에 평안과 위로가 있다고 말했다. 나는 그 이야기를 들으며 다음 날에는 나도 반드시 치유 받을 것이라 믿었고, 션이 그 경험을 통해 하나님에 대한 믿음이 더욱 자라나길 바랐다. 그리고 실망은 했지만 그것이 다음 날 치유를 방해할까 봐 이렇게 기도했다. "하나님, 여전히 당신을 신뢰합니다. 저의 실망을 용서해 주세요."

다음 날 아침, 덴버 시내 근처의 한 교회에서 집회가 열렸다. 나는 그날도 일찍 도착하여 전날의 감정과 상관없이 희망을 가지고 자리에 앉았다. 이윽고 힌 목사님이 아픈 사람들을 위해 기도하셨다. 나도 치유를 위해 하나님께 간절히 부르짖었다. 그러나 아무 일도 일어나지 않았다. 나는 실망과 절박함이 밀려와 휠체어를 타고 무대 가까이로 내려가서 기도하기 시작했다. 곧 몇몇 사람이 나와 함께 기도해 주었다. 10분쯤 지나자 힌 목사님이 목회자 자녀들을 무대로 올라오게 하여 기도해 주겠다고 했다. 그러자 함께 기도하던 사람들은 자리로 돌아갔고 무대 가까이에 남아 있던 나 혼자 자리를 지켰다. 그때 힌 목사님과 눈이 마주쳤다. 그러자 그가 스태프 중 한 명에게 나를 무대로 데려오라는 신호를 보냈다. 나는 "하나님 감사합니다!"라고 외쳤다. 그런데 무대에는 휠체어 경사로가 없었기에 누군가의 도움이 절실했다. 나는 한 여성 스태프에게 다가가 목사님이 나를 무대로 부르셨다고 말하며 도움을 요청했다. 그러자 그녀는 "그분도 사람이에요. 진짜 치유는 하나님만이 하실 수 있어요"라고 말했다. 나는 "저도 알고 있습니다. 그러니까 저를 무대로 데려가 주세요"라고 했지만, 그녀는 자기 혼자 나를 들어올릴 수 없다고 했다. 그 순간 힌 목사님은 다시 목회자 자녀들에게 기도해주었고, 집회는 곧 마무리되었다. 나는 목사님이 다시 나를 바라보고 무대 아래로 내려와 손을 얹어주기를 바라며 응시했지만 그런 일은 일어나지 않았다.

그렇게 집회는 끝이 났다. 일부 사람이 치유를 체험했고 많은 이는 여전히 휠체어에 남아 있었다. 그날의 씁쓸한 실망은 마음 깊숙이 남았다. 하지만 나는 하나님께 나의 믿음이 여전히 강하다는 걸 보여드리고 싶었다. '션이 내 기회를 빼앗은 걸까?', '하나님이 실수하신 걸까?', '왜 아무도 나를 무대로 올려주지 않았을까?' 만일 나에게도 지붕을 뚫고 친구를 예수님 앞에 데려간 네 명의 친구가 있었다면 어땠을까? 그러나 이내 나는 스스로에게 의심하지 말라고 다그쳤다. 그것은 악마의 속삭임이라 생각했다. 하나님께서 내 믿음을 시험하시는 것이라 확신하며 나는 용서를 구하고 다시 하나님을 신뢰한다고 고백했다. "예수 그리스도의 이름으로 저를 치유해 주세요." 분명 언젠가 그날이 올 것이다. 그리고 그날이 오면 나는 외칠 것이다. "오늘은 나의 날입니다!" 하지만 그날은 나의 날이 아니었다.

드디어 나는 절망의 마지막 순간을 경험했다. 하나님도 나의 기도에 응답하지 않으셨다. 아니, 더 솔직히 말하면 그 순간보다 더 고통스러운 것이 있었다. 바로 내 안에 쌓여가는 실망과 분노, 슬픔과 원망 그리고 섭섭함을 그분 앞에 솔직히 토로하지 못했다는 사실이다. 나는 그렇게 하지 못했다. 왜냐하면 그것은 '약한 믿음'이라고 배웠기 때문이다. 그리고 약한 믿음은 하나님의 마음을 움직일 수 없다고 배웠다. 그래서 속으로 울부짖으며 겉으로는 묵묵히 감사와 믿음을 고백했다. 나는 언젠가부터 조금이라도 의심하거나 믿음의 균열을 보이는 자의 기도는 하나님이 응답하지 않으신다고 믿었다. 그것이 내가 알고 있는 성경의 하나님이라고 여겼다. 그럼에도 불구하고 나는 여전히 그분을 믿어야 했다. 왜냐하면 나는 걷고 싶고 움직이고 싶었기 때문이다. 그 간절함이 너무도 절실해서 무엇이든 할 수 있을 것만 같았다. 그 어떤 방법이든, 그 어떤 희망의 조각이든 붙잡고 싶었다. 그런데 그런 마음으로 살아가던 내가 절망을 '감정'이 아니라 '상태'로 경험하게 된 것이다. 말로는 도무지 표현할 수 없는 내면의 깊은 골짜기, 그곳이 바로 절망이었다. 나는 그 절망의 중심에 있었다.

나는 절망을 절망이라고 고백하는 것이 두려웠다. 그래서 내가 이미 절망에 도착해 있다는 사실을 한참이 지나서야 깨달았다. 치유를 받고 싶어서 믿었지만, 이성적으로는 믿지 말아야 했다. 이제는 믿을 수 없어야 했다. 이 정도 했으면 포기해도 되는 것이었다. 그런데 이상하게도 그 절망 속에서 하나님이 믿어졌다. 그것은 내능력이나 노력, 심지어 내 믿음 때문이 아니었다. 그것은 전적으로 예수님 때문이었다. 그분은 절망의 중심에서도 함께 계셨고, 내가 붙잡고 있던 것이 아니라 오히려 그분이 나를 붙들고 계셨다. 그믿음은 내 것이 아니라 그분의 것이었으며, 그것은 선물이고 은혜였다.

하나님께서는 절망의 자리에서도 함께하십니다

때때로 절망은 하나님의 부재가 아닌 임재를 가장 깊이 경험하는 자리가 됩니다. 그래서 시편 기자는 "내가 사망의 음침한 골짜기로 다닐지라도 해를 두려워하지 않을 것은 주께서 나와 함께 하심이라 주의 지팡이와 막대기가 나를 안위하시나이다"(시 23:4)라고 고백합니다. 하나님께서는 인간적인 실패와 한계 그리고 고통 가운데서도 우리 곁을 떠나지 않으십니다. 오히려 고통의 현장에서 그분의 손길은 더욱 선명하게 다가옵니다. "네가 물 가운데로 지날 때에 내가 너와 함께 할 것이라 강을 건널 때에 물이 너를 침몰하지 못할 것이며 네가 불 가운데로 지날 때에 타지도 아니할 것이요 불꽃이 너를 사르지도 못하리니"(사 43:2). 그 손길을 체험하기를 바랍니다.

참된 믿음은 나의 능력이 아닌 하나님의 선물입니다

사도 바울은 선언합니다. "너희는 그 은혜에 의하여 믿음으로 말미암아 구원을 받았으니 이것은 너희에게서 난 것이 아니요 하나님의 선물이라"(엡 2:8). 우리가 믿는 것은 우리의 능력이 아니며 하나님께서 믿게 하십니다. 제가 절망 속에서 하나님을 믿을 수 있었던 것도 저의 결단이 아니라 주님이 붙들어주셨기 때문입니다. "믿음의 주요 또 온전하게 하시는 이인 예수를 바라보자 그는 그 앞에 있는 기쁨을 위하여 십자가를 참으사 부끄러움을 개의치 아니하시더니 하나님 보좌 우편에 앉으셨느니라"(히 12:2). 우리의 믿음은 그리스도가 시작하시고 완성하시는 역사입니다.

절망의 끝은 소망의 시작이 될 수 있습니다

절망은 종종 끝인 것처럼 보이지만 하나님 안에서는 새로운 시작이 됩니다. "우리는 우리 자신이 사형 선고를 받은 줄 알았으니 이는 우리로 자기를 의지하지 말고 오직 죽은 자를 다시 살리시는 하나님만 의지하게 하심이라"(고후 1:9). 우리의 절망은 자기를 의지하기를 끝내고 하나님을 전적으로 신뢰하게 하는 전환점이 될 수 있습니다. 성경은 연단 가운데 소망이 결코 우리를 부끄럽게 하지 않는다고 말씀합니다. "다만 이뿐 아니라 우리가 환난 중에도 즐거워하나니 이는 환난은 인내를, 인내는 연단을, 연단은 소망을 이루는 줄 앎이로다"(롬 5:3-4). 왜냐하면 하나님의 사랑이 성령을 통해 우리 마음에 부어졌기 때문입니다. 따라서 절망은 믿음의 실패가 아니라 오히려 하나님이 일하시는 자리이며, 인간의 끝에서 시작되는 하나님의 은혜의 공간입니다. 다시 말해 절망은 끝이 아니라 은혜의 출발점입니다.

하나님 앞에서 감정을 솔직히 표현하는 용기를 가집시다

하나님은 우리의 모든 감정을 아시고 이해하시는 분입니다. 절망과 분노, 낙심과 실망도 숨기지 않고 하나님 앞에 가져갈 때, 우리는 치유의 첫걸음을 내딛게 됩니다. "여호와여 어느 때까지니이까 나를 영원히 잊으시나이까 주의 얼굴을 나에게서 어느 때까지 숨기시겠나이까 나의 영혼이 번민하고 종일토록 마음에 근심하기를 어느 때까지 하오며 내 원수가 나를 치며 자랑하기를 어느 때까지

하리이까"(시 13:1-2). 시편 기자와 같이 탄식하며 호소하는 기도는 믿음 없는 행동이 아니라 오히려 신뢰의 표현입니다. 감정을 외면하거나 억누르기보다 하나님 앞에서 정직하게 나 자신을 드러냅시다.

하나님의 임재를 의식하는 훈련을 해야 합니다

우리는 절망의 순간일수록 그것이 하나님의 부재라고 느끼지만, 실제로 주님은 그 어느 때보다 가까이 계십니다. 이 사실을 마음에 새기기 위해 매일 짧은 말씀 묵상을 기록하는 훈련을 해야 합니다. "하나님은 우리의 피난처시요 힘이시니 환난 중에 만날 큰 도움이시라"(시 46:1)라는 시편 말씀을 마음에 새기고 고통의 순간에도 '하나님께서 지금 여기 계신다'는 믿음을 훈련합시다. 'No where'가 아닌 'Now here'의 하나님을 구해야 합니다.

희망이 아닌 하나님을 붙드는 신앙을 추구해야 합니다

우리에게 필요한 것은 구체적인 변화나 결과 자체가 아니라 그것보다 더 크신 하나님을 붙드는 믿음입니다. 우리는 하박국 선지자처럼 고백할 수 있는 신앙을 구해야 합니다. "비록 무화과나무가 무성하지 못하며 포도나무에 열매가 없으며 감람나무에 소출이 없으며 밭에 먹을 것이 없으며 우리에 양이 없으며 외양간에 소가 없을지라도 나는 여호와로 말미암아 즐거워하며 나의 구원의 하나님으로 말미암아 기뻐하리로다"(합 3:17-18). 하나님이 주신 희망이 무너질지라도 그분은 결코 무너지지 않는 반석이심을 기억하며, 그분을 신뢰하는 삶을 살아갑시다.

💬 하나님을 향한 신뢰는 경험이 아니라 선택일 수 있습니까? 절망 속에서 감정적으로 하나님을 신뢰하기 어려울 때, 저는 신뢰를 '경험'이 아닌 '결단'으로 붙들기 시작했습니다. 이는 신앙의 감정과 이성의 의존을 넘어 '진리를 붙듦'으로 나아가는 길이 됩니다.

💬 감정이나 경험이 아닌 결단으로 드린 신앙 고백은 나의 영혼에 어떤 변화를 일으켰습니까? 먼저 결단하기를 바랍니다.

무너진 자리에서 피어난 은혜

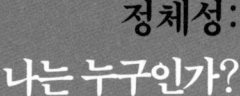

정체성:
나는 누구인가?

누구나 한 번쯤 스스로에게 이런 질문을 던질 것입니다. "나는 누구인가?" 어떤 이는 국적이나 직업, 학력이나 외모로 자신의 정체성을 설명하고, 또 어떤 이는 성취나 인간관계 혹은 고통의 흔적들로 자신을 정의합니다. 하지만 우리의 삶이 예상치 못한 사건과 조건으로 인해 급변할 때, 우리는 정체성의 혼란에 빠지게 됩니다. 저는 그 혼란 속에서 살아남으려 애썼습니다. 미국에 거주하는 소수 민족, 영주권 없는 이민자의 신분, 장애를 입은 청년, 빚에 시달리는 무능력한 존재 등 점점 제 자신을 사회가 붙인 꼬리표로만 이해하게 되었습니다. '불법 체류자', '장애인', '실패자', '서민'이라는 단어가 저의 정체성인 것처럼 느껴졌습니다.

그러나 저는 이 혼란의 밑바닥에서 비로소 질문을 바꾸게 되었습니다. "세상이 말하는 내가 아니라 하나님이 말씀하시는 나는 누구인가?" 이 장은 그 질문에서 시작된 여정입니다. 사회적 조건과 타인의 시선이 아닌, 창조주 하나님의 시선으로 저를 바라보게 된 여정입니다. 그리고 그 여정은 여러분에게도 깊이 연결되어 있을지 모릅니다. 여러분 자신은 누구입니까? 혹시 여러분도 정체성을 잃은 채 사회의 요구와 실패의 기억 속에서 자신을 잊고 살아가지 않습니까? 그렇다면 이 이야기는 여러분에게 들려주시는 하나님의 대답이 될 수 있습니다.

부모님은 내가 최고의 교육을 받을 수 있도록 미국으로 이민을 결심하셨다. 하지만 솔직히 말해서 '교육' 자체가 내 삶의 목표는 아니었다. 나는 목사의 아들로서 부유하지 않았고 친구들과 어울리기 위해 돈이 필요했다. 그래서 고등학교 시절부터 파트타임으로 일하기 시작했다. 그러나 문제가 있었다. 나는 영주권이 없었다. 미국에서는 합법적으로 일하려면 영주권이나 취업 허가증(work permit)이 있어야 했다. 하지만 그때 우리 가족은 학생 비자, 이후에는 종교 비자를 가지고 있었다. 부모님은 영주권을 신청 중이셨지만, 그 과정은 길고도 복잡했다. 이로 인해 나는 일할 수 있는 기회가 제한되어 있었고 더 낮은 임금을 받아야 했다. 또 레스토랑에서 파트타임으로 일했지만 두세 달 만에 해고되기도 했다. 사장은 토요일에도 일할 수 있는 풀타임 직원을 원했기 때문이다.

나는 세금을 내고 최저임금을 받더라도 정직하게 일하고 싶었다. 하지만 학생 비자를 가진 나는 미국에서 합법적으로 일할 수 없었다. 이후 종교 비자로 바꿔도 마찬가지였다. 이로 인해 내 마음은 점점 실망과 좌절, 분노로 가득 찼다. 하루하루가 그저 버티는 것이었고, 미래에 대한 불안과 정체성에 대한 혼란은 깊어져만 갔다. 그때 아버지는 나를 위로하며 이렇게 말씀하셨다. "내가 지금 종교 비자를 가지고 있어서 몇 달이나 1년 안에 영주권 신청을 할 수 있어. 영주권이 나오면 너도 합법적으로 어디서든 일할 수 있을 거다. 조금만 참자." 나에게 '조금만'이라는 말은 너무 가혹했다. 기다려야 하는 시간이 무려 4년이었다. 그러나 기다리는 것 외에는 선택지가 없었다.

나는 21번째 생일에 인생에서 가장 기억에 남을 만한 '생일 선물'을 받았다. 생일이 며칠 지난 후 어머니가 이민 변호사 팀과 영주권 신청 진행 상황에 대해 이야기해 보라고 하셨다. 이틀 후 팀 변호사는 충격적인 소식을 전했다. 그는 원래 부모님의 영주권 신청을 먼저 진행하고, 승인이 나면 내 신청을 별도로 넣을 계획이었다고 했다. 그런데 예상치 못한 지연이 생겼고, 나는 21살이 되기 전에 신청하지 않으면 안 된다는 사실을 너무 늦게 깨달았다. 결국 성인이 된 나의 영주권 신청은 기각되었다. 나도 모르는 사이에 나는 '불법 체류자'가 되어버렸다. 이후 변호사는 나에게 두 가지 방법을 제시했는데, 첫째는 부모님의 초청으로 성인으로서 영주권을 신청하는 것이었다. 그러나 이 경우에는 한국으로 돌아가 몇 년을 기다려야 하고 승인 여부도 불확실했다. 둘째는 미국 시민권자 혹은 영주권자와 결혼하는 것인데, 그는 이것이 내 '마지막이자 최선의 방법'이라고 말했다.

변호사와 전화를 끝낸 후 나는 밖으로 나갔다. 밤공기는 차가웠고 담배에선 쓴맛이 느껴졌다. 나는 오랫동안 영주권이 나오기만을 기다리면서 이제 곧 내 이름으로 직장을 가질 수 있으리라 기대했었다. 당시에 나는 아스펜에 위치한 '마츠히사'(Matshisa)라는 곳에서 일하며 지인의 주민등록번호를 빌려 쓰고 있었고, 곧 영주권이 나올 거라며 '잠깐만' 쓰겠다고 약속했기 때문이다.

"왜 이렇게 영주권 받는 게 어려운 거야?" 나는 좌절했다. 이미 수천 달러를 지불했고, 합법적으로 세금을 내며 살고 싶었을 뿐이다. 그런데 어떤 사람들은 그저 이 나라에서 태어났다는 이유로 시민권을 받지만, 나는 하루아침에 불법 이민자가 되었다. 그것이 나의 정체성이었다.

그렇게 1년이 지난 후 나는 크레이그 병원에서 다시 한번 정체성에 혼란을 느꼈다. 병원에 입원한 후에는 거의 2주 동안 거울을 보지 않았다. 내 몸이 얼마나 바뀌었는지 알고 싶지 않았다. 그러나 언젠가는 마주쳐야 했다. 나는 거울 속에서 낯익은 '낯선 사람'을 보았다. 그는 나처럼 걷지도, 웃지도, 느끼지도 않았다. 포크를 들어 입에 가져갈 힘조차 없고 스스로 화장실을 갈 수도 없었다. 바깥 공기를 마시고 싶어 밖으로 나가려 해도 문을 열 수 없어 누군가가 와주기를 기다려야 했다. 나는 그를 거부했다. 인정하지 않고 저주했다. 그러나 결국 그는 '나'였다. 나는 그를 받아들여야 했다. 낯선 이를 내 집에 맞이하듯 그를 받아들일 수밖에 없었다.

병원에서 집으로 돌아온 후 한 달쯤 지나자 병원비 청구서가 날아오기 시작했다. 최근에 입원했던 병원에서 온 것이 아니라 사고 당시의 청구서들이 그제야 도착한 것이다. 외과 병원, 내과, 호흡기 치료, 스키 구조대, 구급차 등 수많은 의료기관에서 청구서를 보내왔다. 처음에는 다섯 장 정도였지만, 몇 주가 지나자 수십 장의 청구서가 쌓였다. 게다가 미납된 청구서는 여러 수금 대행업체로 넘어가면서 하루에 최소 1-3통의 전화가 걸려왔다. 어느 날은 수금 대행업체의 직원과 매우 불쾌한 통화를 했다. 그 직원은 나에게 이렇게 따졌다. "전화도 있고, 인터넷도 쓰고, 하루 세 끼를 먹을 수 있으면서 왜 병원비를 못 내는 겁니까?" 그래서 나는 장애가 있어서 일을 할 수도 없고 몸을 움직일 수도 없다고 설명했다. 또한 어떤 정부 보조금도 받지 못하고 있으며 부모님에게도 병원비를 부담해 달라고 말할 수 없는 처지라고 했다. 하지만 그는 내 말을 믿지 않았고 나를 거짓말쟁이라고 몰아세웠다. 그로 인해 나는 깊은 분노와 굴욕감을 느꼈다.

나는 사기꾼 취급을 받는 것이 너무 불쾌했다. 하지만 곰곰이 생각해 보니 그 사람은 그저 자신의 일을 하고 있을 뿐이었다. 나는 그에게 동정을 기대했던 걸까? 잠시 고민한 후 스스로를 돌아보며 쓸데없는 기대를 하고 있었다는 사실에 웃음이 나왔다. 어쩌면 나는 정말로 그가 내 상황을 이해해 주길 바라고 그에게서 동정을 기대했던 것인지도 모른다. 그는 단지 자신의 '업무'를 수행했을 뿐이다.

수금 대행업체의 전화와 청구서가 나를 현실로 끌어냈다. 나는 이 문제를 해결하기 위해 뭔가 해야 한다는 것을 깨달았다. 척수 손상을 입은 사람들이 정부로부터 다양한 지원을 받을 수 있다고 예전에 들은 적이 있었다. 크레이그 병원에서 재활 치료를 받을 때 루시는 내가 이러한 혜택을 받을 수 있도록 도우려 했지만 나에게는 신분적 자격이 없었다. 나는 이번에도 정부 지원의 자격 요건과 목적조차 제대로 이해하지 못한 채 사회보장 장애보험(SSDI), 메디케이드(Medicaid), 메디케어(Medicare), 직업재활(Vocational Rehabilitation), 푸드스탬프(Food Stamp) 프로그램 등에 신청했다. 그리고 돌아온 답변은 늘 동일했다. "죄송합니다. 귀하는 이 프로그램의 자격이 되지 않습니다. 다른 프로그램을 확인해 주세요."

나는 포기하지 않고 장애인을 지원하는 다른 기관에도 문의해 보았다. 하지만 결과는 똑같았다. 나의 모든 신청서가 거절되고 도움 요청도 기각되었다. 그들의 기준에 따르면 나는 미국의 합법적인 영주권자도, 시민권자도 아니었기 때문이다. 나는 그들을 탓할 수 없었다. 이 프로그램들은 미국 정부가 자국의 영주권자와 시민들을 지원하기 위해 만든 것이고 정부는 자선단체가 아니었다. 그러나 매번 신청이 거절될 때마다 마치 개인적으로 거부당하는 느낌은 지울 수 없었다. 그래서 직접 사회복지사나 정부 기관 직원들을 만나서 나의 상황을 설명하고 거절 결정을 항소했다. 하지만 그들은 정부 정책을 바꿀 권한이 없었다. 나는 너무나 절박한 나머지 재정적 지원을 받기 위해 간절히 애원했는데, 처음에는 이런 생각이 들었다. "야, 네 자존심은 어디 갔냐? 지금 네 모습을 봐라. 한심하지 않냐? 장애가 있어도 자존심은 있었잖아. 그런데 이제 돈 몇 푼 때문에 자존심마저 버리겠다고?" 그리고 이런 생각은 나를 더욱 비참하게 만들었다.

나는 누구인가? 나는 미국에 사는 아시아계 소수 이민자이자 중증 장애를 가진 불법 이민자였다. 고등학교 졸업에 해당하는 검정고시(GED) 자격증은 있지만 대학 학위는 없었고, 소득도 없고 보험도 없으며 엄청난 빚을 지고 있었다. 나는 취업할 수도, 당장 일할 능력도 없었다. 휠체어를 탄 상태에서 할 수 있는 특별한 기술도 없었다. 수년간 어렵게 모은 2만 달러(한화 약 2,800만 원)도 의료비와 법률 비용으로 순식간에 사라졌다. 나를 대신해 병원비를 내줄 가족도, 친구도, 친척도 없었다. 나는 크레이그 병원의 환자들과 비슷한 부상을 입었지만 삶의 환경과 여건은 전혀 달랐고 등급도 달랐다. 환자들 안에서도 보이지 않는 등급이 있었다.

오랫동안 나는 사회가 부여한 정체성에 갇혀 살았다. 나도 모르게 그 사회적 기준들이 나를 규정해왔다. 불법 체류자, 장애인, 실패자, 가난, 하층민 등 이 모든 꼬리표는 단지 외부의 평가가 아니라 나 스스로를 보는 눈이 되었고, 나의 생각과 태도와 행동까지

지배했다. 그래서 나는 스스로가 불쌍하다고 느꼈다. 항상 불안하고 우울했다. 내 안에서 속삭이던 목소리는 언제나 똑같았다. "넌 실패자야. 신분도, 돈도, 존경도 얻지 못한 인생의 낙오자야."

이후 나는 성경을 읽기 시작했다. 그러면서 예수 그리스도의 정체성과 사역 안에 삶을 의탁하는 자들, 곧 하나님께 택함 받고 사랑받고 그분께 속한 자들은 더 이상 세상의 기준으로 정의되지 않는다는 사실을 점차 깨닫기 시작했다. 나는 하나님에 의해 정의되는 존재였다. 하나님은 나를 만드신 분이기에 내 존재의 본질을 가장 정확히 아셨다.

그리스도 예수 안에서 나는 새로운 피조물이었다. 나는 더 이상 실패자가 아니며 지극히 높으신 하나님의 자녀가 되었다. 물론 처음에는 이 진리를 반복해 읽어도 쉽게 받아들여지지 않았다. 억지로 믿으려 해도 나의 내면은 여전히 과거의 정체성에 사로잡혀 있었다. 그러던 중 "그러나 이 모든 일에 우리를 사랑하시는 이로 말미암아 우리가 넉넉히 이기느니라"(롬 8:37)라는 말씀을 읽고 충격을 받았다. 나는 한 번도 스스로를 '이긴 자'로 생각해 본 적이 없었다. 언제나 패배하고 부서지고 실패한 사람이었다. 그런데 예수님이 이기시고 정복하셨다. 그런 분이 그 승리의 정체성을 나와 나누신다는 사실이 내 마음을 깊이 울렸다.

나는 성령의 능력으로 점차 '승리자'이자 '하나님의 자녀'라는 새로운 정체성을 받아들이기 시작했다. 하나님께서 나의 자신감의 근원이 되시고 나의 정체성을 새롭게 정의하셨다. 그리고 그 정체성은 나의 감정, 사고방식, 태도, 행동을 서서히 바꾸어 놓았다.

나는 오랫동안 사람을 만나기 위해 외출하는 것이 두려웠다. 내 모습이 부끄럽고 사람들이 나를 약하게 볼 것 같았다. 그러나 이

복음의 능력, 하나님의 변혁적인 사랑은 내 마음을 변화시키고 나의 태도와 삶 전체를 변화시켰다. 그로 인해 나는 거리로 나가 사람을 만날 수 있게 되고 대화를 나눌 수 있게 되었으며, 더 이상 과거의 꼬리표에 얽매이지 않고 하나님의 자녀다운 삶을 살 수 있게 되었다. 또 사람을 만나고 함께 이야기하며 웃을 수 있게 되었다.

이것이 바로 하나님의 능력이다. 복음의 변혁적인 능력은 내 시선과 정체성과 행동을 완전히 바꾸어 놓았다.

하나님은 우리를 지으시고 우리의 존재를 아시는 분입니다

정체성의 출발점은 자아 성찰이 아니라 창조주 하나님과의 관계입니다. 시편 기자는 다음과 같이 말씀합니다. "주께서 내 내장을 지으시며 나의 모태에서 나를 만드셨나이다 내가 주께 감사하옴은 나를 지으심이 심히 기묘하심이라 주께서 하시는 일이 기이함을 내 영혼이 잘 아나이다"(시 139:13-14). 하나님께서는 우리의 생물학적 조건을 초월하여 존재의 본질을 꿰뚫고 계십니다. 그분은 우리를 실수 없이 창조하셨으며, 우리의 존재에는 분명한 목적이 있습니다. 예레미야 선지자는 이렇게 선포합니다. "내가 너를 모태에 짓기 전에 너를 알았고 네가 배에서 나오기 전에 너를 성별하였고 너를 여러 나라의 선지자로 세웠노라 하시기로"(렘 1:5). 이는 인간의 가치가 사회적 기준이 아니라 하나님의 뜻과 부르심에 뿌리를 두고 있음을 보여줍니다.

그리스도 안에서 우리는 새로운 피조물이 됩니다

과거와 실패, 사회적 신분과 조건은 더 이상 우리의 정체성을 규정하지 못합니다. 바울은 이렇게 선언합니다. "그런즉 누구든지 그리스도 안에 있으면 새로운 피조물이라 이전 것은 지나갔으니 보라 새 것이 되었도다"(고후 5:17). 이 새로운 정체성은 단순한 자기 개선이 아니라 복음 안에서 하나님이 주시는 전적인 변화입니다. 갈라디아서는 그 정체성의 근거를 깊이 있게 보여줍니다. "내가 그리스도와 함께 십자가에 못 박혔나니 그런즉 이제는 내가 사는 것이 아니요 오직 내 안에 그리스도께서 사시는 것이라 이제 내가 육체 가운데 사는 것은 나를 사랑하사 나를 위하여 자기 자신을 버리신 하나님의 아들을 믿는 믿음 안에서 사는 것이라"(갈 2:20). 이 믿음 안에서 우리는 더 이상 나 자신을 위해 사는 존재가 아니라, 예수 그리스도의 생명으로 살아가는 자가 됩니다.

우리는 정복자보다 더한 자이며 하나님의 자녀가 됩니다

사도 바울은 그리스도인들의 정체성에 대하여 다음과 같이 선포합니다. "그러나 이 모든 일에 우리를 사랑하시는 이로 말미암아 우리가 넉넉히 이기느니라"(롬 8:37). 우리는 때로 자신을 패배자라고 생각할 수 있지만, 복음은 우리에게 새로운 이름을 부여합니다. 바로 '정복자보다 더한 자'(More than conquerors)입니다. 이는 일시적인 감정이나 상황에 기반한 것이 아니라 예수 그리스도의 승리에 근거한 신앙의 선언입니다. 또한 하나님의 사랑은 우리를 '자녀'로 확증하시고 그분의 가족 공동체 안에 포함시켜 주십니다. 우리는 버려진 자가 아니라 하나님의 사랑받는 자녀입니다. 정체성은 세상이 부여하는 꼬리표로 결정되는 것이 아니라 하나님 안에서 새롭게 정의되어야 합니다. 우리는 더 이상 실패자, 불법 체류자, 장애인이 아니며 하나님이 창조하시고 구속하신 귀한 존재입니다. 이 진리가 우리를 다시 살게 합니다.

자기 자신에게 붙은 거짓된 꼬리표를 끊어내야 합니다

우리는 종종 실패와 상처 그리고 사회적 낙인을 통해 자신을 정의하고 판단합니다. 그러나 이러한 꼬리표는 하나님이 주신 본래의 정체성을 왜곡할 뿐입니다. 매일 아침 거울 앞에 설 때, 하나님의 말씀으로 자기 자신을 다시 정의해야 합니다. "나는 하나님의 형상대로 지음 받은 자다. 나는 하나님의 자녀다." 반복적이고 의도적인 자기 선언은 정체성의 방향을 새롭게 정립합니다.

그리스도 안에 있는 나의 새 이름을 기억하고 선포합시다

우리의 정체성은 그리스도 안에서 새롭게 주어진 이름으로 다시 써내려가야 합니다. 우리는 '패배자'가 아니라 '정복자'이고, '버려진 자'가 아니라 '하나님의 자녀'이며, '부끄러운 자'가 아니라 '하나님의 걸작품'이라는 하나님의 음성에 귀 기울여야 합니다.

다른 이들에게도 하나님의 정체성을 선포합시다

우리가 하나님의 정체성으로 회복될 때, 이 복된 소식을 아직 듣지 못한 이웃들에게도 전할 수 있습니다. 가정, 직장, 교회, 혹은 소셜미디어와 같은 삶의 현장에서 사람들에게 그들이 누구인지를 알려주는 자가 되어야 합니다. 하나님의 형상대로 지음 받았고 예수 그리스도 안에서 새로운 피조물이 될 수 있는 존재임을 선포해야 합니다. 이 사역은 단순한 말이 아니라 사랑과 존중, 용납을 통해 이루어져야 합니다. 복음은 나만을 위한 정체성 선언이 아니라 길 잃은 모든 자를 향한 하나님의 초청입니다. 이 정체성을 삶으로 실천할 때, 우리는 세상이 줄 수 없는 자유와 담대함 가운데 살아가게 됩니다.

💬 내가 하고 있는 일이 멈췄을 때 나는 여전히 '나'일 수 있습니까?

💬 나는 어떤 기준으로 자신을 정의해 왔습니까? 만약 지금 그 정의가 무너지더라도 나는 여전히 하나님의 자녀임을 믿습니까? 우리는 "나는 누구인가?"라는 질문 앞에서 이전에 자신을 정의했던 기준, 직업, 능력, 독립성, 외모 등이 무너지는 경험을 합니다. 이 정체성의 붕괴는 결국 하나님 안에서의 존재 자체로 초점이 옮겨집니다. 하나님께서 이미 나를 정의하셨습니다. 이제는 받아들이고 살아갑시다.

💬 나는 정체성의 위기를 겪은 적이 있습니까? 또한 그 과정에서 하나님이 보여주신 것이 있습니까?

진리:
말씀이 달아지는 순간

누군가가 "말씀은 생명"이라고 말할 때 저는 그 말의 깊이를 이해하지 못했습니다. 성경은 늘 곁에 있었지만, 제 삶과는 거리가 먼 것이었습니다. 그러던 제가 인생의 밑바닥에서 병상에 누워 몸을 움직일 수 없고 미래가 깜깜하던 그때 비로소 하나님의 말씀을 붙들기 시작했습니다. 처음에는 간절함에서 비롯됐고 이후에는 습관이 되었으며 마침내 기쁨이 되었습니다. 말씀이 점점 꿀처럼 달게 느껴졌고 제 내면을 밝히는 빛이 되었습니다.

이 장은 단순히 성경을 '읽는 법'이나 '암송하는 팁'을 소개하는 글이 아닙니다. 절망 속에서도 하나님과 소통하고자 몸부림쳤던 이야기이며 무너진 삶 위에 다시 세워진 신앙의 토대에 대한 고백입니다. 성경 읽기, 말씀 암송, 묵상과 글쓰기는 단순한 종교적 실천이 아니라 저를 다시 살게 만든 하나님의 손길입니다. 말씀은 위로의 도구에 그치지 않으며 저를 향한 하나님의 살아 있는 음성이자 부르심입니다.

많은 이가 인생의 위기 속에서 "하나님은 어디 계신가?"라는 질문을 던집니다. 이 장은 그 질문에 대한 한 사람의 조용한 응답이 됩니다. 말씀이 혼란 가운데 있는 저를 어떻게 붙들고 무기력함과 싸우는 저를 어떻게 이끌었는지를 통해 여러분도 말씀 속에서 하나님의 살아 있는 임재를 다시 경험하게 되기를 바랍니다. 말씀은 단지 읽는 책이 아니라 살아 있는 하나님의 호흡이며, 오늘 우리에게 다가오시는 은혜의 통로가 됩니다.

사고 후 나와 하나님과의 여정이 시작되었다. 나는 물에 빠진 사람이 지푸라기라도 붙잡는 심정처럼 간절한 마음으로 하나님을 찾고자 했다. 치유받고자 하는 절박함은 하나님을 찾는 기회가 되었고 그것은 어쩌면 위험한 선택이었다. 모 아니면 도, 나는 주님께 '올인'하기로 결단했다. 하지만 올인한다는 것이 무엇을 의미하는지 구체적으로 고민해야 했다. 무엇이 기독교적인 실천인지 다양한 생각이 머릿속을 맴돌았다. 그 후 나는 마치 하나님이 맡기신 과제처럼 느끼며 성경을 읽기로 결정했다. 오랫동안 교회에 출석했지만 나에게 성경은 너무 두껍고 지루하게만 느껴져서 한 번도 정독해본 적이 없었다. 성경 읽기가 신앙인의 삶에 중요하다는 사실은 알고 있었기에 나는 하나님께서 내 노력에 대해 점수를 주실지도 모른다는 막연한 기대를 품으며 성경을 읽기 시작했다. 그만큼 나는 걷고 싶었다. 어쩌면 하나님께서 나의 마음을 감동시키셨는지도 모른다.

말씀을 읽기로 결단했지만 나는 곧바로 문제에 부딪혔다. 집에는 휠체어에 앉아 성경을 읽을 만한 책상이 없었다. 기존에 있던 책상은 높이도, 넓이도 맞지 않았다. 위치가 조절 가능한 책상을 어디서 살 수 있는지 병원에 물어보지 못한 나는 아버지와 함께 임시 방편을 고안해냈다. 아버지가 휠체어의 팔걸이 위에 미끄럼 방지 패드를 붙인 나무판자를 얹고 그 위에 성경을 올려주셨다. 하지만 자세가 너무 불편해서 목이 아팠다. 그래서 다시 두꺼운 전화번호부 두 권을 판자 위에 놓고 성경을 올렸다. 불안정한 구조이긴 했지만 그것이 나의 첫 번째 책상이 되었다. 몸은 불편했지만 나는 타이핑스틱을 이용해 천천히 페이지를 넘기며 성경을 읽기 시작했다.

처음에는 10분만 읽어도 쉬어야 했다. 그러다 시간이 지나면서 점차 30분, 한 시간 이상 읽을 수 있게 되었다. 몸과 목의 통증은 여전했지만 아버지가 교회에서 사용하시던 흰색 긴 테이블을 가져와 네 귀퉁이에 벽돌을 놓고 높이를 맞춰 주셔서 그 위에 책을 올려놓을 수 있었다. 두꺼운 종이 상자를 이용해 책받침대도 만들어주셔서 조금 더 편안한 자세로 성경을 읽을 수 있었다.

나는 하루에 두 시간 이상 성경을 읽기로 결심했다. 부모님의 권유로 창세기부터 요한계시록을 처음부터 끝까지 읽는 것을 목표로 세웠다. 일독을 하고나면 특별한 체험이 있을 것이라는 기대도 있었다. 창세기의 이야기는 흥미로웠지만 출애굽기 중반 이후부터는 졸음이 밀려왔다. 출애굽기를 간신히 완독하고 나니 레위기와 민수기라는 더 높은 산이 기다리고 있었다. 성막의 치수, 제사장의 옷 색깔, 열두 지파의 인구 수, 제사와 절기, 율법 등의 정보가 내게 암호처럼 느껴졌다. '그 의미를 해독해야 하나? 그냥 넘겨도 되나?' 의문이 가득했지만, 나는 첫 번째 미션을 완수하고자 계속 읽어나갔다. 두 달쯤 지나서 요한계시록 마지막 장에 도달했을 때, 나는 무언가 초자연적인 일이 일어나길 기대했다. 그래서 "아멘"이라는 마지막 구절을 읽고 눈을 감았다. 그러나 아무 일도 일어나지 않았다. 주변 환경도 내 몸도 변함이 없었다. 나는 웃음이 나왔다. 도대체 무슨 기대를 한 걸까? 누구나 성경을 한 번 읽고 병이 나으면 세상 모든 사람이 믿지 않았을까? 그래도 성경 완독은 성취감은 컸고, 나는 그 만족감에 이끌려 이후 몇 년간 매년 세 번에서 네 번 완독했다. 걷지는 못했지만 나는 그렇게 하나님의 말씀을 읽는 일을 사랑하게 되었다.

성경을 읽으며 성경 암송도 시작했다. 이 또한 뜬금없었지만 어쩌면 걷고자 하는 간절함과 하나님이 주신 마음, 혹은 부모님이 암송하는 모습을 보며 받은 영향이었는지도 모른다. 부모님은 네비게이토 선교회의 프로그램을 따라 60개의 주제별 성경구절을 암송하며 작은 암송카드를 사용하셨는데, 나도 그 길을 따라가 보기로 했다.

성경 말씀을 일주일에 한 구절 외우는 일은 결코 쉽지 않았다. 오늘 외운 구절도 내일이면 기억나지 않았다. 이것이 오랜 음주와 마약 사용의 후유증일까? 작은 카드를 정리하는 것도 어려워서 아버지께 부탁하여 책상 벽에 붙여달라고 했다. 그렇게 눈에 띄는 곳에 두고 반복해 외우기 시작했다. 이후 두세 달이 지나고 60개의 구절을 한국어로 암송할 수 있게 되자, 영어로도 외우고 싶다는 마음이 생겨 영어 암송도 세 달 만에 완성했다. 이를 통해 큰 성취감을 얻게 되었다. 시편 1편 3절의 약속처럼, 말씀을 즐거워하고 묵상하는 자가 복을 받을 것이라는 기대가 생겼다. 묵상이라는 단어가 히브리어로 '소리내다, 중얼거리다, 읽다'라는 의미라는 것도 알게 되었다. 말씀을 읽는 것이 순종이요 믿음이라는 확신이 생겼다.

그 후로 나는 말씀 암송을 멈출 수 없었다. 말씀을 외울 때마다 평안과 위로가 찾아왔고, 점점 더 많은 말씀을 찾게 되었다. 어느 날은 어머니가 로마서 8장을 암송하며 큰 은혜를 받았다고 하셔서 나는 로마서 8장도 암송 리스트에 추가했다. 구절 수가 계속 늘어나서 나는 구절들을 세 범주로 나누어 암송 계획을 세웠다. 암송이 완료된 구절, 반복이 필요한 구절, 새로 외울 구절로 나누었다. 하루하루 다양한 상황 속에서 누워 있을 때나 차 안에 있을 때 수시로 암송했다.

나는 한국에 있을 때 부모님이 소그룹과 함께 성경을 암송하고 나누던 모습을 기억했다. 그들은 서로 어려움을 나누고 기도하며 간증을 나누었다. 나도 그런 공동체가 있었으면 했다. 그러나 나에게는 나누고 격려 받을 사람이 없었기에 스스로를 다그치며 계속 이어갔다. 그렇게 수년간 반복한 결과, 300여 개의 말씀을 암송할 수 있게 되었다. 그런데 그때 내 내면은 전쟁터였다. 부정적인 생각들이 믿음을 끊임없이 공격했다. '성막 구조, 제사 방식 같은 구약의 내용은 무슨 의미인가? 마태, 마가, 누가복음의 반복은 왜 필요한가? 과연 나는 모든 말씀을 믿고 있는가? 합리적인 내가 과학적으로 설명되지 않는 기적들을 믿을 수 있을까?' 이러한 회의와 의심이 끊임없이 몰려왔다. 나는 그것이 죄성과 악한 영의 공격이라 여기며 말씀을 암송했다. 처음에는 효과가 없었지만 시간이 지나면서 부정적이고 혼란스러운 생각들이 서서히 잦아들었다. 하나님의 말씀은 나의 검, 나의 방패가 되었다.

말씀을 암송하는 여정 속에서 나는 그 말씀과 함께 살았다. 낙심할 때 희망의 말씀이 어둠을 몰아내고, 하나님의 살아 계신 약속이 내 기도가 되었으며, 나를 붙잡아주었다. 유혹 앞에서는 말씀이 나 대신 싸웠다. 그 말씀은 나의 기쁨이고 평안이었다. 말씀이 꿀보다 달다고 노래한 다윗의 고백이 그제야 이해되었다. 그러나 그 달콤함 속에서 나의 믿음뿐 아니라 교만도 자라나는 것을 느꼈다. 스스로를 신실한 신자라고 여기게 되었다. 그래서 나는 더 기도하며 말씀을 암송했다.

성경을 읽으며 묵상 글도 쓰기 시작했다. 처음에는 의미 있는 구절에 밑줄을 긋고 짧은 코멘트를 달았다. 그러다가 여백이 부족해져서 노트에 따로 정리했다. 글쓰기는 팔에 부담이 되었지만 반복하면서 팔의 힘도 길러졌고, 처음으로 노트 한 권을 채우게 되었다. 이후에는 짧은 메모가 점점 길어지면서 노트북을 사용하기로 했다. 타이핑스틱 두 개를 끼고 천천히 터치패드로 글을 쓰기 시작했다.

나는 개인 일기도 쓰기 시작했다. 그날의 생각과 감정, 경험과 기도 제목을 자유롭게 적었다. 걱정, 분노, 좌절, 두려움을 글로 쓸 때 마음이 정리되고, 심리치료를 받은 것처럼 치유되었다. 나는 상담을 받을 여유도 없고 그것이 필요한 사람도 아니라고 생각했지만, 글쓰기를 통해 자기 표현과 감정의 해소가 건강한 삶의 일부라는 것을 배웠다.

나는 종종 우울했고 감사나 기쁨을 느끼기 어려웠다. 다시 움직이기 전에는 행복할 수 없을 것이라 여겼다. 그러다가 일기처럼 말씀 묵상을 써보고 싶다는 마음이 처음 들었을 때는 망설여졌다. '나 같은 사람이 감히 하나님 말씀을 해석하고 글을 써도 될까? 목회자도 아닌데' 하는 생각이 들었다. 하지만 공개하거나 평가받을 것이 아니라는 생각에, 자유롭게 나의 이성과 상상력, 경험과 믿음으로 말씀과 대화하게 되었다. 더 깊이 읽고, 묵상하고, 필기했다. 이를 통해 나는 많은 생각과 의문이 내 안에 있다는 것을 발견했다. 그리고 하나님께서 말씀을 통해 말씀하시면 내가 순종으로 응답하고 있다는 것도 알게 되었다. 또한 이 시간은 하루 중 가장 기다려지는 시간이 되었다. 말씀은 언제나 부드럽고도 강렬했으며, 위로가 되고 설레게 했다. 두려움과 염려를 내려놓고 하나님께 집중하게 되었다. 나는 하나님을 찾았고, 그분은 나를 만나 주셨다.

나는 하나님의 말씀을 읽고 묵상하며 그분과 시간을 보내면서 이전에 느껴보지 못한 기쁨을 누렸다. 그것은 세상의 쾌락이나 친구들과의 모임, 여행이나 골프에서 느꼈던 즐거움과는 달랐다. 따뜻하고 조용하면서도 마치 파란 하늘 아래 하얀 모래사장 위에 누운 듯한 평안이었다. 때로는 도파민의 폭죽이 온몸을 적시는 듯한 감동도 밀려왔다. 그 기쁨은 선명하고 억지스럽지 않았으며, 강요하지 않았다. 어떤 두려움도, 거짓도 그 말씀의 진리를 침투할 수 없었다. 그 순간이 너무 소중해서 시간이 멈추길 바랄 정도였다.

하루에 한 시간 이상 성경을 읽고 묵상하며 지내다 보니 나는 이것이 내 인생의 전부가 되어도 좋겠다는 생각이 들었다. 하나님의 말씀이 꿀보다 달다는 시편 기자의 고백이 이제는 과장이 아니었다. 오히려 다윗은 그 기쁨을 온전히 다 표현하지 못한 것처럼 느껴졌다. 이것은 기적이었다. 술 없이는 못 살겠다고 말하던 내가, 예수 그리스도 안에서 어리석은 자가 되어 그분의 말씀에 푹 빠져 버렸다.

성경은 하나님의 살아 있는 계시이며 우리를 향한 부르심입니다

성경은 하나님의 인격과 뜻 그리고 구속사의 중심 메시지를 담고 있는 하나님의 말씀입니다. 단순한 과거의 기록이 아니라 오늘 우리에게 말씀하시는 살아 있는 음성입니다. 말씀을 읽는 행위는 하나님께 가까이 가는 길이며, 그분과의 대화입니다. 히브리서는 말씀의 본질을 다음과 같이 증언합니다. "하나님의 말씀은 살아 있고 활력이 있어 좌우에 날선 어떤 검보다도 예리하여 혼과 영과 및 관절과 골수를 찔러 쪼개기까지 하며 또 마음의 생각과 뜻을 판단하나니"(히 4:12). 이 말씀은 성경이 단순한 문헌이 아니라 살아 역사하는 계시임을 보여주고 있습니다. 또한 디모데후서는 성경의 권위를 다음과 같이 선포합니다. "모든 성경은 하나님의 감동으로 된 것으로 교훈과 책망과 바르게 함과 의로 교육하기에 유익하니 이는 하나님의 사람으로 온전하게 하며 모든 선한 일을 행할 능력을 갖추게 하려 함이라"(딤후 3:16-17). 성경을 처음 접할 때 그 무게감과 난해함에 부담을 느낄 수 있지만 말씀 읽기는 하나님의 부르심이며 하나님이 성령으로 깨닫게 하시고 이끄시는 여정의 출발점입니다.

말씀은 성화를 위한 하나님의 수단입니다

그리스도인의 삶에서 성경은 정보의 원천이 아니라 거룩함으로 빚어가는 하나님의 도구입니다. 말씀은 우리의 생각을 바꾸고, 감정을 정화하며, 삶을 재정렬시키는 하나님의 능력입니다. 말씀을 암송하고 반복하면서 내면의 전쟁을 치를 때, 그것이 생각과 감정을 정화시키는 '영적 무기'가 됩니다. 예수님이 제자들을 위해 드리신 기도에서도 그 뜻이 분명하게 나타납니다. "그들을 진리로 거룩하게 하옵소서 아버지의 말씀은 진리니이다"(요 17:17). 성화는 말씀을 통하여 이루어지며 말씀 없이는 참된 변화가 일어날 수 없습니다. 시편 기자도 이렇게 질문하고 답합니다. "청년이 무엇으로 그의 행실을 깨끗하게 하리이까 주의 말씀만 지킬 따름이니이다"(시 119:9). 말씀을 반복적으로 암송하고 묵상하는 가운데 생각이 다듬어지고 회복이 이루어지며, 성령이 우리의 내면을 새롭게 재구성하십니다.

말씀은 하나님과의 친밀함을 가능하게 합니다

말씀은 하나님과의 인격적 만남의 통로입니다. 말씀을 읽고, 묵상하고, 암송하고, 기록하는 모든 과정은 단순히 지식을 축적하는 것이 아니라 하나님과 동행하는 훈련입니다. 말씀이 주는 평안과 기쁨, 존재를 채우는 충만함은 성경이 묘사하는 하나님의 임재와 일치합니다. 시편 기자는 말씀을 즐거워하는 자의 삶을 다음과 같이 묘사합니다. "오직 여호와의 율법을 즐거워하여 그의 율법을 주야로 묵상하는도다 그는 시냇가에 심은 나무가 철을 따라 열매를 맺으며 그 잎사귀가 마르지 아니함 같으니 그가 하는 모든 일이 다 형통하리로다"(시 1:2-3). 하나님의 말씀은 영혼의 샘물이 되고 삶에 생기를 불어넣습니다. 말씀을 통한 하나님의 임재는 세상의 즐거움과는 차원이 다른 깊은 만족과 쉼을 제공합니다. 예레미야 선지자는 이 친밀한 관계의 열매를 다음과 같이 표현합니다.

"만군의 하나님 여호와시여 나는 주의 이름으로 일컬음을 받는 자라 내가 주의 말씀을 얻어 먹었사오니 주의 말씀은 내게 기쁨과 내 마음의 즐거움이오나"(렘 15:16).

성경 읽기를 삶의 일과로 정립합시다

말씀 읽기는 신앙생활의 선택 사항이 아니라 필수적 양식입니다. 날마다 일정한 시간을 정하여 읽는 것은 하나님과의 교제를 지속하는 가장 기초적인 방법입니다. 매일 15-30분 정도를 말씀 읽기 시간으로 정하고, 성경 통독 혹은 묵상 중심의 성경 읽기를 계획해 봅시다. 단기적 목표(예: 한 달에 복음서 한 권 읽기)와 장기적 목표(1년에 성경 일독 완성)를 세워 기록해 봅시다. 또한 성경을 읽을 수 있는 물리적 환경(책상, 조용한 공간 등)을 정비합시다. 하나님의 말씀이 기록된 성경이 설교보다 우선입니다.

말씀을 암송하여 마음의 창고에 쌓아야 합니다

말씀 암송은 단순한 기억 훈련이 아니라 영적 전쟁을 위한 강력한 무장입니다. 어려운 순간에 즉각적으로 말씀을 떠올릴 수 있는 내적 창고를 만드는 것이며, 마음 깊숙이 하나님의 진리를 새기는 작업입니다. 자신이 자주 넘어지거나 낙심하는 영역과 관련된 성경 구절을 찾아 매주 한두 개씩 암송합시다. 메모지나 카드, 스마트폰 메모 기능 등을 활용하여 일상 공간에 말씀을 노출시키고, 가족이나 소그룹과 함께 말씀을 외우고 나누는 '말씀 파트너'를 구성하여 서로 격려합시다.

말씀 묵상과 기록을 통해 하나님과의 대화를 지속해야 합니다

묵상은 말씀 앞에서 나의 마음과 생각을 정리하고 하나님의 뜻에 나를 맞추어 가는 영적 훈련입니다. 단순한 읽기를 넘어 말씀을 깊이 '씹고 되새김질하며' 삶 속에 적용하려는 깊은 사색의 자리입니다. 읽은 말씀 가운데 마음에 남는 한 구절을 정하여 그 구절에 대한 자신의 느낌, 질문, 깨달음을 짧게 기록해 봅시다. 그리고 매일 5-10분만이라도 시간을 정하여 '말씀 일기'를 작성하고 그 안에 자신의 감정, 신앙 여정, 기도 제목 등을 함께 적어둡시다. 시간이 지남에 따라 이 기록은 '신앙의 연대기'가 되어 다시 자신을 격려하고 하나님의 인도하심을 확인하게 합니다.

💬 나에게는 평안할 때보다 고통 가운데 있을 때 말씀이 더 깊이 다가온 경험이 있습니까? 왜 말씀은 평안할 때보다 절망할 때 더 깊이 새겨질까요?' 고난 속에서 말씀이 뚫고 들어오는 경험은 성경의 많은 인물에게도 공통된 현상입니다. 욥, 다윗, 예레미야, 바울 모두 고난 가운데서 말씀이 새롭게 들렸습니다.

💬 하나님의 말씀이 단순한 정보나 종교적 문장이 아니라 나에게 실제적인 위로와 생명으로 다가온 순간이 있습니까? 그때의 경험은 나의 신앙 여정에 어떠한 변화를 주었습니까?

기도:
기도 응답의 은혜

우리는 종종 "하나님은 기도에 응답하시는 분이다"라는 말을 듣습니다. 그러나 그것이 실제 삶에서 어떻게 이루어지는지 경험하기 전에는 그저 머릿속에서만 맴도는 신앙의 원칙일 뿐입니다. 저 또한 그랬습니다. 간절한 마음으로 하나님께 기도했지만, 눈에 보이는 기적은 일어나지 않았습니다. 기대가 점점 희미해지고 의심이 그 자리를 채우기도 했습니다. 그런데 어느 날부터 제 삶의 작은 필요들이 하나씩 채워지기 시작하면서 그것이 단순한 우연이나 제도의 혜택이 아니라 살아 계신 하나님의 응답임을 깨닫게 되었습니다.

이 장은 단지 기도한 후 어떤 일이 '잘 풀렸다' 하는 이야기가 아닙니다. 절망 속에서도 하나님을 붙들며 여러 구체적인 응답을 통해 하나님의 존재와 자비를 체험하게 된 여정입니다. 그리고 그 여정은 제 신앙의 기초를 다시 세우고 기도의 능력을 실제로 믿게 된 결정적 순간이 되었습니다.

나는 단순히 다시 걷고 싶다는 소망을 가지고 치유를 위해 하나님께 간절히 기도했다. 사고 이전에도 기도한 적은 있지만 그분이 내 기도에 직접적으로 응답하신 기억은 없었다. 목회자의 자녀로 자란 나는 교회 수련회에 늘 참석해야 했고, 거기서 아버지가 방언으로 기도하시는 모습을 보곤 했다. 부모님과 교회 성도님들이 드리는 방언 기도를 들으며 나는 그것이 신비롭고도 매혹적인 기도라고 생각했다. 그리고 나도 방언의 은사를 받는다면 정말로 하나님의 존재를 믿을 수 있을 것이라 여겼다. 그래서 아버지가 인도하시는 수련회 자리마다 그 은사를 간구했다. 하지만 나는 받지 못했고, 그 후 하나님에 대한 나의 믿음도 사라졌다. 이렇듯 기도 응답에 대한 경험은 부족했지만, 나는 하나님께서 나와 부모님 그리고 목회자들의 간절한 기도를 들으시고 나를 치유해 주실 것이라고 믿었다.

내가 크레이그 병원에서 서류미비 이민자 신분임을 루시에게 고백한 후 우리 가족은 곧바로 병원비 문제를 인식하게 되었다. 퇴원이 가까워지고 병원비를 해결해야 할 시점이었다. 그리고 퇴원 당일에 루시에게 병원비에 대해 물었을 때 그녀는 병원 측에서 우리 가족의 재정 형편을 고려하여 병원비를 면제하기로 결정했다고 전해주었다. 사실 우리 가족은 이 문제를 두고 계속 기도해왔고 대략적인 비용을 계산해 보려고 했었다. 나는 두 달 넘게 많은 활동지원사, 간호사, 의사, 사회복지사, 치료사들로부터 일상적인 도움을 받고 각종 재활 장비와 의약품도 제공받았다. 무려 2개월 반 동안 최신식 시설에서 넓은 개인 병실을 사용한 비용이 얼마나 될지 전혀 감이 오지 않았다. 루시는 정확한 금액을 밝히지 않았지만 30만 달러(약 4억 500만원)가 넘는다고 했고, 10년 후에 다시 물어보았을 때는 50만 달러(약 6억 7,500만원)에 이르렀을 수도 있다고 말했다. 병원비를 줄여보려고 병원에서 제공하는 점심식사를 하지 않았던 우리의 노력을 생각하니 웃음이 나왔다. 우리는 하나님께서 병원 스태프들의 마음을 움직이셨음에 감사했다.

다시 걷고 싶다는 소망은 나로 하여금 기도의 자리로 나아가 무릎 꿇게 했다. 사고 후 처음 몇 달간은 아버지가 아침마다 집에 머물며 나를 돌봐주셨다. 그러다가 내가 어느 정도 몸을 스스로 통제할 수 있게 되자 아버지는 나를 위해 성경, 물병, 큰 버튼이 달린 전화기를 준비해 주시고 찬양 음악을 틀어놓은 후 출근하셨다. 나는 혼자 있는 시간이 시작되면 비로소 하나님께 나의 마음을 정직히 드러낼 수 있었다. 부모님이 보는 앞에서는 애써 웃고 고통을 숨겨야 했지만 그 시간에는 울부짖고 외치며 내 마음을 솔직하게 표현할 수 있었다.

집에서 혼자 처음 기도하던 날, 나는 휠체어를 정렬한 후 기도할 준비를 마쳤다. 그리고 천천히 입을 열며 말했다. "하나님 아버지, 저를 불쌍히 여겨주세요." 이 짧은 기도는 내 안의 홍수를 터뜨리기에 충분했다. 눈물이 쏟아지고 콧물이 흐르면서 내 말은 곧 울음으로 바뀌었다. 더 이상 나는 내 감정을 통제할 수 없었고, 마음속 깊은 곳의 고통이 터져 나왔다. 그 울음은 오랫동안 억눌린 나의 외침이었고 며칠간 그것은 곧 나의 기도가 되었다. 그리고 드디어 말을 할 수 있게 되었을 때 나의 기도는 단순했다. "주여, 저를 불쌍히 여기소서. 저를 고쳐 주옵소서!" 나는 가슴을 치고 목청껏 부르짖으며 매일 두 시간 이상 기도했다.

또 어느 날은 다니엘서를 읽던 중 그가 하루에 세 번 기도했다는 구절을 발견하고 그를 따라 기도 일정을 정했다. 아침에는 치유를 위한 기도, 오후에는 중보기도, 밤에는 하나님의 공급하심을 위한 기도를 드렸다. 다니엘의 기도보다 더 절박했던 내 마음은 하루의 시작과 끝을 모두 기도로 채우게 했다. 기도는 점차 나의 삶의 일부가 되었다. 하지만 집중은 쉽지 않았다. 5분만 지나도 마음 속에 온갖 잡생각이 떠올랐다. 그러면 그때부터 나는 큰 소리로 기도하기 시작했고, 그것은 나의 집중력을 돕는 좋은 도구가 되었다.

기도의 여정을 시작하면서 하나님께서는 내 마음에 학교에 다시 가야 한다는 감동을 주셨다. 하지만 등록금과 신분 문제, 장애로 인한 제약 등 수많은 현실적 문제로 인해 낙심할 수밖에 없었다. 그러던 중 나는 기도하며 루시에게 도움을 요청했고, 그녀는 장애인을 위한 재정 지원 정보를 담은 자료를 보내주었다. 나는 그 자료에 적힌 많은 기관명을 하나씩 지워나가기 시작했다. 이미 정부로부터 직접적인 보조금이나 대출을 받는 데 실패한 경험이 있기에 정부 관련 기관들의 이름부터 제외했다. 또한 불법 이민자라는 신분이었기에 미국 시민이나 영주권자들을 지원하는 기관들도 제외해야 했다. 결국 남은 것은 장학금과 보조금을 제공하는 몇몇 비영리 단체뿐이었다.

이미 수차례 거절 편지를 받아온 나는 이번에도 역시 실망할 것이라는 마음을 가지고 기도하며 신청서를 냈다. 하지만 예상과

달리, 하나둘 합격 통지서가 오기 시작했다. 그들은 나의 사연에 가슴이 아프면서도 영감을 준다며 기꺼이 나의 학업을 지원해주겠다고 했다. 신체적, 재정적 어려움에도 불구하고 용기를 내어 학업을 시작하려는 나의 의지가 자격 요건을 충족시킨다는 사실도 알게 되었다. 늘 익숙하게 마주했던 "죄송하지만 도와드릴 수 없습니다"라는 냉정한 문장이 아니라 "축하합니다"라는 반가운 소식을 듣게 된 것이다. 그것이 그들의 형식적인 인사말이었을지라도 나는 그 말에서 진심을 느꼈고, 내 이야기를 듣고 받아들여진 느낌을 받았다.

많은 기관이 재정적으로 매우 관대했다. 크레이그 병원 동문 장학기금의 후원자들은 뇌 손상이나 척수 손상을 입은 사람들이 교육을 받을 수 있도록 단체를 설립했는데, 나도 그들의 도움으로 학업을 시작할 수 있었다. 그리고 이후에도 그들의 지속적인 후원을 받았다. 또한 '조니앤프렌즈'(Joni and Friends)라는 단체의 장학금은 등록금과 휠체어 수리비를 감당하게 해주었고, 카이저(Kaiser)라는 기관은 두 차례나 다양성 장학금을 통해 교육 비용을 지원해주었다. 지역 단체들 역시 의료용품, 치과 치료, 욕실이나 책상 개조 등 구체적인 필요들을 채워주었다. 다시 스스로 무언가를 해낼 수 있다는 감격과 돌봄에 대한 부모님의 부담을 조금이나마 덜어드릴 수 있다는 만족은 말로 다할 수 없었다.

루시가 준 자료에 있던 단체들 외에도 나를 도와준 기관들은 예기치 않은 순간마다 나타났다. 마치 그들이 내 삶의 상황을 정확히 알고 있는 듯했다. 하나님께서 내 기도를 들으시고 우리 가족을 불쌍히 여기셨으며 사람들의 마음을 움직이셨다. 다양한 단체의 도움과 지원으로 나의 생활 수준은 한층 나아졌다. 내가 지원서를 보낼 때마다 놀랍게도 모든 기관에서 "Yes"라는 긍정적인 답변이 돌아왔다. 어느 날은 실수로 영화를 제작하는 학교에 서류를 보냈는데, 놀랍게도 그곳에서도 나를 외면하지 않고 도움을 주었다.

어느 겨울, 눈이 많이 내린 후 기온이 영하로 급격히 떨어진 날이었다. 갑작스럽게 집 보일러가 고장이 났다. 주말이었기에, 대부분의 업체들은 응답조차 없었고, 연락이 되는 곳에서는 정비는 다음 주까지 기다려야 한다는 말뿐이었다. 엎친 데 덮친 격으로 난로마저 제대로 작동하지 않아서 나는 두꺼운 옷을 껴입은 채 차가운 방 안에서 조용히 하나님께 기도드릴 수밖에 없었다. 그런데 그때 한 정비공이 자신의 어린 아들을 데리고 우리 집으로 찾아왔다. 그는 말없이 히터를 살펴보더니 미소를 지으며 말했다. "저는 제 아들에게 어려운 사람들을 외면하지 않고 도우며 사는 삶이 어떤 것인지 보여주고 싶었습니다." 그러면서 아무 대가 없이 우리 집 난방 장비를 고쳐주었다.

하나님께서는 나에게 기적적인 치유를 허락하지 않으셨지만, 기도의 능력을 믿을 수 있도록 힘을 주셨다. 처음에는 '이 모든 응답이 하나님의 역사인가? 아니면 단순히 좋은 사람들과 제도적 기준의 결과일 뿐인가?'와 같은 의심과 신앙이 내 안에서 충돌했다. 그런데 그러한 기도 응답이 다섯 번, 열 번, 스무 번, 서른 번을 넘어 계속해서 반복되자, 나는 더 이상 이 일련의 사건들을 우연이나 제도적 혜택의 결과로 볼 수 없었다. 나는 이것들을 하나님의 응답으로 받아들일 수밖에 없었고 그분의 은혜와 자비가 내 삶 속에서 너무나도 분명하게 느껴졌다.

감사의 기도는 더 이상 의무감에서 비롯된 형식이 아니라 내 안의 깊은 곳에서 우러나는 진심이 되었다. 이제 나는 확신을 가지고 말할 수 있다. 하나님은 살아 계시며 기도에 응답하신다. 비록 그분의 응답 방식이 우리가 기대하는 것과는 다를지라도, 하나님께서는 분명히 일하고 계시고 언제나 가장 선한 방법으로 응답하신다.

오랫동안 나는 부모님의 신앙에 의존한 채 살아왔지만, 이제는 부모님의 하나님이 나의 하나님이 되셨다. 아브라함과 이삭과 야곱의 하나님이 나의 하나님이요, 나의 공급자이셨다. 이것은 내 믿음이 성숙해지고 있다는 증거였으며 하나님이 준비하신 치유의 날이 다가오고 있다는 확신이 들게 했다.

나는 기도의 능력을 믿는다!

하나님께서는 기도 응답을 통해 신실하심을 나타내십니다

많은 사람이 기도 응답은 눈에 띄는 기적이나 극적인 변화일 것이라고 기대합니다. 그러나 성경은 하나님께서 우리의 필요를 아시며 때에 따라 가장 적절한 방법으로 응답하신다고 증언합니다. 예수님은 다음과 같이 말씀하십니다. "그러므로 염려하여 이르기를 무엇을 먹을까 무엇을 마실까 무엇을 입을까 하지 말라 이는 다 이방인들이 구하는 것이라 너희 하늘 아버지께서 이 모든 것이 너희에게 있어야 할 줄을 아시느니라"(마 6:31-32). 하나님께서는 우리의 소소한 일상 속 필요를 채우시며 우리로 하여금 그분의 살아 계심과 세심한 손길을 체험하게 하십니다. 그래서 시편 기자는 "여호와께서는 그 모든 행위에 의로우시며 그 모든 일에 은혜로우시도다 여호와께서는 자기에게 간구하는 모든 자 곧 진실하게 간구하는 모든 자에게 가까이 하시는도다"(시 145:17-18)라고 고백합니다.

하나님은 사람과 제도,
모든 수단을 통해 일하시는 자유로운 주권자이십니다

하나님께서는 초자연적인 방식뿐만 아니라 사람들과 제도 그리고 세상의 구조 속에서도 역사하십니다. 병원 행정가, 사회복지사, 장학재단, 의료 시스템 그리고 예상치 못한 기회들은 모두 하나님의 손에 붙들린 도구가 될 수 있습니다. 그분은 이 모든 것을 통해 우리의 삶에 은혜를 베푸시며 응답하십니다. 잠언 21장 1절은 "왕의 마음이 여호와의 손에 있음이 마치 봇물과 같아서 그가 임의로 인도하시느니라"라고 선언합니다. 인간 사회의 제도와 권력도 하나님의 손안에 있으며, 하나님은 그것을 그분의 뜻대로 사용하십니다. 또한 "인류의 모든 족속을 한 혈통으로 만드사 온 땅에 살게 하시고 그들의 연대를 정하시며 거주의 경계를 한정하셨으니 이는 사람으로 혹 하나님을 더듬어 찾아 발견하게 하려 하심이로되 그는 우리 각 사람에게서 멀리 계시지 아니하도다"(행 17:26-27)라는 말씀은, 하나님이 모든 민족과 그들의 거주지를 정하신 분임을 선포하고, 그 목적은 사람들이 하나님을 더듬어 찾아 발견하게 하기 위함이라고 증언합니다. 즉, 하나님의 역사하심은 우리의 일상 속 조건들, 시간과 공간과 사람과 정책과 조직을 포함하며 그분은 전능하신 창조주이자 섬세하고 실제적인 인도자이십니다.

기도 응답은 신앙의 성장을 위한 하나님의 도구입니다

하나님께서는 기도 응답을 통해 단지 우리의 문제를 해결하는 데 그치지 않으시고, 우리의 믿음을 성장시키시며 그분과의 인격적인 관계가 더욱 깊어지게 하십니다. 예수님은 말씀하십니다. "구하라 그리하면 너희에게 주실 것이요 찾으라 그리하면 찾아낼 것이요 문을 두드리라 그리하면 너희에게 열릴 것이니"(마 7:7). 이 말씀은 기도를 통해 하나님을 찾는 과정 자체가 우리 신앙의 중심에 있다는 것을 가르쳐 줍니다. 기도는 단순한 요청이 아니라 하나님과의 교제이며, 응답은 그 교제의 열매로 우리 영혼을 더욱 그분께로 이끄는 도구입니다. 하나님께서는 기도를 통해 우리의 내면을 다듬으시고 그분의 선하심을 신뢰하는 믿음이 자라게 하십니다.

하나님의 응답을 기록하고 기억해 봅시다

기도 응답은 우리의 신앙을 세워주는 은혜의 발자취입니다. 크고 작은 응답들을 기억하지 않으면 우리는 쉽게 낙심하거나 이전에 발견한 하나님의 선하심을 잊어버릴 수 있습니다. 그러므로 기도노트나 응답일기를 작성해 봅시다. 그리고 시편 기자처럼 "내 영혼아 여호와를 송축하며 그의 모든 은택을 잊지 말지어다"(시 103:2)라고 고백하며 응답의 순간들을 기억하고 간직합시다. 그것이 바로 믿음을 지속시키는 은혜의 저장고가 됩니다.

응답이 없을 때도 하나님을 신뢰해야 합니다

하나님의 응답은 때로 '기다림'이나 '침묵'으로 나타납니다. 이는 하나님의 무관심이 아니라 더 깊은 계획과 사랑의 한 표현일 수 있습니다. 하나님은 응답이 즉시 오지 않을 때조차 여전히 신실하시며 우리를 향한 선한 계획을 이루고 계십니다.

어려움이 있는 이웃을 위해 기도와 실제적 도움을 실천해 봅시다

기도 응답의 기쁨은 나만의 신앙 체험에 머무르는 것이 아니라 고통 가운데 있는 이웃을 향한 사랑과 섬김으로 이어져야 합니다. 어려움을 가진 이웃들, 특히 장애를 가진 이들의 현실적 어려움은 단지 육체적 제약만이 아닙니다. 사회적 단절, 제도적 배제, 심리적 고립을 겪는 이들에게 우리는 기도와 함께 실질적인 도움을 줄 수 있습니다. 먼저 그들의 이름을 부르며 정기적으로 기도합시다. "그러므로 너희 죄를 서로 고백하며 병이 낫기를 위하여 서로 기도하라 의인의 간구는 역사하는 힘이 큼이니라"(약 5:16). 그리고 교회와 공동체 안에서 그들이 소외되지 않도록 자리를 마련합시다. 물리적 접근성, 예배 참여, 교제 모임 등에 장벽을 낮추는 작은 실천은 그리스도의 사랑을 전하는 귀한 통로가 됩니다. 또한 가능하다면 물질적 후원이나 재능 기부를 통해 장애인의 학업, 재활, 자립을 도울 수 있는 기관이나 사역에 함께합시다. 기도 응답을 경험한 우리는 누군가의 기도 응답이 되어줄 수 있습니다. 우리가 장애를 가진 이웃에게 손 내밀 때, 우리는 하나님의 살아 있는 손이 됩니다.

💬 하나님의 응답이 문제 해결이 아니라 그분의 존재를 드러내는 방식일 수 있을까요? 기도에 대한 하나님의 응답이 항상 기적적인 형식만은 아닙니다. 하나님께서는 때로 작고 평범한 일상 속 응답을 통해 "내가 여기 있다" 하고 신호를 보내십니다. 우리는 응답 받는 순간마다 단지 상황이 바뀌는 것이 아니라 하나님의 실재와 돌보심을 새롭게 경험하게 됩니다.

💬 기도 응답을 통해 하나님이 정말 살아 계시고 함께하신다는 사실을 다시 믿게 된 순간이 있습니까?

💬 왜 하나님께서는 눈에 띄는 기적보다 관계 안에서의 작고 섬세한 응답을 통해 그분의 존재를 보여주기를 원하실까요? 기도는 하나님과의 거래가 아니라 그분과의 관계 속에서 그분의 존재를 확인하고 그분의 음성을 듣는 신비로운 통로입니다. 그 응답이 크든 작든, 그 안에서 우리는 하나님의 살아 계심을 다시 만납니다.

무너진 자리에서 피어난 은혜

회개:
회개의 축복

우리의 삶 속에서 '회개'라는 단어는 종종 무겁고 부정적인 느낌을 줍니다. 우리는 회개를 죄책감이나 자기 비하, 혹은 형식적인 종교 행위로만 오해하곤 합니다. 하지만 정직하게 돌아보면, 우리 모두는 인생의 어떤 시점에서 마음 한편에 이런 질문을 품게 됩니다. "정말 내가 잘못한 걸까?", "나는 괜찮은 사람인데 굳이 회개해야 할 이유가 있을까?" 회개는 우리를 낮추고 부끄럽게 만드는 일이기에, 그 누구도 자연스럽게 그 길로 나아가길 원하지 않습니다. 그러나 그 길의 끝에는 놀라운 자유와 치유 그리고 하나님과의 깊은 만남이 기다리고 있습니다.

저 역시 회개는 나중에 해도 된다고 생각했습니다. 아직 젊은 나이이기에 인생을 마음껏 즐길 시간이 있다고 여겼습니다. 성경 속 수많은 율법과 금지 조항은 지나치게 엄격하고 현실과 동떨어진 기준처럼 보였습니다. 그러나 말씀을 깊이 읽으며 하나님의 기준 앞에 선 순간, 제가 얼마나 무지하고 죄를 가볍게 여겼는지 알게 되었습니다. 그리고 그 깨달음은 단순한 지식이 아닌, 저의 영혼을 송두리째 흔드는 회개의 시작이 되었습니다.

회개는 단순히 죄를 뉘우치는 행위가 아닙니다. 그것은 하나님과 다시 관계를 맺는 길이며, 나 자신의 왜곡된 모습을 직면하고 새롭게 빚어지는 은혜의 통로입니다. 이 장은 바로 그 회개의 여정 그리고 하나님께서 회개를 통해 저의 삶과 가정을 어떻게 회복시키셨는지를 담고 있습니다. 혹시 여러분도 삶의 무게, 인간관계의 상처, 반복되는 실패와 후회 속에서 '다시 시작할 수 있을까?'라는 질문을 품고 있다면 이 이야기를 통해 회개가 두려움이 아닌 축복의 문이 될 수 있음을 발견하게 되기를 바랍니다.

나는 성경을 읽기 전까지 종종 스스로에게 되물었다. "다른 사람에게 해를 끼치지 않는다면 그것은 정말 죄일까? 담배를 피우거나 파티에 가는 것이 누군가에게 직접적인 피해를 주는 것도 아닌데, 왜 그것이 나쁘다고 여겨지는 걸까?" 나는 내 몸과 인생을 내가 결정할 수 있다고 믿었다. 성경의 수많은 율법은 부담스럽기만 하고 그런 삶은 지루하고 비현실적으로 느껴졌다. 젊은 날의 자유를 만끽하다가 나중에 나이가 들어서 교회로 돌아가면 된다고 생각했다. 이러한 마음으로 성경을 읽기 시작했기에, 처음에는 하나님께 죄를 짓고 언약을 어긴 사람들의 이야기가 나와는 무관하게 느껴졌다. 그러다가 시간이 지나면서 마음이 무거워지고 죄책감이 서서히 밀려오기 시작했다. 성경을 읽는 가운데 내가 과거에 지은 죄들을 하나둘씩 떠올랐다. 놀랍고 두려웠던 것은, 그것들이 단순한 기억이 아니라 마치 선명한 영상처럼 내 머릿속을 스쳐 지나가는 것이었다. 하나님과 사람들에게 저지른 죄가 또렷하게 떠오르면서 내 마음은 점점 불편함을 넘어 두려움으로 물들었다.

어느 날은 감상에 젖은 것도 아닌데 눈물이 차올랐다. 불편함은 고통으로 변하고 죄의 실상이 보일수록 그 고통이 깊어졌다. 나는 문득 이런 생각이 들었다. '내가 지금 느끼는 이 아픔은 혹시 내가 상처 준 이들이 느낀 고통이 아닐까? 아니면 하나님께서 그들과 함께 느끼신 슬픔일까? 혹시 내가 저지른 죄에 대한 하나님의 의로우신 반응이었을까?' 나는 모든 것을 다 이해할 수는 없지만, 단 한 가지는 분명히 알 수 있었다. 나는 죄인이었고 하나님의 거룩하심 앞에 그리고 사람들 앞에 너무 많은 죄를 범했다. 의식적으로든 무의식적으로든 나 자신에게조차 감추었던 죄악 된 본성을 성경을 통해 적나라하게 마주하게 되었다. 나는 교묘하게 그것을 숨기고 사람들을 속였으며, 심지어 스스로 착각했다. 나는 고통받을 이유가 없는 사람이라고 믿었다. 그러나 사실은 교만하고 이기적이었고 성적으로 타락했고, 내 몸을 해쳤다. 부모님의 사랑을 당연히 여기고 무시했으며, 친구와 동료를 속이고 이용했다. 사람들을 언어적으로, 감정적으로 상처 주고 탐욕과 분노, 고집으로 가득했다. 이것이 내 삶의 현실이었다.

나는 이 모든 것을 더 이상 부인할 수 없었다. 휠체어에 앉아 있는 현실처럼 나의 죄 된 삶 역시 부정할 수 없는 사실이었다. 나는 벌거벗은 듯한 수치심을 느꼈고, 도무지 가릴 방법이 없었다. 이 회개의 감정은 억지로 만들어진 것이 아니었다. 눈물은 감정이 아니라 은혜의 응답이었다. 하나님께서 내 마음을 부드럽게 만지셨고 나는 그 앞에 무너질 수밖에 없었다.

나는 스스로에게 묻기 시작했다. "이 회개는 단지 죄책감에 휘둘린 감정의 결과인가? 아니면 하나님께 나아가기 위한 순전한 영혼의 반응인가?" 그 답은 분명했다. 나의 회개는 진실하고 간절했다. 억지나 계산에서 나온 것이 아니라 하나님의 은혜로 내 고집과 자아를 무너뜨린 결과였다. 나는 간절한 회개자가 되었고 하나님의 용서 없이는 살 수 없는 사람이 되었다. 하나님께서 내 몸을 재창조하지 않으셨지만, 내 부서진 마음을 새롭게 하셨다. 죄책감이 밀려왔으나 하나님의 용서가 넘치는 확신으로 내 안에 쏟아져 내렸다. 이것이 참된 회개의 복이었고 은혜의 시작이었다.

회개 이후 나는 더 이상 이전의 나로 돌아갈 수 없다는 것을 직 감했다. 나의 눈물은 후회의 감정이 아니라 변화의 시작이었고, 내 가슴 깊이 파고든 죄의 인식은 나를 새로운 방향으로 이끌었다. 그날 이후로 나는 비로소 회개가 단순한 감정의 토로가 아닌 전인 격적인 전환임을 체험하게 되었고, 하나님께서는 나를 정죄하지 않으셨다. 오히려 내가 돌아오기를 기다리시고 마침내 돌아온 탕 자와 같이 나를 품어주셨다. 내 죄를 감싸듯 덮으신 하나님의 은 혜는 나를 다시 살게 했다.

그 회개의 첫 열매는 하나님을 향한 눈물만이 아니었다. 내가 상처를 주었던 사람들을 향한 용기였다. 하나님께 용서를 구한 이 후 성령님은 나에게 또 다른 회개의 여정을 열어주셨다. 그것은 바로 내가 상처 준 사람들에게 진심으로 사과하고 화해하는 일이 었다. 그 길은 두렵고 낯설었지만, 나는 알 수 있었다. 참된 회개는 하나님 앞에서 시작되고 사람들 앞에서 열매 맺는 것임을 말이다. 나는 내가 과거에 상처를 준 사람들에게 연락하여 진심으로 사과 했다. 또한 나와 관계가 멀어진 사람 중 한 명이 일식(Japanese food) 을 배우고 있다는 소식을 듣고는 내가 가장 아끼던 일식 칼을 그 에게 선물로 건넸다. 그렇게 마음을 돌이킨 나의 발걸음은 결국 내가 가장 아프게 했던 부모님에게 향했다.

나는 오래도록 외면했던 진심을 부모님 앞에 꺼내 놓아야 했다. 마음 깊은 곳에 가득찬 죄송함과 감사함을 이제는 말로 표현해야 했다. 그래서 나는 조심스럽게 가족 회의를 요청했고 그날 저녁에 식사를 마친 뒤 어색한 침묵 속에 부모님과 마주 앉았다. 내가 입을 떼려던 그때, 쌓여 있던 감정이 한꺼번에 밀려와 말문이 막혔다. 나는 숨을 고르고 다시 마음을 가다듬으며 마침내 말했다. "어머니, 아버지…제가 잘못했습니다." 나의 목소리는 떨렸고 눈물이 터지듯 흘러내렸다. 나는 중학교와 고등학교 시절에 부모님 말씀을 무시하고 그 사랑과 희망을 짓밟은 것에 대해 진심으로 용서를 구했다. 또 스노보드 사고 이후 오랜 시간 부모님이 감당해야 했던 육체적, 정신적, 경제적 부담에 대해 처음으로 죄송한 마음을 전했다. 부모님은 말없이 내 이야기를 들으셨고, 아버지는 눈물을 흘리며 조용히 말씀하셨다. "더 많은 걸 해줄 수 없어서…미안하다." 아버지의 한마디에 나도 어머니도 울었다. 그리고 나는 아버지의 후회와 사랑을 그때 처음으로 온전히 마주했다. 우리 가족은 말로 다 표현할 수 없는 깊은 눈물의 포옹을 나누며 하나님께서 우리 가족 가운데 역사하고 계심을 마음 깊이 느꼈다.

어머니도 내게 다가오셔서 말씀하셨다. "네가 아픈 걸 대신 아파해줄 수 없어서…엄마가 너무 미안하다." 그 음성에는 말할 수 없는 사랑과 눈물이 실려 있었다. 어머니는 내 고통을 대신할 수만 있다면 기꺼이 그렇게 하겠다고, 이미 너무나 많은 희생에도 불구하고 여전히 자신이 부족하다고 느끼셨다.

그날 밤, 우리는 세 사람의 영혼이 하나님의 사랑 안에 안긴 듯한 깊은 화해를 경험했다. 그리고 회개는 죄의 고백으로 끝나지 않았다. 그것은 사랑의 회복이 되고 잃어버린 관계가 다시 이어지는 하나님의 선물이 되었다. 우리가 하나 되어 기도한 그날, 하나님께서는 우리 각자의 마음에 다시 살아 계신 아버지로 말씀하셨다. 그분의 은혜는 가족의 상처를 회복시켰고 회개는 그 은혜의 문을 여는 열쇠가 되었다.

이제 우리는 함께 울고 함께 기도하며, 함께 웃는 가족이 되었다. 그 은혜는 여전히 흘러넘치고 있다. 우리는 서로를 향해 열린 마음을 갖게 되었고, 회개의 열매는 가족의 일상 속에서 천천히, 그러나 분명하게 열렸다. 서로를 비난하던 말이 사라지고 이해와 존중의 언어가 오가기 시작했다. 처음에는 서툴고 어색했지만 우리는 용기를 내어 감정을 표현하고 과거의 상처를 나누었다. 과거를 회피하는 대신 직면했고, 비난 대신 포용으로 응답했다.

우리는 매주 한 번씩 가족 기도 모임을 갖기로 했는데 그 모임은 우리의 영혼을 하나로 묶는 시간이 되었다. 찬양 두 곡을 함께 부르며 시작하고 어머니가 기도를 인도했다. 아버지는 짧은 성경 말씀과 삶의 지혜를 나누며 함께 나눌 기도 제목들을 이야기해 주셨다. 그리고 우리는 소리를 내어 함께 기도했다. 그 시간에는 눈물이 흐르기도 하고 때로는 웃음이 터지기도 했다. 마지막은 주기도문으로 기도를 마쳤다.

어느 날 나는 조용히 생각에 잠겼다. '내가 아버지였다면 지금의 나 같은 아들을 위해 그렇게까지 헌신할 수 있었을까?' 이기적이고 교만하며 수많은 잘못을 반복했던 내 삶을 떠올리며, 나는 스스로 대답할 수 없었다. 하지만 아버지는 그렇게 하셨고, 아무 대가도 기대하지 않으셨다. 그것은 인간의 사랑을 넘어선, 하나님의 사랑이 아버지를 통해 흘러나온 것이었다.

우리 가족은 물질적으로 풍요로운 삶을 살지 못했다. 어머니의 사업은 기복이 있었고 아버지는 나를 도우셨으며 나는 소득도, 직장도, 정부의 실질적인 지원도 받지 못했다. 그럼에도 불구하고 우리는 하나님께서 필요한 것을 때마다 채워주신다는 믿음으로 살았다. 월세, 생활비, 의료비, 빚 등 감당해야 할 현실적인 문제들은 여전히 존재했다. 그러나 우리에게는 그보다 더 크고 든든한 공급

자이신 하나님이 계셨다. 우리는 절약하며 살았고, 작고 단순한 것들 속에서도 기쁨을 발견했다. 감사는 특별한 일이 있을 때만이 아니라 일상의 작은 은혜 속에서 매일같이 흘러나왔다.

어머니는 건강이 좋지 않아 병원을 자주 가셔야 했지만, 보험료를 감당하기 어려웠다. 그래서 우리는 콜로라도 저소득층 의료 지원 프로그램에 가입하여 콜로라도 대학병원의 응급실을 이용하곤 했다. 응급실은 늘 환자들로 붐볐고, 대기 시간은 보통 10시간이 넘었다. 오후 2시에 병원에 도착하면 새벽이 되어서야 집으로 돌아오는 일이 다반사였다. 그러나 그 긴 기다림 속에서도 우리는 불평 대신 기도로 그 시간을 채워갔다. 책을 읽기도 하고 간식을 나누기도 했는데, 가장 기억에 남는 것은 함께 나눈 기도였다. 병원이라는 낯선 공간은 오히려 우리 가족의 '작은 예배당'이 되었고, 하나님의 임재는 그곳에도 분명히 임했다.

우리는 하나님 안에서 다시 태어난 한 가족이 되었다. 회개는 우리의 삶을 바꾸고 하나님이 주신 은혜는 우리가 매일 살아가는 이유가 되었다. 그 은혜는 여전히 쌓이고, 쏟아지고 있다. 우리 가족은 그전과는 완전히 다른 관계로 거듭났다. 나는 부모님과 마음 깊은 이야기를 나누고 삶의 도전과 아픔, 신앙의 고민까지도 솔직하게 털어놓을 수 있게 되었다. 특히 아버지와 나 사이의 관계는 눈에 띄게 달라졌다. 한국 문화에서 아버지와 아들 간의 대화는 보통 단절되고 감정 표현은 어색하며 드물다. 그러나 우리는 점점 친구처럼 변해갔다. 서로를 위해 기도하고, 서로를 섬기며, 서로를 사랑하는 관계로 깊어졌다.

우리는 서로의 다름을 이해하려 노력했고 말투와 생각의 차이 속에서도 존중을 배웠다. 가끔은 의견이 다를 때도 있지만, 그것을 사랑으로 품는 연습을 계속해 갔다. 신앙 안에서 우리는 단순한 가족이 아니라 예수 그리스도 안에서 한 형제요, 자매가 되었다. 동일한 사명을 가진 동역자로서 하나님을 영화롭게 하는 공동의 삶을 살아가게 되었다. 시간이 흐르면서 부모님은 나의 가장 큰 지지자가 되었고, 동시에 나의 사역 동반자가 되었다. 어머니는 조용히 뒤에서 함께 기도하고 준비하셨고, 아버지는 내 옆에서 적극적으로 도우셨다. 우리는 이제 더 이상 과거의 불화와 오해 속에 머물지 않았다. 서로를 있는 그대로 받아들이며 하나님이 주신 새로운 사명의 길을 함께 걸어가기 시작했다.

생각해 보면 이런 관계는 사고 이전의 우리 가족에게는 상상조차 할 수 없는 일이었다. 감정 표현은 극히 제한적이었고 신앙과 생각도 달랐다. 그러나 이제는 함께 예배하고 울고 웃으며, 한 방향을 바라보는 가족이 되었다. 이 모든 변화는 사람의 노력이나 심리학적 상담으로 이룰 수 있는 것이 아니었다. 이것은 분명 하나님께서 친히 이루신 기적이며 축복이었다.

회개는 때때로 '복종'처럼 느껴진다. 그리고 사람은 본능적으로 그것을 거부한다. 이는 우리의 교만과 죄성 때문이다. 그러나 하나님께서 성령의 능력으로 우리를 낮추시고 용서를 구할 용기를 주셨기에, 우리는 하나님 앞에서 그리고 서로에게 회개할 수 있다. 회개는 새로운 시작의 출발점이다. 하나님의 축복의 시작은 회개의 순간이다. 그날의 고백과 눈물은 우리 가족에게 있어서 새로운 출발의 전환점이 되었다. 진정한 회개는 우리를 무릎 꿇게 하고, 동시에 하나님 앞에 다시 서게 만들었다. 그 자리에서 새로운 가족의 이야기가 시작되었다. 그 무엇으로도 살 수 없는 가정의 평화와 연합의 축복의 시작이었다.

회개는 단지 개인적인 후회나 감정의 표현이 아니다. 그것은 하나님의 성품과 인간의 본성 그리고 그리스도 안에서의 새 창조에 깊이 연결되어 있다. 참된 회개는 죄를 인정하고 돌이키는 것에서 그치지 않고, 하나님의 은혜를 경험하고 공동체 안에서의 회복을 이루는 길이다.

회개는 성령 하나님의 역사로 이루어지는 은혜의 선물입니다

참된 회개는 인간의 의지나 도덕적 각성이 아니라 성령 하나님의 깊은 역사로부터 시작되는 것입니다. 인간은 죄를 본능적으로 숨기고 변명하며 자신을 방어하려는 경향이 있습니다. "아담이 이르되 하나님이 주셔서 나와 함께 있게 하신 여자 그가 그 나무 열매를 내게 주므로 내가 먹었나이다 여호와 하나님이 여자에게 이르시되 네가 어찌하여 이렇게 하였느냐 여자가 이르되 뱀이 나를 꾀므로 내가 먹었나이다"(창 3:12-13). 그러나 성령님은 죄를 정죄하기 위해서가 아니라 생명을 주시기 위해 우리의 마음 깊은 곳에 은밀히 찾아오십니다. "그가 와서 죄에 대하여, 의에 대하여, 심판에 대하여 세상을 책망하시리라"(요 16:8). 오순절 날 베드로의 설교를 들은 사람들의 반응이 바로 성령의 역사였습니다. "그들이 이 말을 듣고 마음에 찔려 베드로와 다른 사도들에게 물어 이르되 형제들아 우리가 어찌할꼬 하거늘 베드로가 이르되 너희가 회개하여 각각 예수 그리스도의 이름으로 세례를 받고 죄 사함을 받으라 그리하면 성령의 선물을 받으리니"(행 2:37-38). 그 반응은 단순한 감정이 아닌 존재 전체가 뒤흔들리는 회심의 순간이었습니다. 그러므로 회개는 회피하고 싶은 고통이 아니라 성령 하나님이 우리 안에 새 생명을 낳으시는 거룩한 탄생의 과정입니다. 이 회개는 인간의 결단이 아니라 하나님의 인도하심 속에서 일어나는 은혜의 응답입니다.

회개는 하나님의 용서를 경험하게 하고 관계를 회복시키는 통로입니다

하나님은 회개하는 자에게 먼저 다가오시는 분입니다. "만일 우리가 우리 죄를 자백하면 그는 미쁘시고 의로우사 우리 죄를 사하시며 우리를 모든 불의에서 깨끗하게 하실 것이요"(요일 1:9). 이 말씀은 회개의 자리에서 일어나는 실제적이고도 깊은 영적 경험을 보여줍니다. 누가복음 15장에 나오는 탕자 이야기는 회개의 대표적인 그림입니다. 아들이 죄를 깨닫고 돌아올 때, 아버지는 그를 꾸짖지 않고 먼저 달려가 껴안고 입을 맞추며 새 옷을 입히고 잔치를 열었습니다. 이처럼 하나님은 죄인을 향해 심판하시는 심판자가 아니라 먼저 화해를 시작하시고 원하시는 사랑의 아버지이심을 보여줍니다. 회개는 바로 그 아버지의 품으로 되돌아가는 길이며, 깨어진 인간관계와 하나님과의 관계를 동시에 회복시키는 복된 통로입니다.

회개는 공동체 안에 은혜와 진리의 문화를 세우는 일입니다

회개는 결코 개인의 내면적 변화에만 머무르지 않습니다. 참된 회개는 공동체 안에 신뢰, 용서, 회복의 문화를 만들어냅니다. 초대교회 공동체는 회개와 고백, 용서가 삶의 중심이었고 복음의 능력이 일상 속에서 드러나는 방식이었습니다. "하나님의 뜻대로 하는 근심은 후회할 것이 없는 구원에 이르게 하는 회개를 이루는 것이요 세상 근심은 사망을 이루는 것이니라"(고후 7:10). 이는 참된 회개란 단순한 감정적 눈물이 아니라 하나님 앞에서 삶 전체가 변화되는 근본적인 전환임을 보여줍니다. 회개는 공동체 안에 은혜의 문화, 용서의 흐름, 진리의 빛을 세우는 복음의 씨앗입니다. 이것은 하나님과의 관계 회복에서 시작하여 이웃과의 화해로 이어지며, 공동체 전체에 거룩한 영향을 끼치는 변화의 불꽃입니다.

매일 말씀 앞에서 자신을 성찰해야 합니다

회개는 한 번의 사건이 아니라 날마다 말씀 앞에 서는 반복적인 훈련입니다. 말씀을 읽고 묵상하는 시간을 정기적으로 확보하여 그 말씀을 거울삼아 내가 하루를 어떻게 살았는지 돌아봅시다. 성령이 조명하시는 죄의 그림자를 직면할 때, 우리는 다시 하나님의 은혜로 나아갈 수 있습니다. "하나님이여 나를 살피사 내 마음을 아시며 나를 시험하사 내 뜻을 아옵소서 내게 무슨 악한 행위가 있나 보시고 나를 영원한 길로 인도하소서"(시 139:23-24).

용서를 구해야 할 사람에게 용기 내어 다가갑시다

하나님께 구한 용서의 회개는 사람들과의 관계 속에서 열매 맺을 때 온전히 드러납니다. 내가 상처를 준 사람이나 오해가 남아 있는 가족 혹은 친구가 있다면, 기도로 준비한 후 용서를 구합시다. 이것은 결코 약함이 아니라 하나님의 은혜를 드러내는 용기의 행동입니다. "할 수 있거든 너희로서는 모든 사람과 더불어 화목하라"(롬 12:18). 특히 가정 안에서 부부 그리고 부모와 자녀 간의 회복이 절실합니다. 하나님께서 가정의 회복을 통해 새 일을 시작하십니다. 기도로 준비해야 합니다. 부모님이 먼저 시작해야 합니다. 아버지가 먼저 사과해야 합니다. 그래야 자녀들이 움직입니다.

회개의 공동체 문화를 세웁시다

교회나 가정, 공동체 안에 회개와 용서를 나누는 문화를 조성해 봅시다. 잘못을 감추기보다 드러내고, 정죄하기보다 회복을 향한 대

무너진 자리에서 피어난 은혜

140

화를 시작해 봅시다. 정직한 고백은 신뢰를 낳고 진정한 변화의 씨앗이 됩니다. 공동체는 회개의 깊이를 함께 나누는 영적 가족이 되어야 합니다. 누군가가 용서를 구하면 기꺼이 받아줍시다. "누가 누구에게 불만이 있거든 서로 용납하여 피차 용서하되 주께서 너희를 용서하신 것같이 너희도 그리하고"(골 3:13). 예수님이 우리의 죄를 용서하신 것처럼 우리도 진정한 회개를 받아주어야 합니다.

💬 진정한 회개는 단순한 죄책감의 표현입니까, 아니면 하나님과 사람 앞에서 관계를 회복하려는 전인격적 결단입니까? 회개는 단순히 죄를 뉘우치는 감정에 그치지 않습니다. 그것은 하나님과의 끊어진 관계를 다시 잇고 내가 상처를 주었던 사람들과의 관계도 회복하려는 실존적 전환입니다.

💬 나에게는 하나님께 잘못을 고백하며 관계를 회복하고자 했던 순간이 있습니까? 진실한 회개는 눈물로 끝나지 않으며, 하나님의 용서를 믿고 받아들이는 믿음과 다른 이에게 용서를 구하는 용기로 이어집니다.

💬 사람들과의 관계에서도 용서를 구하고 다시 다가가는 회개의 여정을 걸어본 적이 있습니까? 그 회개는 나의 자아 정체성, 하나님과의 친밀감 그리고 이웃과의 관계에 어떤 변화를 가져왔습니까? 회개는 죄로 인해 부서진 관계들을 다시 잇는 은혜의 시작점입니다. 은혜를 원합니까? 하나님과 사람에게 용서를 구하고 용서합시다.

중독:
중독으로부터 해방

많은 사람이 겉으로는 평범한 삶을 사는 것 같지만, 사실은 내면에 말 못할 중독과 싸움을 안고 살아갑니다. 저 역시 그랬습니다. 저는 미국에 이민 온 후 세상의 가치와 쾌락에 매료되어 점점 깊은 어둠으로 빠져들었습니다. 처음에 단순한 호기심으로 시작한 담배와 술이 대마초와 강한 마약으로 이어졌고 점점 삶의 목적과 방향을 잃어갔습니다. 부모님의 신앙은 무의미해 보였고 제 삶은 스스로 통제할 수 없는 열차처럼 무너져 갔습니다. 그런 시절을 지나며 저는 몸과 마음, 영혼이 망가져가는 것을 경험했습니다. 그런데 그 어둠 속에서 하나님이 저를 붙드셨습니다. 그리고 복음의 빛은 제가 결코 예상하지 못한 방식으로 제 삶을 비추기 시작했습니다.

이 이야기를 나누는 이유는 단지 과거의 실패를 고백하기 위함이 아닙니다. 저는 중독이라는 깊은 수렁에서 건짐을 받은 한 사람으로서, 동일한 문제로 고통받는 이들에게 하나님 안에 진정한 자유와 기쁨이 있음을 전하고 싶습니다. 이 장은 중독의 본질이 무엇인지, 복음이 어떻게 우리의 삶을 새롭게 하는지 그리고 하나님과의 친밀한 관계 안에서만 진정한 회복이 가능하다는 것을 성경을 통해 조명합니다.

나는 미국에 살기 시작하면서부터 점점 세상의 삶에 빠져들었다. 중학생 때 처음으로 담배를 피우기 시작했고 어느 선배의 권유로 술도 배웠다. 자연스레 공부에 멀어지면서 고등학교에 진학한 후에는 수업에 제대로 참석하지 않았다. 담배로 시작된 일탈은 곧 대마초로 이어졌다. 그리고 이후에는 더 강한 마약에도 손을 대기 시작했다. 나는 부모님의 신앙생활을 시시하게 여기면서 부모님과 완전히 반대되는 삶을 추구하며 살아갔다. 목회자인 아버지와의 갈등은 점점 깊어졌고 학교에서도 문제를 일으켜 수차례 정학을 당했다. 그렇게 나는 학교에서 문제아로 낙인 찍히며 "그 친구랑은 놀지 마"라는 말을 듣는 존재가 되었다.

나는 그런 삶을 유지하기 위한 돈이 필요했기에 식당에서 일하기 시작했다. 그리고 그곳에서 만난 친구들과 술과 마약을 즐기고 어울리며 그들과 같은 삶을 살아갔다. 그런 삶은 점점 내 인생의 목적이 되었다. 돈을 많이 벌어서 친구들과 놀고, 맛있는 음식을 먹고, 더 좋은 술과 강한 마약을 하며 인생을 즐기는 것이 삶의 목표가 되었다.

'마오'라는 일식당에서의 삶은 시각적, 감각적으로 매우 자극적이고 흥미로운 경험이었다. 늦은 밤이 되면 식당은 술집처럼 변하고, 젊고 아름다운 사람들이 들어와 술을 마시며 파티를 즐겼다. 바텐더 친구는 매일 밤 나에게 양주와 맥주를 챙겨주었고, 나는 그 대가로 음식을 만들어 주었다. 근무가 끝난 후에도 식당 옆에 있는 바에서 함께 일하는 서버들, 셰프들과 어울려 놀았다. 나는 매일같이 술을 마시고 약을 하며 살았다. 매일이 파티였다. 이후 주방 보조 중 한 명이 헬퍼로 함께 일하게 되었는데, 그가 불법 약물 딜러라는 사실을 알고 난 후로, 그는 나의 단골 공급자가 되었다. 마오에서 일하던 서버들 중 일부는 인기 있는 클럽의 바텐더나 보안요원으로 일하며 파티를 위한 인맥을 제공해주었다. 나는 쉬는 날에도 이런 패턴을 계속 유지했다. 약을 하지 않는 친구들을 만났을 땐 레스토랑이나 바에 가서 술을 마시거나 골프 연습장에서 맥주를 마시며 공을 쳤다. 이러한 삶은 아스펜에 위치한 새로운 직장 '마츠히사'에서도 계속되었다. 그때 당시 직원 숙소에 새로운 룸메이트들이 들어왔는데 일본에서 온 텐과 내 친구 션이 함께 살게 되었다. 또 덴버에 있는 '스시덴'이라는 곳에서 근무했던 파주도 함께 살게 되었다. 그는 술과 파티를 좋아했고 우리는 자주 함께 파티를 즐겼다. 나는 덴버에서 그랬듯이 파티를 즐기며 일했다.

나의 마음 깊은 곳은 술과 마약 중독으로 고통받고 있었다. 나는 처음 몇 달 동안은 비교적 절제하며 살면서 가끔 덴버에 갈 때만 약을 했다. 그러면서 체력을 회복할 수 있었다. 그러나 시간이 흐르자 다시 술과 약에 빠져들었다. 그렇게 각종 술과 마약, 수면제 등을 매일 같이 먹고 사용하면서도 나는 주 6일 근무를 꼬박이어갔다. 동료들은 나를 '기계'라고 불렀다. 숙취 없이 날카로운 감각으로 일했기 때문이다. 그런 생활방식이 내 꿈에 걸림돌이 될 수 있다는 걸 알고 있었지만 일을 잘 해내고 있었기에 굳이 그만

둘 이유를 느끼지 못했다. 그러나 내 몸은 점점 지쳐갔다. 처음엔 어느 정도 통제가 가능했지만 점차 삶에 대한 통제력을 잃어갔고, 끊어야 한다는 것을 알면서도 끊을 수 없었다. 나는 마치 브레이크 없는 열차처럼 내달렸다.

사고 이후에도 나는 마약과 술에 대한 갈망이 있었다. 어떤 날은 밤낮으로 그것들을 하고 싶다는 생각이 들었고, 실제로 그 냄새를 맡는 듯한 느낌을 받기도 했다. 나에게는 전화 한 통이면 약과 술을 가져다줄 친구들이 있었고 그들은 거절하지 않았을 것이다. 콜로라도는 의료용 대마초가 합법인 주였기에 의사에게 처방을 요청할 수도 있었다. 선택지는 많았지만 나는 그 선택을 하지 않았다.

사실 내가 진짜 중독된 것은 단순히 약이나 술, 성적인 쾌락이 아니었다. 더 깊은 뿌리는 세상의 가치관에 따라 살아가고자 하는 생각과 욕망이었다. 나는 14살 때부터 이 세계관을 가지고 살았고, 지난 8년간 그 세계 안에서 그것을 즐기며 실천했다. 그래서 그 삶의 방식으로 다시 돌아가고 싶은 욕망이 컸다. 하지만 성경을 읽기 시작하면서 그것들이 하나님 앞에서 악하고 더러운 죄라는 것을 알게 되었고, 나는 회개하며 용서를 구했다. 나를 가장 강하게 흔든 말씀이 있었다. "이 세상이나 세상에 있는 것들을 사랑하지 말라 누구든지 세상을 사랑하면 아버지의 사랑이 그 안에 있지 아니하니"(요일 2:15). 이 구절이 내 머릿속을 맴돌았다. 하지만 여전히 생각은 사라지지 않았다. 그래서 나는 매번 하나님께 기도하며 "이 세상이나 세상에 있는 것들을 사랑하지 말라"고 선포했다. 생각이 떠오를 때마다 입 밖으로, 마음속으로 말씀을 반복했다.

나는 하루에도 몇 십 번 넘게 말씀을 되뇌었던 것 같다. 낮에도 밤에도 계속 그렇게 했다. 그렇게 시간이 지나고 몇 주, 몇 달이 지나자 그런 생각들이 떠오르지 않게 되었다. 가끔 떠올라도 즉시 그 말씀을 선포하며 물리쳤다. 나는 마침내 자유로워졌다. 세상의 삶을 따르고자 하는 중독, 내 인생의 목적이 나 자신을 만족시키는 것이라고 믿었던 중독으로부터 해방된 것이다. 담배도, 술도, 마약도, 성적 방탕도 끊을 수 있었다. 그리고 그러한 중독들을 어떻게 이겨낼 수 있는지도 배웠다.

진정한 기쁨은 예수 그리스도 안에 있는 관계에서 주어졌다. 세상이 주는 기쁨보다 훨씬 깊고 순결한 행복이었다. 그것은 외적인 자극이나 순간적인 즐거움이 아닌, 내면 깊은 곳에서 솟아나는 평안과 만족이었다. 어느 날은 고요한 이른 아침에 성경을 펼쳐 들고 기도하며 말씀을 묵상하던 중, 설명할 수 없는 따뜻함과 평화가 내 안에 밀려왔다. 그 순간 나는 주님과의 관계 안에서 참된 기쁨을 누리고 있음을 느꼈다.

이전에 나는 기독교인의 삶은 지루하고 억지스러운 도덕적 의무라고 생각했다. 그러나 그 생각은 완전히 틀렸다. 하나님의 말씀을 읽고 그 뜻을 깊이 묵상하며 기도하는 가운데 성령이 내 안에 주시는 기쁨과 평안은 내가 세상에서 경험한 모든 쾌락보다 훨씬 깊고 지속적이며 진실되었다. 더 이상 세상의 욕망에 중독되어 있지 않게 되자, 나는 오히려 하나님과의 관계에 더 깊이 끌리게 되었다. 그리고 그분의 임재 안에 거하는 시간이 가장 소중한 순간이 되었다.

나는 이제 더 이상 이전의 삶으로 돌아가고 싶지 않다. 세상은 여전히 매력적으로 보일 수 있지만, 나는 진정으로 더 나은 것을 발견했다. 그것은 바로 하나님과의 관계, 그분과의 대화, 말씀 속에서의 교제다. 이제 매일의 기도와 말씀 묵상은 내 영혼을 살리는 양식이 되었고 그것이야말로 내가 진정으로 원하는 삶이다. 나는 날마다 새롭게 더 깊이 하나님을 갈망하며, 자유롭고 참된 생명을 누리고 있다. 지금 나는 자유롭다.

무너진 자리에서 피어난 은혜

세상을 따르는 삶은 죄의 열매이며, 인간의 영혼을 병들게 합니다

하나님이 창조하신 인간은 그분의 형상대로 지음 받았습니다. "하나님이 자기 형상 곧 하나님의 형상대로 사람을 창조하시되 남자와 여자를 창조하시고"(창 1:27). 그래서 그분과의 친밀한 관계 안에서만 진정한 기쁨과 목적을 발견할 수 있습니다. 그러나 인간은 죄로 인해 하나님을 떠났습니다. "모든 사람이 죄를 범하였으매 하나님의 영광에 이르지 못하더니"(롬 3:23). 세상의 정욕과 유혹을 따라 살게 된 것입니다. 세상의 방식은 겉으로는 화려하고 매력적으로 보일 수 있지만, 그 끝은 공허함과 파괴입니다. 중독은 단순히 물질에 대한 집착이 아니라 하나님 외에 다른 것에서 생명과 기쁨을 찾으려는 영적 방황의 열매입니다. "육체의 일은 분명하니 곧 음행과 더러운 것과 호색과 우상 숭배와 주술과 원수 맺는 것과 분쟁과 시기와 분냄과 당 짓는 것과 분열함과 이단과 투기와 술 취함과 방탕함과 또 그와 같은 것들이라 전에 너희에게 경계한 것같이 경계하노니 이런 일을 하는 자들은 하나님의 나라를 유업으로 받지 못할 것이요"(갈 5:19-21). 성경은 육체의 일들을 열거하며 이것들이 하나님 나라를 유업으로 받지 못하게 하는 죄임을 경고합니다.

중독은 자제력을 잃은 상태이고 그 뿌리는 죄의 본성에 있습니다

중독은 단지 물질이나 습관의 문제가 아닙니다. 자제력을 상실하고 반복적으로 특정 행위를 끊지 못하는 상태, 즉 스스로 통제할 수 없는 상태를 말합니다. 술, 마약, 포르노, 유튜브 등 그 대상이 무엇이든 간에 그것을 사용하고자 하는 충동을 통제하지 못한다면 그것은 중독입니다. 성경은 이런 상태의 근원을 외적인 대상이 아닌 내적인 죄의 본성으로 설명합니다. "내 속 곧 내 육신에 선한 것이 거하지 아니하는 줄을 아노니 원함은 내게 있으나 선을 행하는 것은 없노라"(롬 7:18). 사도 바울은 우리의 욕망이 죄로 인해 왜곡되어 있음을 증언합니다. 결국 우리가 세상적인 쾌락에 끌리는 것은 본질적으로 죄의 본성이 우리를 지배하기 때문입니다. 아무리 의지로 노력한다고 해도 죄의 본성이 통제하고 있는 한 우리는 진정한 자유를 경험할 수 없습니다. 그러나 복음은 이 죄에서 우리를 해방시킵니다. 우리는 우리의 삶과 욕망을 주께 맡기며 주님의 통치를 구하고 간구해야 합니다.

성령은 참된 기쁨과 평안을 주시며, 하나님을 갈망하게 하십니다

많은 이가 기독교 신앙은 지루하고 금욕적이라고 생각하지만 성경은 정반대를 증언합니다. 하나님 안에는 세상이 줄 수 없는 기쁨이 있다고 말씀합니다. "주께서 생명의 길을 내게 보이시리니 주의 앞에는 충만한 기쁨이 있고 주의 오른쪽에는 영원한 즐거움이 있나이다"(시 16:11). 성령은 우리 안에 이 기쁨을 실제로 부어주십니다. 갈라디아서 5장 22절도 성령의 열매 가운데 기쁨과 평화가 포함되어 있다고 말씀합니다. 예수님은 요한복음에서 이렇게 말씀하십니다. "평안을 너희에게 끼치노니 곧 나의 평안을 너희에게 주노라 내가 너희에게 주는 것은 세상이 주는 것과 같지 아니하니라 너희는 마음에 근심하지도 말고 두려워하지도 말라"(요

14:27). 이러한 평안은 외적인 환경이나 자극에 의존하지 않으며, 오히려 영혼 깊은 곳에서 솟아나 하나님을 더욱 갈망하게 만듭니다. 이전에 세상의 쾌락에 중독되어 살았지만, 이제는 성령의 역사로 하나님을 향한 영적 갈망이 더 크고 깊은 중독으로 자리 잡았습니다. 그것은 죄의 중독이 아닌 은혜의 중독입니다.

내 삶 가운데 중독된 영역을 하나님 앞에 정직하게 고백해야 합니다

하나님께 나아가는 첫걸음은 진실한 자기인식입니다. 우리는 자신이 통제하지 못하는 습관이나 생각, 감정의 영역을 주 앞에 정직하게 드러내야 합니다. 하나님께서는 상한 마음을 기뻐하시며 우리의 고백을 통해 치유의 길을 열어주십니다. "하나님께서 구하시는 제사는 상한 심령이라 하나님이여 상하고 통회하는 마음을 주께서 멸시하지 아니하시리이다"(시 51:17). 지금 이 순간, 내가 자주 빠지는 중독적 습관은 무엇입니까? 내가 완전히 통제하지 못하고 있는 습관과 생각은 무엇입니까? 그것이 하나님과의 관계를 어떻게 방해하고 있는지 기도하며 돌아봅시다.

말씀과 기도로 일상의 리듬을 다시 세워야 합니다

중독은 혼돈의 삶을 낳지만 하나님의 말씀은 질서를 회복시킵니다. 하루의 시작과 끝을 말씀과 기도로 여는 영적 리듬은 내적 갈망의 방향을 세상에서 하나님께로 전환시킵니다. 매일 최소한 10분간 성경을 읽고, 하루 중 유혹이 클 때마다 짧게라도 말씀을 암송하며 기도합시다. "이 세상이나 세상에 있는 것들을 사랑하지 말라"(요일 2:15)는 말씀을 자주 되새깁시다.

거룩한 공동체와의 연결 안에서 함께 싸웁시다

중독은 은밀하고 고립된 영역에서 자라지만, 성령 하나님은 공동체를 통해 회복의 은혜를 베푸십니다. 신앙 공동체 안에서 나의 연약함을 나누고, 함께 기도하며, 격려하면서 영적 싸움을 지속할 수 있는 관계를 맺읍시다. 믿을 수 있는 친구 한 명, 멘토 한 명에게 중독에서 벗어나고자 하는 자기 결단을 나누어 보길 바랍니다. 중보기도와 나눔 속에서 하나님은 실제적인 자유의 열매를 맺게 하십니다. "너희가 짐을 서로 지라 그리하여 그리스도의 법을 성취하라"(갈 6:2).

무너진 자리에서 피어난 은혜

💬 나는 중독으로부터 자유합니까? 중독이나 반복되는 죄의 패턴에서 벗어나는 해방은 단순한 결단이나 의지의 문제가 아닙니다. 진정한 해방은 더 깊고 강력한 사랑의 대상, 곧 하나님께 다시 붙들리고 속하게 될 때 시작됩니다. 이는 단순한 행동의 변화가 아니라 정체성과 소속의 변화입니다.

💬 나는 언제, 어떤 상황에서 "하나님께 속해 있다"라고 깊이 확신하게 되었습니까? 또한 그 경험은 나의 삶에 어떤 영향을 미쳤습니까?

💬 하나님께 속한다는 것은 나에게 어떤 의미입니까? 억압입니까, 자유입니까? 우리를 묶고 있던 모든 결박은 하나님의 사랑과 소속 안에서 해방됩니다. 진정한 해방은 '무엇으로부터 벗어나는가'가 아닌 '누구에게 속해 있는가'에서 시작됩니다.

부재:
쌓이는 의심, 쌓이는 확신

고통은 우리를 무너뜨리지만 때로는 그 어느 때보다 하나님을 깊이 만나는 통로가 되기도 합니다. 병상 위에서, 절망 속에서, 인간의 한계 앞에서 우리는 질문합니다. 왜 나인가? 하나님은 어디 계신가? 그리고 그 침묵의 밤이 길어질수록 하나님의 존재도 의심하게 됩니다. 신앙이 흔들리고 우리가 붙들던 확신은 무너지는 듯합니다. 이 장은 제가 경험한 육체적 고통과 영적 씨름의 이야기를 담고 있습니다. 반복되는 병원 입원, 알 수 없는 열과 통증 그리고 끝을 알 수 없는 치료 과정은 단순한 의료 기록이 아니라 저와 하나님 사이에 진실한 대화의 무대였습니다.

저는 고통 속에서 하나님의 부재를 느꼈고, 동시에 그분의 손길을 체험했습니다. 어떤 때는 하나님의 응답이 기적처럼 오지 않아도 제 안에 더 깊은 확신과 평안을 남겼습니다. 또한 이 장은 하나님의 섭리가 얼마나 세밀하고 신비롭게 우리의 삶을 인도하는지 보여줍니다. 한 활동 지원자가 우연히 발견한 작은 상처, 갑작스레 찾아온 아버지의 건강 문제 그리고 병원비를 덜어준 수많은 응답 등의 모든 순간이 과연 '우연'으로 포장될 수 있을까요? 저는 이 고난의 시간을 지나며 하나님께서 저의 연약함을 통해 얼마나 충만한 은혜를 부어주셨는지 깊이 깨닫게 되었습니다. 이 이야기를 나누는 이유는 단순히 고통을 말하기 위함이 아닙니다. 저와 같은 처지에 놓인 누군가에게, 침묵 속에서 하나님의 음성을 기다리는 이에게 전하고 싶습니다. 하나님은 여전히 말씀하시고 우리를 붙드시며 여전히 은혜를 베푸시는 분임을 기억하고 그분을 붙잡기를 바랍니다.

2009년 봄, 나는 오한에 시달렸다. 낮에는 추위를 견디지 못해 두꺼운 스웨터와 재킷을 껴입었고 뜨거운 물을 마시며 어깨에 핫팩을 얹어야 했다. 밤이 되면 전기 장판을 켜고 두꺼운 담요를 덮어도 두 시간 가까이 오들오들 떨었다. 그러다가 체온이 너무 올라가면 결국 담요를 걷어내고 찬물을 마시며 아이스팩으로 찜질하여 체온을 내렸다. 처음에는 부모님도 나도 이런 변화가 그리 심각하다고 생각하지 않았다. '설마 또 무슨 일이 일어나겠어?'라는 마음이었다. 그러나 닷새가 지나자 증상은 더욱 악화되고 음식을 삼킬 때마다 목에서 날카로운 통증이 느껴졌다. 분명 뭔가 잘못되었음을 알았지만 병원비가 걱정되어 병원에 가고 싶지 않았다. 그 대신 하나님의 직접적인 치유를 구하며 기도하기만 했다. 나는 거의 2주 넘게 열에 시달리고 밤잠을 제대로 자지 못해 몸은 쇠약해지고 병들었지만, 여전히 병원에 가기를 거부하는 고집스러운 환자였다.

그렇게 3주가 지났을 무렵, 아버지가 내 등을 살펴보다가 이상한 감촉을 느끼고는 물으셨다. "여기 누르면 아프니?" 그러나 나는 아무 감각이 없었다. "척추 양옆에 주먹만 한 혹이 두 개나 생겼어"라고 말한 아버지는 병원에 가야 한다고 강하게 말씀하셨고 결국 나는 다시 병원을 찾았다. 처음에는 그저 체액을 빼내는 간단한 시술이나 받으면 될 줄 알았다. 큰 비용도 들지 않을 것이라 생각했다. 간호사들이 혹을 검사한 후 응급실로 즉시 가야 한다고 말했을 때 나는 그들의 반응이 과하다고 생각했다. 그러나 스웨디시병원(Swedish Hospital) 응급실에서 결핵을 의심해 나를 격리실로 옮기고 아버지와 나에게 보호복을 입힌 그 순간, 두려움이 몰려왔다.

여러가지 검사를 한 후에도 의사들은 여전히 정확한 원인을 알지 못했다. 이어진 CAT 스캔 결과를 통해서야 내 목 부위에 문제가 있다는 사실이 밝혀졌다. 그날 밤 나는 병실에 입원했고, 응급수술에 대비해 물 한 모금도 허락되지 않았다. 내 몸은 불에 타는 듯한 열로 들끓었고, 마음속에는 설명할 수 없는 두려움과 병원비에 대한 막막함이 무겁게 내려앉았다. 깨어 있는 동안 그리고 잠든 틈마다 나는 다시 하나님께 나아갔다.

다음 날 아침, 병실 문이 조심스럽게 열리고 의사들과 간호사들로 이루어진 의료진이 내게 다가왔다. 그들의 표정은 진지했고 손에는 나의 CT 스캔 결과가 들어있는 파일이 들려 있었다. 의사는 차분하게 설명을 시작했다. 스캔 결과, 내 식도에 구멍이 있었고 내가 마신 물과 삼킨 음식물 조각들이 그 구멍을 통해 스며들어 등 양쪽에 고름 덩어리를 형성했다. 그 고름 속에서는 다양한 박테리아가 자라고 있었고 이로 인해 고열과 감염이 발생한 것이었다. 다행히도 그 박테리아는 다른 장기까지 퍼지지 않았지만, 지금 상태에서 방치하면 더 심각한 문제로 번질 수 있었다. 의료진은 빠른 시일 내에 세 가지 수술을 동시에 진행해야 한다고 설명했다. 첫 번째 수술은 외과의사가 내 등 쪽의 고름 주위 부위를 절개하여 고름을 배출하고 감염 부위를 깨끗이 소독하는 것이었다. 감염 부위에 남은 고름이 지속적으로 배출될 수 있도록 추가로 배액관도 삽입해야 했다. 두 번째 수술은 다른 외과의사가 목 앞부분을 열고 동일한 방식으로 감염 부위를 제거하는 것이었다. 마지막으로 세 번째 수술은 가장 정밀하고 까다로운 과정인데, 또 다른 외과의사가 식도의 파열된 부위를 봉합하기 위해 엉덩이에서 조직을 떼어 이식하는 수술을 집도하는 것이었다.

수술은 총 12시간 가까이 이어졌다. 내가 다시 눈을 떴을 때, 흐릿한 시야 속에서 가장 먼저 보인 것은 부모님의 얼굴이었다. 그 옆에는 수술을 맡은 주치의가 서 있었다. 그는 수술이 무사히 잘 끝났다고 안심시키며 내 식도를 찢은 범인은 다름 아닌 과거 척수 유합 수술 때 삽입된 금속판이라고 설명해주었다. 그 금속판은 원래 몇 년 전에 제거되어야 했지만, 나는 누구에게도 그런 말을 들은 기억이 없었다. 의사는 이 문제가 척수 수술 후 일정 기간이 지나면 발생할 수 있는 합병증 중 하나라고 덧붙였다. 이후 내가 퇴원하기 위해서는 감염과 고열이 완전히 가라앉아야 하고 식도의 구멍도 말끔히 아물어야 했다. 또한 의사들이 아직 정확한 원인균을 파악하지 못했기에 열두 종류의 항생제를 동시에 투여해야 했다. 식도의 상처를 회복시키기 위해 그 부위가 음식물과 전혀 접촉되지 않도록 완전히 건조한 상태로 유지되어야 했다. 그래서 나는 아무것도 먹거나 마시지 못했고, 처음엔 코로 삽입된 튜브를 통해 영양을 공급받았다. 기력이 없어 침대에 하루종일 누워 있을 수밖에 없었다. 시간이 흐르자 의료진은 복부에 직접 연결된 영양관을 삽입했고, 그렇게 나는 네 번째 입원을 시작하게 되었다.

나는 일주일이면 퇴원할 수 있을 거라는 희망을 품고 병원 생활을 생산적으로 만들기 위해 하루 일과표를 짰다. 먼저 아침 7시에 일어나 하루를 시작했는데, 그 시간이 병원의 아침 교대 시간이기도 했고 그때 간호사와 활동 지원사들이 들어와 내 혈압과 체온을 확인하고 세면을 도와주었다. 이후에는 집에서 하던 것처럼 경건의 시간을 가졌다. 기독교 방송 프로그램을 시청하고 성경 말씀을 묵상하며 기도하는 시간을 가졌다. 그리고 부모님에게 전화해서 잘 지내고 있으니 굳이 병원까지 오지 않아도 된다고 안심시켰다. 이 일상은 보통 오전 두세 시간 정도 걸렸다. 그러나 휠체어나 컴퓨터를 사용할 수 없는 상황이기에 이후엔 할 수 있는 일이 거의 없었다. 나는 하루에 세 번씩 기도했고, 매일 저녁이면 캘리포니아에서 퇴근하는 제임스가 전화를 걸어와 나의 하루를 들어주었다. 우리 대화의 대부분은 '음식'에 관한 것이었다. 나는 아무것도 먹을 수 없는 상황에 놓여 있었고, 심지어 맑은 액체조차 허락되지 않은 채 첫 두 달을 보냈다. 그 고통은 이루 말할 수 없었다. 나는 미쳐버릴 것만 같았다.

병원에 입원해 있는 동안 나는 '아프다는 것'에 지쳐가고 있었다. 이전에 욕창으로 침상에 누워 지낼 때 컴퓨터를 사용할 수 있었고 내가 먹고 싶은 것을 먹고 원하는 만큼 물도 마실 수 있었으며, 휠체어를 타고 자유롭게 다니며 샤워도 할 수 있었다. 그러나 이번에는 하루 24시간 내내 침대를 벗어날 수 없고 하루종일 몸살과 고열에 시달리며 온몸이 아팠다. 또한 수술 이후에도 감염의 원인이 되는 정확한 균이 무엇인지 알 수 없다는 불확실성이 나를 지치게 했다. 그 미지의 감염원은 내 안에서 또 다른 긴장과 공포를 자아냈다. 병원이라는 공간은 점점 나를 삼켰다. 겨우 잠이 들려는 순간마다 문을 두드리는 소리와 함께 피를 뽑기 위해 찾아오는 사람들로 인해, 피곤에 지친 몸이 간신히 쉴 틈조차 허락되지 않았다. 나는 이미 팔에 IV(정맥주사)가 꽂혀 있음에도 불구하고 더 정확한 결과를 위해 다른 부위에서도 피를 뽑아야 했다. 피를 뽑을 부위를 찾지 못해 바늘이 몇 번이나 내 몸을 찔렀고 그런 상황은 반복되었다. 담당의도 식도의 수술부위가 언제 완전히 아물고 감염이 없어질지 알 수 없었다. 나는 점점 지쳐갔다.

나는 스스로를 돌볼 수 없다는 현실 앞에서 한없이 무력해졌고, 하나님께서 왜 이런 시간을 허락하셨는지 이해하기 어려웠다. 아무리 생각해도 답이 없었다. 나는 몸도 마음도 갇혀 있는 듯한 이 침대 위에서 고통과 하나님의 침묵으로 인해 몸부림쳤다. 그리고 그 순간부터 다시 신앙의 토대를 흔드는 질문들이 시작되었다. '내가 사고 이후 경험했던 모든 일이 정말 하나님이 하신 일일까? 혹시 내 절박함과 필요에서 비롯된 착각은 아닐까? 만약 하나님이 그 일들에 아무 관련이 없으시다면, 나는 그동안 무엇을 믿어온 것일까? 나의 믿음은 허상에 불과했던 걸까? 무의식적으로 나 자신을 보호하려고 하나님의 손길을 만들어낸 것은 아닐까? 무의미한 삶에 의미를, 절망 속에 희망을 부여하려는 나의 환상이 아니었을까? 혹시 마르크스가 옳았던 건 아닐까? 종교는 정말 민중의 아편인가?'

이 질문들 앞에서 내 영혼은 흔들렸고, 나는 내가 느낀 자유와 하나님의 음성마저 허상이 아닌지 두려워졌다. 나는 하나님께 묻고 또 물었다. "주님, 대답해주세요. 저는 지금 당신의 대답이 필요합니다. 선하시고 전능하신 하나님이 왜 저에게 이런 고통을 허락하셨습니까? 모든 것을 아시는 분이 왜 이 상황을 막지 않으셨습니까?" 병실 안에 있던 사람들은 몰랐다. 이불 속에서 울부짖는 나의 기도, 낮에는 침묵하지만 밤에는 두려움으로 깨어있던 나의 심정, TV 볼륨을 높여 가슴 깊은 곳에서 터져 나오는 울부짖음을 감추던 나의 절규를 말이다. 이 병실은 단순한 치료의 장소가 아니었다. 하나님과의 치열한 씨름이 벌어지는, 나의 또 다른 시험대였다.

그 밤에 나는 다시 하나님 앞에 엎드려 기도했다. 절망의 침묵을 깨고 응답해 주시길 간절히 원했다. 그때 하나님께서 내 마음에 말씀하셨다. "두려워하지 말라 내가 너와 함께 함이라 놀라지 말라 나는 네 하나님이 됨이라 내가 너를 굳세게 하리라 참으로 너를 도와주리라 참으로 나의 의로운 오른손으로 너를 붙들리라"(사 41:10).

이 구절은 내가 이미 외운 말씀이었고 위로가 되는 말씀이지만 그저 '좋은 구절'에 불과했다. 그러나 그날 밤 이 말씀은 이전과 전혀 다른 방식으로 내 영혼 깊숙이 들어왔다. 말씀이 살아서 역사한다는 것을 처음으로 이해하고 체험했다. 하나님께서 내 곁에 계신다는 사실이 단지 이론이 아닌 실제로 다가왔다. 나는 침대 가장자리, 병실의 좁은 공간에 함께하시는 그분의 임재를 느꼈다. 주님의 손길이 어둠 속에서 나를 어루만지고 그분의 목소리가 내 의심의 성을 무너뜨렸다.

그분의 말씀은 내 안의 모든 혼란과 불신을 무너뜨리는 진리였다. 마치 여리고 성벽이 무너지듯 내 안의 회의가 무너졌다. 나는 그동안 하나님께 치유만을 원했다. 마음의 위로도, 믿음의 성장도 바라지 않았다. 그저 기적을 원했다. 하지만 하나님이 주신 이 확신, "너를 도와주리라 참으로 나의 의로운 오른손으로 너를 붙들리라"라는 말씀이야말로 나의 기도보다 더 깊고 강력한 응답이었다. 육체의 회복은 없었지만 그분의 약속은 내 영혼을 다시 일으켜 세웠고 하나님의 선하심과 사랑을 신뢰하도록 내 믿음을 붙들어 주었다. 그 순간 나는 깨달았다. 내가 하나님의 의로운 오른손 안에 이미 붙들려 있으며, 비록 내가 그 손을 놓친다 해도 하나님께서 나를 놓지 않으실 것이다. 그리고 하나님께서 이 병실에서 나를 꺼

내시고 다시 생명의 강가에 옮기실 것임을 확신했다. 나는 믿을
수 있었다.

내 안에 평화가 밀려왔다. 병원을 벗어나고 싶은 마음은 여전했
지만, 그분의 말씀이 내 안에서 살아 움직이고 있다는 사실만으로
충분했다. 치유를 받는 기적을 기대했지만 그 기적이 일어나지 않
아도 나는 하나님을 믿었다. 그것이 바로 나의 기적이었다. 어쩌면
내 영혼이 더 건강하고 단단해지기 위해 필요한 기적이었을지도
모른다.

하나님의 말씀으로부터 받은 위로와 평안은 곧 감사로 이어졌
다. 나는 병원에서 훌륭한 의사와 간호사 그리고 스태프들의 보살
핌을 받을 수 있음에 감사했다. 나의 실수를 묵묵히 감내해준 분
들, 매일 병실을 청소해주는 분들, 피를 뽑고 엑스레이실로 이송해
주는 관계자분들에게도 감사했다. 매일 전화를 걸어준 친구, 매번
병실을 찾아오시는 부모님에게도 깊은 감사를 느꼈다. 그리고 무
엇보다도 이 모든 도움을 인도하신 분이 하나님이시라는 사실을
깨달았을 때, 나의 감격은 말로 표현할 수 없었다. 나는 그분께 감
사했다.

나는 분명 기도했다. 그리고 하나님께서는 내가 기대하지 않은
방식으로 응답하셨지만 나는 여전히 의문을 품었다. 그런데 어째
서 이렇게 거룩하고 위대하신 하나님이 나처럼 불성실하고, 불평
많고, 감사하지 못하는 죄인에게 자비를 베푸시는가? 왜 내 기도
를 들어주시는가? 왜 이토록 연약한 나와 함께하시는가? 내가 무
엇을 하나님께 드렸는가? 도리어 과거에 나는 그분을 모독하는 말
을 했고 기독교인이라 말하면서도 방탕하게 살았다. 나는 하나님
을 사랑한다고 말할 수조차 없는 수준인데, 그분은 나를 이렇게도
사랑하신다. 도무지 납득할 수 없는 이 사랑, 그렇다. 그 수많은 질

문 앞에서 단 하나의 단어가 모든 것을 설명했다. 은혜, 이것은 철저히 하나님의 은혜였다. 하나님의 은혜로 나는 병원에서 남은 시간을 견딜 수 있었고 마침내 퇴원을 맞이했다. 퇴원 이틀 전, 거의 3개월 만에 처음으로 샤워를 할 수 있었는데 나는 그 순간이 축복 중의 축복임을 온몸으로 느꼈다. 하늘의 의사이신 하나님이 내 영혼을 3개월 동안 깊이 치료하고 계셨다. 그 고난의 시간을 통해 그분이 이루고자 하신 목적이 만일 내 믿음을 굳건하게 하는 것이었다면, 그 목적은 충분히 완성되었다고 나는 믿는다. 그러나 그분의 신비로운 사역은 감사하게도 아직 끝나지 않았다.

병원에서 거의 3개월 만에 집으로 돌아왔을 때, 스무 장 이상의 병원 청구서가 우편함을 가득 채우고 있었다. 마치 2005년의 악몽이 다시 시작되는 듯했다. 당시 나는 감염에서 겨우 회복 중이었고, 9킬로그램 이상이 빠진 몸으로 여전히 항생제를 복용하고 있었으며, 위장관 영양 튜브에 의존하고 있었다. 하지만 이번에는 달랐다. 나는 겨자씨보다도 작은 믿음을 가지고 있었고, 그 믿음은 수많은 의심과 두려움 속에서도 다시 세워지고 있었다. 하나님께서는 그 작은 믿음을 사용하셔서서 나로 하여금 감사와 겸손으로 그분께 구하게 하셨다.

주님은 기도와 묵상 가운데 내 마음에 감동을 주셨다. 그것은 병원에서 도움을 준 사람들과 기관들에 편지를 써보라는 것이었다. 처음엔 반신반의했다. 하지만 이번에는 왠지 모르게 확신이 있었다. 하나님께서 그들의 마음을 감동시키실 거라는 믿음이었다. 그리고 설령 응답이 없더라도 그분들의 도움에 감사하는 표현은 내게 필요한 의무이자 예의였다.

나는 정성껏 편지를 썼다. 그들의 섬김에 감사하고 경제적 어려움과 장애를 안고 살아가는 나의 이야기를 나누면서, 청구된 비용을 감면하거나 할인해줄 수 있는지 요청했다. 그렇게 편지를 보낸 지 2-3주가 지났을 무렵, 수십 통의 답장이 도착하기 시작했다. 부모님과 나는 편지를 하나하나 열어보며 감격에 잠겼다. 대부분의 편지에는 "당신의 상황이 안타깝다"는 위로의 말과 함께 "청구서를 면제하겠다, 감사 표현에 깊이 감동받았다"는 답이 담겨 있었다. 심지어 60만 달러(약 8억 1천만원)에 달하는 청구서까지도 전액 면제되었다. 그때 나는 기적을 눈앞에서 보았다.

기도는 하나님과의 대화이자, 신앙의 가장 정직한 표현이다. 그러나 간절히 기도해도 응답이 오지 않을 때 우리 마음속에는 조용히 의심이 쌓이기 시작한다. '하나님께서 정말 듣고 계신가? 지금 나와 함께하시는가? 내 삶에 관심이 있으신가?' 의심이 몰려오고 우리의 믿음을 잠식하려고 한다. 그러나 성경은 오히려 의심의 시간이 하나님의 확신과 응답으로 이끄는 통로임을 보여준다. 하나님은 즉각적인 해답이 아닌 더 깊은 확신으로 우리를 이끌어 가신다.

은혜를 마주하며

고통은 하나님의 부재가 아니라 임재의 통로입니다

많은 이가 고통을 겪을 때 하나님의 부재를 의심합니다. 그러나 성경은 그분이 고통의 한가운데에서 우리와 함께하신다고 반복해서 증언합니다. 다윗왕은 고백합니다. "내가 사망의 음침한 골짜기로 다닐지라도 해를 두려워하지 않을 것은 주께서 나와 함께 하심이라 주의 지팡이와 막대기가 나를 안위하시나이다"(시 23:4). 고난이라는 사망의 골짜기에서 우리는 인간의 연약함과 죽음의 그림자를 직면합니다. 그러나 그 깊은 어둠 속에서도 하나님께서는 결코 우리를 떠나지 않으십니다. "네가 물 가운데로 지날 때에 내가 너와 함께 할 것이라 강을 건널 때에 물이 너를 침몰하지 못할 것이며 네가 불 가운데로 지날 때에 타지도 아니할 것이요 불꽃이 너를 사르지도 못하리니"(사 43:2). 본문에서 제가 경험했던 절망, 고립, 공포는 하나님께 부르짖게 했고, 그 절박한 부르짖음 속에 하나님의 임재가 비로소 더 선명해졌습니다. 고통은 그분이 숨으신 장소가 아니라 말씀하시는 자리입니다.

은혜는 자격 없는 자에게 부어지는 하나님의 전적인 선물입니다

하나님의 은혜는 인간의 공로나 도덕성, 혹은 과거의 행위와는 무관합니다. 은혜는 전적으로 하나님이 선택하신 방식으로, 자격 없는 자에게 조건 없이 부어지는 하나님의 선물입니다. 사도 요한은 다음과 같이 선언합니다. "우리가 다 그의 충만한 데서 받으니 은혜 위에 은혜러라 율법은 모세로 말미암아 주어진 것이요 은혜와 진리는 예수 그리스도로 말미암아 온 것이라"(요 1:16-17). 하나님의 은혜는 자격 없는 자, 깨어진 자, 실패한 자에게 임합니다. 인간의 조건을 따지지 않습니다. 또한 하나님의 은혜는 '준비된 사람'에게 주어지는 것이 아니라 '하나님이 사랑하시는 사람'에게 주어집니다. 그래서 선한 자격을 요구하지 않습니다. 은혜는 계산이나 교환의 영역이 아니라 전적으로 하나님 편에서 시작되고 완성되는 사랑의 행위입니다. 하나님의 은혜는 여전히 자격 없는 자들을 향해 흐르고 있으며, 어떠한 환경 속에서도 가장 유효한 하나님의 응답입니다.

기적은 항상 초자연적 현상이 아니며
하나님의 사랑을 깨닫는 일상적 사건입니다

우리는 흔히 기적을 병의 완치나 자연의 법칙을 거스르는 현상으로만 생각합니다. 그러나 성경은 하나님의 뜻과 섭리를 드러내는 일상 속 사건도 기적으로 봅니다. 예수님은 말씀하십니다. "이같이 한즉 하늘에 계신 너희 아버지의 아들이 되리니 이는 하나님이 그 해를 악인과 선인에게 비추시며 비를 의로운 자와 불의한 자에게 내려주심이라"(마 5:45). 이는 단지 기후에 관한 말씀이 아니라 하나님의 일반 은총과 섭리가 '일상 속 기적'임을 보여주는 말씀입니다. 하나님께서 기적을 베푸신 이유는 우리 안에 믿음이 생기기를 원하시기 때문입니다. 기적이 없어도 믿음을 지키는 것이야말로 진정 기적의 삶을 살아가고 있는 것입니다.

고통 가운데 하나님의 임재를 인식하는 영적 훈련을 실천해야 합니다

삶의 어려움과 병고는 하나님이 멀리 계신다는 착각을 불러일으키지만, 실제로는 그분이 가장 가까이 계시는 순간일 수 있습니다. 그 임재를 인식하려면 침묵 가운데 드리는 기도, 시편을 통한 탄식과 고백, 하나님의 이름을 부르는 기도 습관이 필요합니다. 매일 시편 23편 혹은 42편을 소리 내어 읽으며 하나님과의 동행을 고백해 봅시다. 침묵 속에 "주님, 함께 계심을 믿습니다"라는 한 문장을 반복하면서 하나님께 나아가는 시간을 가져봅시다. 이러한 훈련은 단순한 자기 위안이 아니라 현실 속에서 하나님의 존재를 인식하고 받아들이는 영적 감각의 회복입니다.

일상 속 작은 은혜들을 기록하고 기억해 봅시다

하나님의 은혜는 기적적인 치유나 극적인 응답만이 아닙니다. 병원비 감면, 한 사람의 섬김, 한 통의 전화, 맑은 물 한 잔에 느껴지는 감사 등 이 모든 것이 하나님의 손길입니다. 매일 감사노트를 작성하면서 당연하게 여겼던 은혜를 기록해 봅시다. '작지만 깊은 은혜'를 기억하며 하나님께서 나를 얼마나 세밀하게 돌보시는지 되새깁시다.

다른 이의 고통 속에 '은혜의 증인'이 됩시다

고통을 통해 받은 은혜는 나만을 위한 것이 아닙니다. 위로 받은 자는 위로하는 자가 되어야 합니다. 나의 병상 경험이나 믿음의 이야기를 필요로 하는 이들과 나눠봅시다. 병원, 교회, 혹은 공동체에 있는 아픈 이들을 방문하고 기도합시다. SNS나 편지를 통해 하나님이 어떻게 일하셨는지 기록하고 전합시다. 하나님의 은혜

는 흘러야 하며, 고통의 시간을 지나온 자들은 누구보다 깊이 있
는 위로의 언어를 지니고 있습니다. 그리고 그 언어는 누군가에게
생명을 주는 말씀이 될 수 있습니다.

💬 '은혜'라는 말은 우리의 고통 속에서 어떻게 현실이 될 수 있을까요? 고통의 순간에도 설명할 수 없는 방식으로 임하시는 하나님의 보호하심과 공급하심과 위로하심은 때때로 말로 설명하기 어려운 은혜로 다가옵니다. 은혜는 우리의 공로나 자격이 아니라 전적으로 하나님의 선하심으로 부어지는 선물입니다.

💬 나는 고통의 한 가운데서 오직 '은혜'라고 말할 수밖에 없었던 순간이나 경험이 있습니까?

💬 왜 우리는 때때로 은혜를 받아들이기보다 설명하려고 하고 그런 자격이 있는지 따지려고 할까요?

💬 하나님의 은혜는 내가 겪은 고통의 의미와 삶의 방향을 어떻게 바꾸었습니까? 은혜는 이해의 결과가 아니라 믿음으로 받아들이는 신비입니다. 때로는 가장 어두운 자리에서 가장 밝게 빛나는 하나님의 손길일 수 있습니다. 그 손길을 체험하게 되기를 바랍니다.

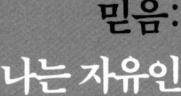

믿음:
나는 자유인

많은 사람이 하나님을 믿고 따르면서 삶의 가장 중요한 영역에 간절한 응답을 기다리고 있습니다. 특별히 몸의 치유, 관계의 회복, 삶의 전환 같은 문제들은 믿음을 더욱 간절하게 만들기도 하고, 때로는 시험에 들게 하기도 합니다. 기도는 끊이지 않지만 응답은 지연되는 듯 보이고, 믿음과 현실 사이의 간극은 점점 더 깊어집니다. 어떤 이들은 "더 거룩하게 살아야만 하나님이 응답하실 것이다"라는 생각에 사로잡히고 또 어떤 이들은 하나님의 뜻을 오해하거나 놓치기도 합니다.

　본 장은 그러한 간절함과 혼란, 오해와 깨달음의 여정을 함께 나누기 위한 이야기입니다. 어떤 갈망은 치유 자체를 넘어 하나님을 향한 갈망으로 바뀌는 과정을 경험하게 합니다. 그리고 그 과정을 통해 진정한 자유가 어디에서 오는지 새롭게 발견하게 됩니다. 혹시 여러분도 시련 속에서 자유하지 못한 채 살아가고 있지는 않습니까? 이 이야기가 하나님 안에서 참된 자유를 회복하도록 돕는 신앙의 이정표가 되기를 소망합니다.

성경을 읽고 공부하면서 나는 점점 하나님이 모든 질병, 심지어 척수 손상까지도 고치실 수 있다는 믿음에 사로잡혔다. 치유의 날이 언제 올지는 모르지만 반드시 와야 한다고 생각했다. 그래서 나는 예수님과의 여정이 완전하지는 않았지만 그분의 말씀에 순종하고 세상적인 삶과 거리를 두며 믿음을 지키려 애썼다. 믿음 속에 의심이나 오류가 있는지 끊임없이 점검하고 죄스러운 생각이 떠오르면 즉시 회개했다. 이런 식으로 나 자신을 끊임없이 심문하고 정죄하는 삶은 현대판 자학이었고, 영혼을 채찍질하는 고행이었다. 의심은 곧 불신으로 여겼다. 하나님의 치유를 불신하게 만들 수 있다고 믿었기 때문이다. 이러한 신념과 삶의 방식은 오랜 시간 지속되고 내 일상이 되었다.

내가 하는 모든 행동의 중심에는 하나님의 치유를 받기 위한 동기가 있었다. 나는 매일 기도하는 루틴을 세워두었다. 첫 번째 루틴은 하나님의 능력과 사랑을 고백하는 것이었고, 이어서 전능하신 하나님께 나의 척수 손상을 고쳐달라고 간구하는 것이었다. 이후에는 사랑의 하나님께 자비를 베풀어달라고 기도했는데, 이것은 시각 장애인 바디메오가 예수님께 자비를 구함으로 눈을 뜬 성경 이야기를 떠올리며 드리는 기도였다. 그리고 마지막 루틴은 하나님의 말씀과 약속을 그분께 상기시키듯이 암송하는 것이었다. 예를 들어 나는 이렇게 기도했다. "주 예수님, 마태복음 7장 7절에서 구하면 주신다고 하셨습니다. 비록 의사들은 나를 고칠 수 없지만, 주님은 하실 수 있음을 믿습니다. 저는 주님의 말씀에 순종하여 고침을 구합니다. 주님의 약속대로 저를 고쳐주옵소서." 하지만 오랜 시간이 지나도 아무 일도 일어나지 않았고, 나는 여전히 휠체어에 앉아 있었다. 수년간 하나님께 치유를 간구했지만 내 몸은 여전히 굳어있었다.

요한복음에는 38년 동안 걷지 못한 사람이 베데스다에서 예수님의 말씀으로 치유 받고 일어나는 장면이 있다. "예수께서 이르시되 일어나 네 자리를 들고 걸어가라 하시니"(요 5:8). 또한 예수님이 이렇게 말씀하신 적도 있다. "너희가 내 안에 거하고 내 말이 너희 안에 거하면 무엇이든지 원하는 대로 구하라 그리하면 이루리라"(요 15:7). 그렇다면 나 역시 30년을 기다려야 예수님이 일어나 걸으라고 말씀하시는 걸까? 또한 나는 더 많은 성경을 외워야 하나 고민되었다. 얼마나 많은 말씀을 마음에 품어야 할까? 백 구절? 천 구절? 그런데 어떤 경우에는 예수님이 단지 긍휼히 여기시는 마음만으로 병자를 고치기도 하셨다. "예수께서 나오사 큰 무리를 보시고 불쌍히 여기사 그중에 있는 병자를 고쳐주시니라"(마 14:14). 그렇다면 나의 고통은 하나님이 긍휼히 여기시기에 충분하지 않은 걸까? 그분의 관심을 받기 위해 더 아파야 하는 건가? 목이 쉬도록 더 울부짖어야 하나? 왜 나를 고쳐주지 않으시는가? 나는 할 수 있는 모든 것을 다 했다. 감사하는 마음이 들지 않아도 감사하고 슬픈 마음으로도 찬양하며, 하나님의 말씀과 약속을 붙들고 믿음을 더욱 굳건히 하려 애썼다.

그러나 기도가 응답되지 않는 시간들을 돌아보며 나는 깊은 내적 고민에 빠졌다. 하나님이 전능하신 분이고 사랑과 긍휼이 많으시다면 왜 나를 고치지 않으시는가? 혹시 하나님의 능력이 성경 시대 이후 약해진 것인가? 만약 그렇다면 기적 집회나 TV 속 치유의 기적들도 불가능할 것이고, 죄인을 구원하거나 마지막 날에 세상을 심판하러 다시 오시는 것도 불가능할 것이다. 하나님께서 전능하지 않으시다면 나의 구원과 영생도 무너질 수밖에 없다. 그것은 생각하고 싶지 않은 시나리오였다.

TV 속 설교자들의 말이 떠올랐다. "예수님은 치유자이십니다. 그분은 여러분을 고치기 원하십니다. 예수님은 더 많은 기적을 일으키기 원하시지만 여러분의 믿음이 부족해 그것을 막고 있습니다." 그들은 "그들이 믿지 않음으로 말미암아 거기서 많은 능력을 행하지 아니하시니라"(마 13:58)와 같은 구절을 인용하여 "우리의 믿음이 약하기 때문에 하나님께서 응답하지 않으신다"고 말했다. 그들의 가르침은 성경적으로 틀리지 않은 듯 보였고, 신학적으로도 반박하기 어려웠다. 그러니 문제가 있다면 하나님이 아니라 나일 수밖에 없었다. 나의 작은 믿음이 하나님의 마음을 움직이지 못한 것일 테다. 하나님께 질문을 던지는 것조차 죄로 여겨지고 회개해야 할 일이었다. 하나님은 약하지 않으시고 틀릴 수 없다. 그렇지 않다면 지금까지 내가 바쳐온 모든 것이 무의미해지고 나의 모든 수고는 허사가 된다. 나는 그 순간 하나님께 등을 돌릴 수 없었다. 너무 멀리 왔기 때문이다.

그러던 어느 날이었다. 내 마음속에서 하나님의 음성이 들려오기 시작했다. "내가 너를 고치지 않더라도 너는 여전히 나를 사랑하겠니?" 처음에는 무시하려 했지만 또다시 들려왔다. "내가 너를 고치지 않더라도 너는 여전히 성경을 읽고 말씀을 암송하겠니?" 나는 그 질문들이 사탄의 소리라고 생각했다. 자비롭고 전능하신 치유의 하나님께서 이런 터무니없는 질문을 하실 리 없다고 생각했다. 하나님께서는 반드시 나를 고치실 것이다. 문제는 '그분이 고치실까'가 아니라 '언제 고치실까'였다. 그분은 하셨고, 하실 수 있고, 반드시 하셔야 한다. 그런데 그 음성이 내 안에서 며칠, 몇 주 동안 머물렀고 점점 더 선명하고 크게 들려왔다. 그것은 하나님께서 나에게 하신 질문이고, 나는 반드시 대답해야만 했다. 그러나 나는 그 질문에 대답할 수 없었다. 대답하고 싶지 않았다. 나는 치유 받기를 원했다. 새 삶을 시작하고 싶었다. 하나님께서 나를 치유하셔서 전 세계를 다니며 그분의 기적을 증언하고, 믿지 않는 자들에게 살아 계신 하나님을 전하는 복음 전도자가 되기를 꿈꿨다. 그것이 하나님의 계획이라고 믿었다. 그런데 이제 하나님께서 나의 계획이 그분의 계획은 아니라고 말씀하신다. 동시에 이 질문들이 바로 그토록 오랫동안 기도한 것에 대한 하나님의 응답이라는 사실을 알게 되었다. 나는 그 응답이 나에게 있어 대답할 수 없고 하고 싶지 않은 질문으로 돌아올 것이라고는 전혀 예상하지 못했다.

다시 움직일 수 있기를 원했는가? 물론이다. 부모님과 함께 산책하고 싶었다. 스스로 일어나 샤워하고, 침대를 정리하고, 일상을 시작하고 싶었다. 특별한 걸 바란 것이 아니다. 단지 평범한 삶, 다른 사람들이 누리는 기본적인 삶을 원했을 뿐이다. 내가 치유받지 못한다면 어떻게 살아야 할지 몰랐다. 부모님이 나이가 들었을 때 내가 보살피고 싶었다. 나에게는 하나님의 치유가 필요한 수많은 이유가 있었다. 그런데 하나님께서 이제 내가 수년간 구해왔던 그 치유, 가장 소중하게 여겼던 그것을 포기하라고 하신다. 그분의 마지막 질문은 결국 이것이었다. "너는 치유보다 나를 더 사랑하니? 너는 치유보다 나를 선택할 수 있겠니?"

그 후 어느 날 아침에 성경을 읽고 기도하며 하나님의 질문에 대해 묵상하고 있을 때 내 안에서 무언가가 느껴졌다. 심장이 빠르게 뛰고 가슴이 조여오는 듯한 느낌이 들고 체온과 혈압이 올라가는 것 같았다. 온몸에 전율이 흐르고 긴장이 감돌았다. 심장마비가 이런 느낌일까 싶을 정도로 강렬했다. 그리고 그때, 하나님이 다시 질문하셨다. 여전히 나는 장애와 함께 살아가는 것이 두려웠고 걷고자 하는 꿈을 놓을 수 없었다. 그런데 그분이 부드럽고 따뜻한 음성으로 내게 말씀하셨다. "내가 너의 손과 발이 되어 주마." 그 순간, 나는 성령이 주시는 평안과 확신으로 이렇게 고백했다. "주님, 저는 여전히 걷고 싶습니다. 주님이 고치실 수 있음을 믿습니다. 하나님께서 아들을 내어주셨듯이 저도 이 부서진 몸을 주님께 드립니다. 의사들은 절대 다시 걷지 못할 것이라 했지만, 주님이 고치지 않으셔도 저는 평생 주님을 따르겠습니다. 제 가족과 저를 돌봐주세요."

그 고백이 끝나자마자 가슴을 짓누르던 중압감과 긴장감이 사라졌다. 마음이 녹아내리는 듯한 평안을 느꼈다. 마치 내 몸을 짓누르고 있던 수많은 짐이 떨어져 나간 느낌이었다. 평생 느껴보지 못한 고요함과 자유를 경험했다. 이윽고 눈물을 흘리며 눈을 떴을 때, 무언가 초자연적이고 신비한 체험이 이어질 줄 알았다. 예언이나 치유의 은사를 받을 것 같은 기대도 있었다. 그러나 그런 일은 일어나지 않았다. 대신 '치유 받아야 한다'는 강박에서의 자유, 내가 설정해 놓은 방식으로 응답되어야 한다는 기도의 틀에서 벗어나는 자유가 찾아왔다.

그날 이후 하나님께서는 내 눈을 서서히 열어주셔서 여러 목사님의 '믿음과 치유'에 대한 가르침이 성경적이지 않다는 사실을 깨닫게 하셨다. 그동안 나는 '믿음'을 하나님으로부터 내가 원하는 것을 얻어내는 도구로 여겼고 그로 인해 그분과의 관계는 점점 치유라는 결과 중심으로 흘러가고 있었다. 기적을 외치며 하나님께 부르짖으면서 마치 그분을 요술램프의 지니처럼 대했고, 간절히 기도하고 고백하면 하나님께서 내 소원을 들어주셔야 한다고 믿었다. 기도 속에서는 하나님이 주님이셨지만, 실상은 내가 주인처럼 행동하며 하나님께 명령하고 있었다. 하나님이 응답하지 않으시면 그분의 존재 자체를 부정하고 떠나려 했던 것이 나의 마음이었다. 어쩌면 나는 예수님을 인질로 삼아 성령 하나님을 협상 도구로 이용하여 하나님께 내 필요를 요구하고 있었는지도 모른다. 하나님께서 내 기도에 응답하지 않으시면 그분은 더 이상 선하고 사랑이 많은 분이 아니라는 논리에 스스로를 가두고 있었다. 결국 나는 하나님보다 내 욕망을 더 높였고, 내 욕망은 나의 우상이 되었다. 하나님과 믿음조차 내가 다시 걷기 위한 수단으로 전락시켜 버린 것이다.

이 시기에 나는 비로소 내 삶의 목적이 하나님의 영광이라는 사실을 마음 깊이 받아들이게 되었다. 릭 워렌(Rick Warren) 목사님의 《목적이 이끄는 삶》이 설명하는 '인간의 존재 목적은 하나님의 영광을 위함'이라는 메시지가 내 심령 깊은 곳에 스며들기 시작했다. 바울은 이렇게 고백한다. "그런즉 너희가 먹든지 마시든지 무엇을 하든지 다 하나님의 영광을 위하여 하라"(고전 10:31). 그렇다. 내가 어떤 상황에 있든, 어떤 욕구가 채워지지 않든 나는 하나님의 영광을 위해 살아야 하는 존재다. 내가 장애인이든 아니든 간에 그분의 자녀로서 하나님을 사랑하고, 예수님이 나를 사랑하신 것처럼 다른 이들을 사랑하며 살아야 한다.

나는 여전히 걷기를 원하고 지금도 하나님께서 능히 나를 고치실 수 있다는 믿음을 잃지 않았다. 부모님의 어깨를 주무르고 음식을 만들어 드리고 약을 챙겨드리면서 그 희생에 보답하고 싶다. 하나님과 부모님 그리고 내 삶에 사랑을 베풀어준 많은 사람과 공동체에 보답하고 싶다. 하지만 이제는 그 치유가 내 믿음의 조건은 아니다. 하나님께서 나를 고치지 않으셔도 나는 여전히 하나님을 사랑할 수 있다. 손과 발이 움직이지 않아도 예수님을 나의 주님, 나의 구세주로 고백할 수 있다.

나는 휠체어를 타고도 예수님을 따를 수 있다. 내가 하나님 안에서 이미 받은 것이 치유나 매일의 고통보다 훨씬 더 크고 소중하기 때문이다. 하나님과의 관계는 번영이나 행복, 건강보다 훨씬 위대하다. 물론 나는 여전히 그것들을 위해 기도하고, 때로는 그것이 없음에 대해 하나님께 원망도 한다. 그러나 그 속에서도 나는 그분을 붙들고 있다. 물론 하나님에 대한 나의 사랑은 완전하지 않다. 바람이 불 때마다 이리저리 흔들리는 나약한 사랑이다. 그러나 나는 안다. 바람의 세기와 상관없이 하나님께서 의로운 오른손으로 붙드시고, 전능하신 손으로 강하게 하시며, 못박히신 손으로 나를 위로 하신다는 것을 말이다.

나는 지금 예수님과 함께 휠체어를 타고 있다. 그리고 남은 인생 동안도 그분과 함께 탈 것이다. 결국 나는 영원히 주와 함께 걸을 것이다. 만약 장애를 지닌 채 고통 속에서 주님과 동행하는 것이 나의 부르심이라면, 나는 그것을 나의 십자가로 받아들이고 주님을 따를 것이다. 왜냐하면 주님이 나와 함께 그 십자가를 지고 가시기 때문이다.

나는 예수님을 선택할 수 있다. 비록 그 길에 치유가 없어도, 움직일 수 없어도, 그 무엇도 나의 선택을 막을 수 없다. 왜냐하면 나는 자유인이기 때문이다.

믿음은 거래가 아니라 관계입니다

많은 이가 하나님과의 관계를 '주고받는 조건'으로 오해합니다. 우리가 하나님께 믿음을 드리면 그에 상응하는 응답이 반드시 돌아와야 한다는 기대는 흔한 착각입니다. 성경은 믿음을 단순히 응답을 얻기 위한 수단으로 제시하지 않습니다. 믿음은 하나님과 맺는 인격적 신뢰 관계입니다. 히브리서는 이렇게 말씀합니다. "믿음이 없이는 하나님을 기쁘시게 하지 못하나니 하나님께 나아가는 자는 반드시 그가 계신 것과 또한 그가 자기를 찾는 자들에게 상 주시는 이심을 믿어야 할지니라"(히 11:6). 하나님을 믿는다는 것은 단순히 그분의 존재를 인정하는 것이 아니라 그분의 성품과 뜻을 신뢰하는 것을 의미합니다. 물론 성경에는 하나님께서 믿는 자에게 상 주시고 응답해 주신다고 약속한 경우들도 있습니다. 그러나 동시에, 믿음의 사람들 중에는 끝내 이 땅에서 응답을 받지 못한 이들도 적지 않습니다. 히브리서 11장 후반부에 나오는 신앙의 선진들은 약속을 끝까지 바라보며 살았지만 그 완성을 생전에 보지 못했습니다. 결국 참된 믿음은 하나님을 조종하거나 어떤 결과를 얻어내기 위한 도구가 아니라 하나님의 선하심을 신뢰하고 그분의 뜻에 순종하는 삶의 태도입니다. 하나님이 주셔도 아멘, 주지 않으셔도 아멘으로 화답할 수 있는 이유는 우리가 이미 하나님과의 인격적 관계 안에 있기 때문입니다.

진정한 자유는 예수님 안에 있습니다

이 자유는 세상이 말하는 자율이나 방종이 아닙니다. 죄와 사망의 권세로부터 해방된 참된 자유입니다. 바울은 이렇게 선포합니다. "그리스도께서 우리를 자유롭게 하려고 자유를 주셨으니 그러므로 굳건하게 서서 다시는 종의 멍에를 메지 말라"(갈 5:1). 우리는 더 이상 율법이나 육체의 정욕, 세상의 기준에 얽매이지 않고 오직 하나님의 은혜와 사랑 안에서 살아갑니다. 로마서 8장도 말씀합니다. "이는 그리스도 예수 안에 있는 생명의 성령의 법이 죄와 사망의 법에서 너를 해방하였음이라"(롬 8:2). 이 자유는 단순히 죄를 짓지 않는 능력만을 의미하지 않습니다. 하나님을 온전히 사랑하고 그분의 뜻 안에서 기뻐하며 살아갈 수 있는 새로운 삶의 방향과 목적을 우리에게 제시합니다. 그리스도 안에서 우리는 더 이상 무엇을 얻기 위해 살아가는 존재가 아니라, 이미 주어진 하나님의 사랑 안에서 살아가는 존재입니다. 진정한 자유는 하나님의 뜻에 복종하는 데서 시작됩니다. 이는 역설처럼 보일 수 있지만, 주님의 주권 아래 거할 때 우리는 인간으로서 가장 자연스럽고 충만한 삶을 살아가게 됩니다.

하나님과의 관계 자체가 최고의 선물입니다

우리가 구하는 기도의 응답보다 더 중요한 것은 하나님입니다. "하늘에서는 주 외에 누가 내게 있으리요 땅에서는 주밖에 내가 사모할 이 없나이다 내 육체와 마음은 쇠약하나 하나님은 내 마음의 반석이시요 영원한 분깃이시라"(시 73:25-26). 또한 바울도 '육체의 가시'가 제거되지 않았지만, 그 고통 속에서 하나님의 은혜가 족하다고 고백합니다. "나에게 이르시기를 내 은혜가 네게 족하도다 이는 내 능력이 약한 데서 온전하여짐이라 하신지라 그러므로 도리어 크게 기뻐함으로 나의 여러 약한 것들에 대하여 자랑하리니 이는 그리스도의 능력이 내게 머물게 하려 함이라"(고후 12:9). 하나님은 우리의 고통을 면제해주시기 때문에 선하신 분이 아니며 우리의 고통 가운데 함께 하심으로 참된 위로와 능력이 되십니다. 하나님은 우리의 치유자이실 뿐만 아니라 우리의 동행자, 보호자, 사랑하는 아버지이십니다. 기도의 궁극적인 목적은 무엇을 얻는 것이 아니라 하나님을 더 깊이 아는 것입니다.

하나님과의 관계에 중심을 두고 기도해야 합니다

기도의 본질은 하나님을 더 깊이 알아가고 그분을 우리의 기쁨으로 삼는 데 있습니다. 하나님이 주시는 응답보다 그분이 우리의 만족과 기쁨이 되어야 합니다. 오늘 하루, 하나님께 드리는 기도의 내용을 돌아보며 그분과의 친밀함에 초점을 맞춘 기도를 실천해 보기를 바랍니다.

'치유'보다 '하나님'을 붙들어야 합니다

하나님의 선하심은 우리가 기대하는 방식으로 그분이 응답하실 때만 드러나는 것이 아닙니다. 하나님께서는 고통 가운데 있는 우리와 함께하시고 그분의 뜻은 항상 선합니다. 우리가 삶에서 가장 소중하게 여기는 것 하나를 그분께 드리는 결단을 해봅시다. 그것이 바로 참된 예배입니다.

그리스도 안에서 주어진 자유를 누리며 살아갑시다

그리스도가 주신 자유는 단순히 죄로부터의 해방만이 아니며 새로운 목적과 방향을 주는 능력입니다. 오늘 하루 죄책감이나 자기 공로에 얽매이지 말고 이미 우리에게 주어진 하나님의 사랑 안에서 자유롭게 살아가길 바랍니다. 그리고 그 자유를 통해 다른 이들을 섬기고 하나님을 기쁘시게 하는 삶을 실천합시다.

13일 : 믿음_나는 자유인

💬 하나님 안에서 자유롭다고 말하면서도 여전히 과거의 죄책감이나 상처에 붙잡혀 있지는 않습니까? 많은 이가 '나는 자유인'이라고 고백하면서도 여전히 과거의 실패나 수치, 타인의 기대 혹은 자기 비난 속에 머물러 있습니다. 그러나 하나님께서는 우리를 과거가 아닌 그분의 시선과 사랑으로 새롭게 정의하십니다

💬 하나님의 말씀과 시선으로 나를 바라볼 때, 내 안에는 어떤 변화가 시작될 수 있습니까?

💬 나는 누구입니까? 하나님이 부르신 이름으로 살아가는 새 사람입니까? 진정한 자유는 외적인 조건의 해방이 아니라 내면 깊은 곳에서 하나님의 진리로 나를 다시 정의하는 데서 시작됩니다.

섭리:
우연이라 쓰고 섭리라고 읽는다

우리의 삶에는 때때로 설명할 수 없는 일들이 일어납니다. 마치 미세한 바람결에 흔들리는 나뭇잎처럼 아주 작은 선택과 우연한 만남이 인생의 방향을 바꿔놓기도 합니다. 어떤 날은 그것이 단순한 우연처럼 보이지만, 또 어떤 날은 하나님의 손길처럼 느껴지기도 합니다. 과연 그것은 단순한 '우연의 일치'일까요, 아니면 모든 것을 아시는 하나님이 미리 준비하신 '섭리'일까요?

이 장은 바로 그 질문에서 시작됩니다. 갑작스러운 발병과 수술, 예기치 못한 만남과 지원 그리고 절묘한 타이밍의 공급 등의 모든 사건은 처음에 혼란과 두려움 속에 던져졌지만, 시간이 흐를수록 하나의 이야기로 엮이기 시작했습니다. 하나님은 혼돈 속에서도 질서를 세우시고 고통 속에서도 은혜의 길을 여시는 분입니다. 이 이야기는 저의 삶 속에서 경험한 '우연'의 순간들이, 실상은 하나님의 치밀하고도 자상한 섭리 아래 있었음을 깨닫게 되는 여정입니다. 각 장면은 단순한 에피소드가 아니라 하나님의 임재와 인도를 증언하는 소중한 흔적들입니다. 그 가운데서 저는 하나님의 신실하심을 발견했고, 그분의 사랑이 얼마나 정교하고 인내심이 깊은지를 배워갔습니다.

내가 크레이그 병원에서 퇴원한 2005년 봄에 '콜로라도 저소득층 의료 지원 프로그램'(CICP)이 기적처럼 다가왔다. 퇴원 2주 전 루시는 나에게 CICP 카드를 신청하라고 권유했었다. 이후 나는 우중충한 날씨에 외출하기 싫었지만, 아버지가 반드시 직접 가야 한다며 나를 설득하셨다. 그날 우리는 휠체어에서 일반 차량으로 옮겨 타는 매우 번거로운 과정을 겪으며 힘겹게 병원에 갔다. 신청 절차는 간단했고 나는 완벽한 자격 요건을 갖추고 있었다.

그 후 퇴원 후 5일이 지났을 때 내 오른쪽 허벅지가 왼쪽보다 부어올라서 다시 병원에 입원하게 되었다. 진단 결과는 깊은 정맥 혈전증(DVT)이었고, 즉시 수술이 결정되었다. 나는 하대정맥(IVC)에 필터를 삽입하는 처치를 받은 후 다시 병원비 걱정을 안고 기도할 수밖에 없었다. CICP 카드가 병원비까지 커버하는지 확신할 수 없었기 때문이다. 그렇게 나는 일주일간 병원에 다시 입원하게 되었다. 그리고 퇴원하는 날, 사회복지사는 내게 CICP 카드와 함께 병원비 서류를 건넸고 나는 두 눈을 의심했다. 전체 병원비가 7만 5천 달러(약 1억원)였는데, 내가 실제로 부담해야 할 금액은 단 100달러(약 14만원)에 불과했다. 아버지와 나는 감격에 겨워 서로를 바라보며 고개를 저었다. 하나님께서 이 모든 과정을 미리 준비하신 것이다.

2009년에는 식도 수술을 위해 스웨디시 병원에 입원한 적이 있었다. 그곳에서는 활동지원사가 침대 목욕을 도와주었다. 그러던 어느 날, 그가 내 왼쪽 종아리를 씻던 중 피부 위에 점처럼 보이는 길고 좁은 검은 흔적을 발견했다. 그는 그곳을 손으로 눌러보며 "이곳이 아픈가요?"라고 물었지만, 나는 통증을 느끼지 못했고 단지 압력만 느껴졌다. 그는 그것이 위험할 수도 있다고 판단한 뒤 전문의에게 보고했다. 그날 저녁, 전문의가 병실로 와서 정밀검사를 하고 다음 날 의사가 찾아왔다. 의사는 그것이 욕창의 형태이고 즉시 치료하지 않으면 뼈까지 침투할 수 있다는 사실을 전해주었다. 종아리가 항상 휠체어의 금속 지지대에 닿아 있기에 욕창이 발생한 것이다. 의사는 즉시 그 부위를 들어내는 수술이 필요하다고 말했다. 그리고 며칠 뒤 나는 다시 수술대에 올랐다. 이후 감사하게도 수술은 잘 끝났고, 욕창이 뼈까지 침투하지 않아 치명적인 감염이나 절단의 위험에서 벗어날 수 있었다. 만약 그 활동지원사가 그날 그 부위를 발견하지 못했다면, 나는 또다시 심각한 감염으로 고통을 겪거나 절단이라는 끔찍한 상황을 맞이할 수도 있었을 것이다.

그 순간 문득 한 생각이 머리를 스쳤다. '혹시 하나님께서 내 식도를 곧바로 치유하지 않으신 이유는 퇴원 전에 이 욕창을 미리 발견하고 치료하게 하시려는 뜻이 아니었을까?' 여러 가지 생각이 마음속에 떠올랐다. 단순한 우연의 일치였을까? 하지만 그 어떤 이유이든 간에 이 사건 또한 분명 하나님의 은혜였다. 때마침 그 병원에 입원해 있었고, 바로 그 시점에 욕창이 발견되었으며, 필요한 수술이 지체없이 이루어졌다. 이 일련의 '우연'은 결코 우연이라 부를 수 없는 일들이었다. 나는 그 욕창을 전혀 느끼지도, 보지도 못했기에 만약 집에서 발견되었더라면 또다시 긴 고통의 시간을 지나야 했을 것이고, 이번에는 회복조차 장담할 수 없었을지도 모른다.

또한 내가 스웨디시 병원에서 3개월 간 입원을 마치고 퇴원한 지 일주일쯤 됐을 때였다. 이번엔 아버지의 건강에 문제가 생겼다. 어딘가 모르게 어색하고 부자연스러운 아버지의 웃음 그리고 그 뒤에 감춰진 불안을 우리는 느낄 수 있었다. 사실 2008년부터 아버지는 종종 장에 불편함을 호소하셨고, 할아버지가 2003년 대장암을 진단받아 2007년에 돌아가신 가족력도 있었기에 우려가 컸다.

장애를 지닌 나로 인하여 이미 어려운 삶을 살아가고 있는 우리 가족이었기에 만약 아버지마저 암이라는 큰 병을 앓게 된다면 그 충격은 감당하기 어려운 상황이었다. 가정 전체에 심각한 문제가 되고, 특히 어머니에게는 그 고통이 더욱 클 것이었다.

우리는 기도부터 시작했다. 그리고 얼마 지나지 않아 CICP를 통해 도움을 줄 수 있는 사람을 만나게 되면서 아버지는 생애 처음으로 대장내시경을 받게 되었다. 결과를 기다리는 시간은 마치 몇 달처럼 길고 두려웠다. 우리는 가족 전체의 삶이 다시 무너질 수도 있다는 두려움에 떨며 하나님께 간절히 매달렸다. 이후 검사 결과에서 대장에 큰 종양이 발견되었고 크기로 보아 암일 가능성이 높다고 했다. 조직검사와 CT 촬영을 통해 다른 부위로 전이되었는지 확인해야 한다고 했다. 나는 다시 눈물이 났다. 이미 어느 정도 암일 것이라 예감하고 있었지만, 막상 의사의 입을 통해 듣게 되자 그 충격은 이루 말할 수 없었다. 나는 아버지에게 전화해 그 사실을 전했다. "아버지, 대장에서 골프공 크기의 종양이 발견되었는데 아직 결과는 안 나왔지만 암일 수도 있대요." 내 목소리는 떨렸고, 아버지는 그 말을 알아차리신 듯 조용히 말씀하셨다. "그래, 암일 수도 있겠지. 걱정 마. 우리가 함께 이겨내자." 아버지의 목소리 뒤에는 담담함과 함께 억눌린 슬픔이 배어있었다. 나는 울먹이며 대답했다. "네, 하나님과 함께라면 이겨낼 수 있어요."

어머니에게도 이 사실을 전했을 때 어머니는 오히려 담대했다. 그리고 놀라운 평안으로 우리를 감싸 안으며 흔들리지 않는 믿음으로 말하셨다. "두려워하지 말자. 우리가 인내하고 믿음으로 이겨내면 하나님께서 반드시 길을 여실 거야." 어머니는 아버지 옆에서 기도하며 마음을 붙들었고, 나에게는 울지 말고 끝까지 하나님을 신뢰하자고 다독여 주셨다. 어머니의 믿음이 가정 전체를 떠받치고 있었다.

며칠 후 아버지의 CT 검사 결과가 나왔다. 다행히 전이되지 않은, 비교적 비활성화된 암이었다. 우리는 안도의 한숨을 내쉬며 하나님께 눈물로 감사와 찬양을 올려드렸다. 그 순간, 우리의 마음은 마치 죽음의 골짜기 끝에서 생명의 빛을 마주한 것처럼 벅찬 감격으로 물들었다. 또한 이후 CICP로부터 수술 및 치료 비용 전액을 지원받을 수 있다는 연락도 받았다. 그들에게 5만 달러(약 6천 7백만원)의 펀드가 있었는데, 그 금액은 아버지의 수술과 회복에 필요한 정확한 금액이었다. 우리는 감사와 감격에 말을 잇지 못하고 서로를 부둥켜안았다. 하나님께서 모든 것을 정확하게 예비해 주셨다는 확신이 들었다.

내가 루시에게 이 사실을 알리자, 그녀는 크레이그 병원에 연락해서 아버지의 수술 기간에 나를 돌볼 간병인을 세 명까지 지원해 줄 수 있게 조치해 주었다. 그래서 아버지가 수술 후 회복하는 동안 나는 새로운 간병인들과 함께하며 감사함 속에 지낼 수 있었다. 그들은 아침, 오후, 저녁에 각각 정해진 역할에 따라 나를 도와주었고, 나는 다시 한번 아버지의 헌신과 사랑을 깨닫게 되었다.

나는 사고 이후 크레이그 병원을 통해 루시를 만났고, 그녀에게서 많은 도움을 받았다. 하나님께서는 그녀를 통해 장학금, 지원금, 휠체어, CICP 카드, 집 개조, 학교와 이민 비자 추천서 등 나의 필요를 채워주셨다. 비록 미국 시민권이 없어 시민권이 있는 장애인만큼 정부의 도움을 받지는 못했지만, 하나님 나라 시민권이 있었기에 밤에는 불기둥 낮에는 구름기둥으로, 또 때로는 까마귀를 통해 필요를 채움받았다.

루시는 분명 나를 도와줄 의무가 전혀 없었다. 내가 그녀에게 돈을 지불한 것도 아니었다. 그녀는 단지 자신에게 아들이 셋 있는데, 나와 비슷한 또래여서 우리 가족을 돕고 싶은 마음이 생겼다고 했다. 그런 사람을 크레이그 병원에서 만나게 된 것이다. 이러한 관계를 아는 한 간호사는 나에게 말했다. "하나님께서 너에게 천사를 보내주신 거야." 그렇다. "나의 하나님이 그리스도 예수 안에서 영광 가운데 그 풍성한 대로 너희 모든 쓸 것을 채우시리라"(빌 4:19)라는 바울의 고백이 우리 가정의 고백이 되었다.

하나님께서 우리에게 주신 공급과 타이밍은 완벽했다. 병원비 감면, 욕창 발견의 시기 그리고 적절한 간병인과 루시와의 만남 등은 그분의 뜻과 섭리 아래 놓여있었다. 이 모든 사랑과 은혜의 사건들 앞에서 나는 더 이상 하나님을 의심할 수 없었다. 이쯤 되면 뒤돌아설 수 없는 길이었다. 나의 길은 주님과 함께하는 길이었고 내 삶은 이제 오직 은혜의 길 위에 서 있었다.

이것들은 단지 일부 이야기일 뿐이다. 단순한 우연의 일치처럼 보이지만, 실상은 하나님의 섭리 아래서 일어난 수많은 이야기 가운데 하나일 뿐이다. 하나님은 우연이라는 이름 뒤에 숨어계신 분이 아니다. 그분은 가장 필요한 순간에 가장 정확한 방식으로 우리를 붙드시고 이끄신다.

하나님의 섭리는 모든 사건을 통해 역사합니다

우리는 인생을 살아가며 수많은 사건과 만남을 경험합니다. 그 가운데 어떤 일은 너무나 절묘해서 '우연의 일치'처럼 보이기도 합니다. 그러나 성경은 모든 일에 하나님의 주권과 섭리가 존재함을 선포합니다. 이는 창조 후 세상에 대한 하나님의 무관심이나 방임이 아닌 끊임없는 간섭과 인도하심을 뜻합니다. 성경은 기적적인 사건뿐만 아니라 일상의 모든 일을 통해 하나님께서 그분의 뜻을 이루신다고 말씀합니다. 인간이 보기에 평범하거나 심지어 불행해 보이는 일조차 하나님의 계획 안에서 사용됩니다. "사람의 마음에는 많은 계획이 있어도 오직 여호와의 뜻만이 완전히 서리라"(잠 19:21). 이 말씀은 하나님께서 크고 작은 사건 가운데 그분의 목적을 이루신다는 신앙고백입니다. 하나님께서는 인간이 예상하지 못하는 방식으로도 일하십니다. 그분의 손길을 지나치게 과민하게 해석하는 것은 조심해야 하지만, 그분의 역사하심 자체를 외면해서는 안 됩니다.

하나님의 섭리는 때에 맞는 공급으로 나타납니다

하나님의 섭리는 단지 방향을 제시하는 데 그치지 않고, 삶의 구체적인 필요를 채우는 방식으로도 드러납니다. 성경은 하나님에 대하여 '때를 따라 돕는 은혜'를 베푸시는 분으로 묘사합니다. "그러므로 우리는 긍휼하심을 받고 때를 따라 돕는 은혜를 얻기 위하여 은혜의 보좌 앞에 담대히 나아갈 것이니라"(히 4:16). 예기치 않은 순간의 만남, 필요한 때의 공급 그리고 이해할 수 없는 우연 가운데 우리는 하나님의 자상하신 배려를 경험하게 됩니다. 이러한 은혜는 단지 물질적인 필요를 넘어 존재 자체를 붙들어 주시는 하나님의 돌보심입니다.

하나님의 섭리는 우리의 믿음을 성숙하게 만듭니다

섭리는 단지 외적인 상황을 변화시키는 도구가 아니고 내적인 성숙을 위한 하나님의 수단입니다. 때로 우리는 이해할 수 없는 우연과 고난 속에서 하나님을 더 깊이 신뢰하고 그분의 인도하심을 체험하게 됩니다. "내 형제들아 너희가 여러 가지 시험을 당하거든 온전히 기쁘게 여기라 이는 너희 믿음의 시련이 인내를 만들어내는 줄 너희가 앎이라"(약 1:2-3). 그리스도인의 삶은 종종 하나님의 뜻을 명확히 알 수 없는 길을 걸어가는 여정입니다. 그러나 바로 그 모호함 속에서 믿음이 정련되고 섭리의 실재는 더욱 강하게 드러납니다. 기독교 신앙은 단순한 운명론이 아니라 인격적이고 신실하신 하나님이 세밀하게 역사하신다는 섭리의 신앙입니다. 일상의 '우연한 일치'처럼 보이는 순간에도 우리는 하나님의 깊고 오묘한 계획을 볼 수 있어야 합니다. 오늘 우리에게 필요한 것은 사건 너머에 있는 하나님의 손길을 바라보는 영적인 눈입니다.

매일의 삶을 '하나님의 손길'로 해석해야 합니다

우리의 일상 속에서 마주하는 수많은 사건과 만남은 단순한 우연이 아닐 수 있습니다. 작은 일에도 하나님의 섬세하신 손길이 있을 수 있음을 기억합시다. 하루를 마감하며 '오늘 하루의 사건 중

하나님의 인도하심은 무엇이었는가?'를 묵상하고 기록해 봅시다. 믿음은 해석에서 시작되고 해석은 하나님의 시선으로 삶을 바라보는 연습에서 길러집니다.

예기치 않은 상황 속에서도 기도하며 기다려야 합니다

하나님의 섭리가 언제나 우리의 시간표와 일치하는 것은 아닙니다. 그러므로 불확실하고 두려운 상황 가운데 있을 때, 우리는 먼저 기도하고 기다려야 합니다. 기도는 상황을 바꾸는 것이 아니라 우리 안에 하나님의 뜻을 받아들일 준비를 하게 합니다. 인내의 시간은 섭리를 이해하는 시간이 되기도 합니다.

섭리의 증언자가 되어야 합니다

하나님의 섭리는 단지 개인의 위로에 그치지 않고, 공동체를 향한 하나님의 은혜의 통로로 확장되어야 합니다. 내가 경험한 하나님의 인도하심과 공급하심을 나눠봅시다. 간증을 통해 다른 사람들에게 믿음의 용기를 불어넣고, 섭리를 함께 해석하는 공동체를 이뤄갑시다. 믿음의 이야기는 흘러갈 때 더욱 깊어지고 강해집니다.

💬 하나님의 섭리를 믿는 신앙은 우리의 '해석'을 어떻게 바꿉니까? 같은 사건을 놓고도 어떤 이는 불운이라 여기고, 다른 이는 하나님의 간섭이라고 고백합니다. 섭리를 믿는다는 것은 단순히 좋은 결과를 보는 것이 아니라 현재의 고난 속에서도 하나님의 목적을 신뢰하는 해석의 훈련입니다.

💬 나는 현재 이해되지 않는 고난 속에서 하나님의 섭리를 믿고 해석하려고 노력합니까? 만일 하나님의 섭리가 나의 모든 시간과 장소에 함께하고 있다면 나는 어떤 태도로 오늘을 살아야 합니까?

💬 내가 속한 신앙 공동체는 내 삶의 이야기에 대해 어떻게 해석합니까? 정죄합니까, 아니면 함께 해석을 도와줍니까? 하나님의 섭리를 의지하고 체험하기를 바랍니다.

약함과 강함:
GED에서 PhD

사고 이후 저는 사회의 기준으로 보면 실패자였고, 제 자신도 그 사실을 잘 알고 있었습니다. 장애를 가진 몸, 고등학교 자퇴, 불안정한 체력과 경제적 어려움이라는 삶의 조건들은 어떤 '성취'와 '도전'보다 '포기'를 설득했습니다. 실제로 포기가 훨씬 쉽게 느껴진 순간들도 있었습니다. 그러나 하나님은 언제나 인간의 한계를 넘어 새로운 이야기를 시작하시는 분입니다. 이 장은 고등학교를 자퇴한 한 청년이 어떻게 하나님의 인도하심 가운데 박사 학위에 이르게 되었는지를 담은 이야기입니다. 고등학교 검정고시(GED)로 시작된 여정은 수많은 고통과 침묵 그리고 뜻밖의 은혜 속에서 서서히 열렸습니다. 저의 장애는 단순히 극복해야 하는 것이 아니라 하나님의 신비한 통로가 되었습니다.

이 이야기는 단순한 성공기가 아닙니다. 오히려 절망 속에서도 포기하지 않게 한 하나님의 손길 그리고 포기를 모르시는 하나님의 신실하심에 대한 개인적, 신학적 증언입니다. "왜 고통이 내게 허락되었는가?"라는 질문에서 출발한 나의 신학적 여정은, "고통 속에서도 하나님은 응답하신다"라는 확신으로 이어졌습니다. 이 장은 고통과 학문, 장애와 소명, 실패와 은혜가 서로 맞물려 하나의 이야기를 엮여가는 여정입니다. 이 글을 읽는 여러분도 저마다 힘들고 치열한 삶 속에서 하나님이 여시는 새로운 문을 발견하게 되기를 소망합니다.

나는 열일곱 살에 고등학교를 자퇴했고 검정고시(GED)를 보았다. 아버지는 교육자이자 목회자로서 나의 미래를 위한 최선의 길이 교육이라고 믿으셨다. 그래서 내가 학교에서 수차례 말썽을 일으키고 수업을 빠졌음에도 불구하고 단호하게 대학 진학을 요구하셨다. 나는 아버지가 집에서 나를 내쫓을 수도 있다는 생각에, 마지못해 아라파호 커뮤니티 대학(Arapahoe Community College)에 등록했다. 그러나 그 여정은 나에게 아무 의미도 없는 것처럼 느껴졌다. 유학생 비자로 미국에 거주 중이었던 나는 비싼 등록금을 내야 했고 마음속으로 '이게 무슨 낭비냐' 하며 불평했다.

나는 그렇게 불평하면서도 사고 이후 생물학 책을 읽으며 시험 준비를 했다. 내가 다시 책상 앞에 앉아 독서와 연구에 시간을 투자하게 될 줄은 꿈에도 몰랐지만, 검정고시만으로는 내 상황 속에서 새롭게 경력을 쌓거나 실질적인 직업에 종사하기란 불가능했다. 물론 학교 진학에 필요한 등록금은 만만치 않았고, 정부의 학자금 지원이나 장학금 대상에서도 제외되었다. 저축도, 장학금도, 직장도, 돈도 없는 상황에서 부모님께 손을 벌릴 수도 없었다. 그런데도 부모님은 진심 어린 격려로 나를 응원하며 장학금과 재정 지원을 찾아볼 것을 말씀하셨다.

나는 당시 크레이그 병원에서 만난 루시가 문득 떠올랐다. 병원을 떠난 지 거의 2년이 지나서 그녀에게 도움을 요청하는 것이 불편하게 느껴졌지만, 며칠간 기도한 끝에 용기를 내어 이메일을 보냈다. 이후 놀랍게도 그녀는 친절하고 따뜻한 답장을 보내주었다. 또 장애인들을 위한 여러 재정지원 정보가 담긴 파일도 첨부해주었다. 그날 나는 하나님의 은혜가 내 인생 가운데 흐르고 있음을 느꼈다.

사고 이후 학교생활은 생각보다 나쁘지 않았다. 오히려 시험을 제외하고 다양한 주제의 책을 읽고 개념과 사상을 정리하며 글을 쓰는 일은 내게 가능한 일이었고, 즐거움이 되기도 했다. 특히 온라인 수업은 내게 딱 맞는 환경이었다. 외출이 제한적인 나에게 온라인 수업은 유일한 사회적 연결 통로였고, 그 시간은 특별하고 소중했다.

학교 상담사는 장애를 가진 학생들을 돕기 위해 제정된 미국 장애인법(ADA)을 나에게 알려주었다. 이 법은 교육기관이 신체적 또는 심리적 질환이 있는 학생에게 학업을 위한 합리적 배려를 제공하도록 의무화하고 있었다. 시험 시간 연장, 조용한 시험 공간, 노트 필기 지원, 전자책 제공 등 다양한 형태의 지원이 가능했다. 심지어 책을 스캔해서 전자파일로 만들어 주는 서비스도 제공되었는데, 이는 내 학업에 매우 큰 도움이 되었다.

물론 장애로 인한 물리적 한계는 여러 곳에서 벽으로 다가왔다. 가장 먼저 마주한 어려움은 느린 타자 속도였다. 손가락이 움직이지 않기에 손에 타자스틱을 끼우고 키보드를 두드려야 했다. 크레이그 병원의 작업치료사는 '드래곤'이라는 음성 인식 프로그램을 추천해 주었는데, 일기나 자유 글쓰기는 가능했지만 학문적 글쓰기로는 정확도가 부족해서 사용하기 어려웠다. 그래서 나는 모든 중요한 리포트와 논문을 손수 타자로 입력했다. 하루 2시간 정도만 입력해도 목과 어깨에 통증이 느껴졌고 이는 매일 반복되었다. 체계적인 스트레칭이나 물리치료를 충분히 하지 못한 나에게 근육통은 점점 더 일상이 되어갔다.

두 번째 어려움은 사고 후 생긴 허벅지 부위의 신경통이었다. 살이 타는 듯한 통증은 자세를 바꾸어도 좀처럼 가라앉지 않았다. 휠체어를 뒤로 기울이는 방법으로 통증을 조금 완화시킬 수 있었지만, 장시간 그 자세를 유지할 수는 없었다. 보험이 생긴 후에는 의사의 처방으로 약을 복용했지만 약효가 너무 강해서 집중력에 지장을 주고 졸음을 유발했다. 어떤 날은 통증 때문에 기도조차 할 수 없었다. 그럴 때 내가 할 수 있는 것은 하나님의 도우심을 구하는 기도뿐이었다.

세 번째 어려움은 15-20분마다 5분씩 휠체어를 뒤로 기울여야 하는 것이었다. 나처럼 휠체어를 사용하는 사람은 장시간 앉아 있어야 해서 엉덩이에 욕창이 생기기 쉽다. 이를 예방하려면 15분마다 약 5분간 휠체어를 뒤로 기울여야 했다. 욕창이 생기면 해당 부위에 압력을 가해서는 안 되고, 침대에 누워 지내는 것이 유일한 치료 방법이다. 증상이 악화되면 피부를 넘어 근육과 뼈까지 감염이 퍼질 수 있고, 심한 경우 절단이나 생명을 위협하는 합병증으로 이어질 수도 있다. 그러나 이 5분의 휴식이 내 활동의 흐름을 끊고 읽던 책의 내용이나 생각하던 아이디어를 쉽게 잊게 했다. 나는 이 5분이 너무나 아깝고 짜증스러웠다. 그러나 하나님께서는 점차 이 시간을 '기도와 말씀 암송, 찬양과 묵상의 시간'으로 바꾸어 주셨고, 의미 없던 5분이 영혼을 돌보는 시간으로 바뀌었다. 그러면서 에이브러햄 링컨(Abraham Lincoln) 대통령이 "나무를 베는

데 1시간이 주어진다면, 나는 45분을 도끼를 가는 데 쓰겠다"라고 말한 것이 떠올랐다. 나에게 이 5분은 도끼를 가는 시간이 되었고, 더 많은 나무를 베기 위한 준비가 되었다.

나에게 마지막 어려움은 욕창이었다. 2008년부터 2013년 사이에 나는 다섯 번이 넘는 욕창으로 고통을 겪었다. 한 번 생기면 몇 달씩 침대에 누워 지내야 했고, 일상은 순식간에 멈춰버렸다. 그때 몸은 누워 있어도 마음은 조급했다. 해야 할 일 쌓여가고, 시간은 기다려주지 않았다. 그러나 욕창 앞에서는 어떤 계획도 소용없었다. 그저 눕는 것, 기다리는 것, 참고 견디는 것 외에는 할 수 있는 일이 거의 없었다. 책상에 앉아 글을 쓰는 일도, 수업을 듣는 일도, 친구를 만나는 일도 모두 불가능했다. 나는 단지 침대에 누운 채 고요하지만 버거운 시간 속에 갇혀 있었다. 그래서 나에겐 공부할 시간이 없었다. 또한 저녁 5시가 되면 반드시 침대로 옮겨져야 했기에 가족과 함께 식탁에 앉아 저녁을 나누는 일은 상상조차 할 수 없었다. 다른 사람들에게는 너무도 당연한 저녁 식사가 내게는 먼 일상이었다.

수업을 마친 후에도 학교에 머무를 수 없었다. 다른 학생들이 교수님과 대화를 나누고 교정에서 여유롭게 커피를 마시며 교제를 나눌 때, 나는 곧장 집으로 돌아와야만 했다. 나를 기다리는 것은 공부보다 더 냉혹한 시간의 제한과 몸의 고통이었다. 하루가 채 끝나기도 전에 다시 침대에 누워 욕창을 막기 위한 준비를 해야 했기 때문이다. 학교에서 학생들, 교수님들과 함께하는 교제는 나에게 사치였다. 교정 한편에 서 있는 나무들처럼, 나는 그들 곁에 있지만 그 안에 함께 속하지 못한 채 서 있었다. 그렇게 사람들과 교제하지 못하는 날들이 쌓일수록 나는 점점 침묵과 고독 속으로 걸어 들어갔다. 하지만 역설적으로 나는 그 시간 속에서 가장 많은 생각을 하게 되었다. 할 수 있는 일은 적지만 하나님 앞에 멈추어 서는 법 그리고 고통 속에서도 감사의 기도를 드리는 법을 배워갔다. 욕창은 내 몸의 약함을 적나라하게 드러냈지만, 동시에 하나님의 은혜 없이는 한순간도 살 수 없는 존재임을 절실히 깨닫게 해준 통로이기도 했다.

전공 수업은 온라인으로 제공되지 않았기에 나는 수업이 있는 날이면 덴버 경전철을 타고 통학해야 했다. 아버지는 매일 아침 나를 경전철역까지 태워주셨고 나는 장애인 승강장에서 전철을 기다렸다. 그러다가 기차가 도착하면 승무원이 경사로를 내려주고, 나는 휠체어를 타고 무사히 탑승해 문 옆에 마련된 자리에 있었다. 덜컹거리는 소리와 진동이 계속됐지만 나는 그 시간을 '자유의 순간'으로 여겼다. 창밖을 바라보면서 사람들이 자유롭게 움직이고 대화하는 모습을 보는 것만으로도 진짜 세상에 참여하고 있다는 기쁨이 밀려왔다.

이후 나는 콜로라도 주립대학교(University of Colorado Denver)에서 심리학 전공과 사회학 부전공으로 학부를 졸업하고 곧바로 감리교 아일리프 신학대학원(Iliff School of Theology)에서 목양과 영적 케어(Pastoral & Spiritual Care) 석사 과정을 시작했다. 이 학교는 내가 자라온 보수적 한국 기독교 전통과는 다른, 자유주의 신학적 색채가 강한 곳이었다. 나는 그 안에서 다양한 신학 전통과 사상들을 존중하고 이해하는 법을 배웠고, 많은 학생과 교수진이 왜 자유주의 신학을 선택했는지 이해할 수 있었다. 나는 아일리프 신학교에서 공부하면서 병목 사역(Chaplain)을 고민했고, 병으로 힘들고 어려운 분들을 섬기고 도와주는 사명을 받았다고 생각했다. 또한 졸업 후에는 복음적인 보수 신학을 통해 나의 신학을 세우고 싶어서 덴버신학교에서 조직신학을 전공으로 목회학 석사(M.Div) 과정을 수석으로 졸업했다.

2013년에 아일리프 신학대학원을 졸업한 나는, 그해 여름 다시한번 욕창으로 인해 두 달간 침대에 누워 지내야만 하는 고통을 겪었다. 그러나 놀랍게도, 그 후 덴버신학교에 입학했을 때부터는 더이상 욕창이 생기지 않았다. 정말 기적 같았다. 삶의 조건은 전혀 달라지지 않았지만 마치 하나님께서 내 간절한 기도를 들으신 것 같았다. 나는 그분의 특별한 배려를 느꼈고, 그 후부터 가족과 함께 식탁에서 식사를 함께 할 수 있을 만큼 건강이 회복되었다.

신대원 시절에 나는 인간의 고통과 하나님의 뜻 사이에 있는 무거운 질문들과 끊임없이 씨름했다. 단지 학문적인 질문이 아니라 삶과 신앙의 가장 깊은 층위에서 터져 나오는 절절한 물음이었다. '고통은 죄 때문인가? 하나님께서는 우리의 고통 앞에서도 무감각 하신가? 아니면 그분 역시 고통을 느끼시는가? 전능하신 하나님께서 정말 인간처럼 연약해지실 수 있는가? 그렇다면 인간의 고통은 하나님과의 관계 안에서 어떤 의미를 지니는가?'

이 질문들은 나를 더 깊은 신학의 세계로 끌어들였다. 그리고 단순한 논리로는 도저히 만족할 수 없었기에, 나는 마침내 한 가지 결론에 도달하게 되었다. "이 주제는 내 삶 전체를 걸고 연구할 만한 가치가 있다." 그것은 내 신앙의 중심이자 내가 겪은 고통의 해석이며, 세상의 수많은 눈물과 절규에 응답하는 길을 찾는 여정이었다. 그때 신학과 삶의 큰 방향을 함께 나누던 멘토인 정성욱 교수님에게 나의 고민을 털어놓았다. 교수님은 나의 질문들을 진지하게 들으시고는 한참을 침묵하셨다. 그리고 단호한 어조로 이렇게 말씀하셨다. "이건 한 학기 과제가 아니라 평생을 걸고 씨름

해야 할 주제입니다." 교수님의 말은 내 심장을 울렸다. 누군가 나의 질문을 단순한 호기심이나 이론적 관심으로 치부하지 않고, 인생의 부르심으로 받아들여준다는 것은 참된 위로였다.

정 교수님은 나에게 박사과정을 추천하셨지만, 나는 처음에 그 말을 받아들이기 어려웠다. 미국의 대부분 박사과정은 캠퍼스 거주가 필수이고 이는 단순히 공부의 문제가 아니라 가족 전체의 삶을 송두리째 옮겨야 하는 일이었다. 장애를 가진 내 몸과 제한된 생활 반경 그리고 감당할 수 없는 경제적 현실이 나를 가로막았다. 그런데 기도하던 중에 정성욱 교수님으로부터 유럽의 박사과정들이 대부분 연구 중심이고 일정조건 아래 비거주 형태로도 학위 과정을 수행할 수 있다는 사실을 듣게 되었다. 마치 닫혀 있던 문틈 사이로 한 줄기 빛이 스며든 듯했다. 희망은 작고 조심스러웠지만 분명히 존재했다.

나는 박사과정을 결심한 후 곧장 영국에 있는 여러 대학교와 교수진들에게 이메일을 보냈다. 내 상황과 연구 주제 그리고 학문적 비전을 성실히 설명했다. 영국 에든버러 대학교(University of Edinburgh)와 옥스퍼드 대학교(University of Oxford)에서 조건적 허가를 주었지만 거주할 수 없어서 포기해야 했다. 얼마 지나지 않아 영국 브리스톨 대학교(University of Bristol)와 에버딘 대학교(University of Aberdeen)에서도 긍정적인 답변이 도착했다. 특별히 감동적이었던 것은, 두 학교 모두 나의 건강 상태와 특수한 상황을 고려해 예외적으로 캠퍼스 방문 없이 박사 전 과정을 전면 원격으로 진행할 수 있도록 배려해준다는 점이었다. 이는 일반적인 절차로는 기대하기 어려운 일이었기에, 나는 이 모든 과정이 하나님의 섭리 가운데 진행되고 있음을 확신하게 되었다.

최종적으로 나는 에버딘 대학교에서 신학자 폴 니모(Paul

Nimmo) 교수님의 지도 아래 박사과정을 시작하기로 결정했다. 이제 내가 하나님의 전지전능하심을 넘어 십자가에서 고통받으신 예수 그리스도 안에 계신 하나님의 응답을 찾아가는 여정을 시작하게 된 것이다. 나는 기도와 깊은 내적 씨름 끝에, 마침내 한 가지 주제에 마음을 모았다. 그것은 바로 '하나님의 무감동성(Impassibility)'이라는 신학적 난제였다. '전능하시고 사랑이 많으신 하나님이 과연 인간의 고통에 어떻게 응답하시는가'라는 질문은 나의 신학적 여정 전체를 관통하는 주제였고, 동시에 내가 직접 겪은 고통의 의미를 되묻는 실존적인 물음이기도 했다.

내가 이 주제를 붙들고 연구하겠다고 결단한 것은 단순히 학문적 호기심 때문이 아니었다. 내 삶의 가장 어두운 골짜기를 지나오면서 나는 이 질문 앞에 수없이 무너지고 다시 일어서기를 반복했다. 내게 있어서 이 연구는 머리로만 탐구하는 신학이 아니라 몸과 마음으로 부딪히며 울부짖는 기도의 연장이자, 고통 속에서도 하나님을 향한 신뢰를 붙드는 행위였다.

박사과정은 예상보다 훨씬 더 많은 시련을 동반했다. 2016년에 박사과정을 시작한 후 나는 혈전, 방광 결석, 자율신경과반사, 휠체어 고장 등 다양한 신체적 어려움과 싸워야 했다. 특히 2017년에는 휠체어가 심각하게 고장 나서 즉시 수리가 필요했지만, 업체의 실수로 인해 거의 석 달간 수리를 받지 못한 채 지내야 했다. 불편한 자세로 장시간 앉아 있던 탓에 혈액 순환에 문제가 생겼고, 결국 오른쪽 허벅지에 심한 혈전이 생겨 병원에 가야 했다. 검사 후 의사는 즉시 입원하라고 말했고, 나는 복부와 허벅지 부위의 혈전을 제거하는 응급수술을 받았다. 수술을 마친 의사는 말했다. "혈전이 폐 가까이에 올라간 상황이었어요. 병원에 조금만 더 늦게 오셨다면 위험했을 수도 있습니다." 그날 이후 나는 평생 혈전 방지 약물을 복용해야 했다.

또한 2018년에는 자율신경과반사 증상이 심각했다. 한 해 동안 최소 여섯 번의 발작을 겪고 방광 결석으로 인한 감염으로 고열이 일주일 이상 지속되기도 했다. 혈압이 300까지 치솟고 온몸에 발진이 번지고 체온은 40도를 넘었다. 서둘러 간 병원에서 의사는 마취 없이 결석을 제거하는 시술을 시도했지만, 통증과 반응이 너무 심해서 수술이 필요하다는 판단 아래 결국 수술을 받았다.

2020년 전 세계를 뒤흔든 코로나19 팬데믹으로 모든 일상이 멈춰진 그때, 하나님의 은혜는 멈추지 않았다. 나는 친구들과 멘토들의 간절한 기도와 따뜻한 격려 속에서 박사 논문을 완성했고, 구술시험을 통과하여 마침내 박사학위를 취득하게 되었다. 그 순간은 학문적 성취를 넘어 고통과 기다림의 긴 터널을 지나온 신앙의 승리와도 같은 시간이었다. 박사학위 취득 후에는 덴버신학교에서 조직신학을 영어와 한국어로 가르치게 되었고, 코리언 글로벌 캠퍼스(Korean Global Campus) 박사과정의 부디렉터로 섬기면서 여러 수업을 가르치고 박사 논문 지도를 맡게 되었다. 2022년에는 박사 논문을 바탕으로 한 첫 저서 *Constructing a Mediating Theology: Affirming the Impassibility and the Possibility of the Triune God*(중재 신학 구성: 삼위 하나님의 무감동성과 감동성 모색)을 출간하기도 했다. 이 책에서 삼위일체 하나님의 내면적 삶을 새롭게 구성하여, 하나님과 인간의 관계를 어떻게 이해할 수 있는지에 대한 신학적 통찰을 제시했다.

2023년에는 나의 삶과 신앙의 여정을 담은 간증책을 영어로 출간하고, 2025년에는 《복음의 본질, 신학으로 풀어내다》(CLC)라는 제목으로 나의 멘토인 정성욱 교수님, 사역의 본이 되어주신 강준민 목사님 그리고 덴버신학교 교수진들과 공동 저작한 책을 출간하게 되었다. 그리고 현재 나는 간증을 바탕으로 한 신학적 성찰들과 장애 사역 이야기 그리고 조직신학의 주요 주제들을 엮어가며 새로운 책들을 집필하고 있다. 또한 2022년부터는 전 세계 복음주의 신학자들이 모이는 가장 권위 있는 복음주의 신학 콘퍼런스(Evangelical Theological Society)에서 매년 논문을 발표하며 나의 신학적 목소리를 세계교회와 학계 앞에 내고 있다.

나는 이 모든 사역이 단지 나의 계획이나 실력으로 이루어진 것이 아님을 잘 알고 있다. 가끔 이런 생각을 해본다. 만약 하나님께서 2006년 그날 "너의 학업 여정은 14년이 걸릴 것이다"라고 말씀하셨다면 어땠을까? 아마도 나는 그 길을 선택하지 않았을 것이다. 너무 멀고 오래 걸리는 것이 두려워 도중에 포기했을지도 모른다. 하지만 하나님께서는 나에게 필요한 만큼 보여주시고, 인도하실 때만 말씀하시는 분이다. 그리고 어떤 진리는 때가 되어야만 비로소 드러나는 법이다.

나는 지나고 나서야 고백할 수밖에 없다. 이 모든 것은 오직 은혜였다. 내가 견뎌온 시간도, 지금 내가 누리는 사역의 자리도 그 모든 시작과 끝은 은혜였다.

하나님의 부르심은 우리의 약함을 통해 이루어집니다

하나님께서는 인간이 가진 조건이나 능력에 근거하여 부르지 않으십니다. 오히려 가장 약한 자들을 통해 그분의 능력을 드러내십니다. 사도 바울은 이렇게 고백합니다. "나에게 이르시기를 내 은혜가 네게 족하도다 이는 내 능력이 약한 데서 온전하여짐이라 하신지라 그러므로 도리어 크게 기뻐함으로 나의 여러 약한 것들에 대하여 자랑하리니 이는 그리스도의 능력이 내게 머물게 하려 함이라"(고후 12:9). 이 말씀처럼 바울의 약함은 하나님을 의지할 수밖에 없는 자리가 되고 동시에 그분의 능력을 증거하는 자리가 되었습니다. 고통과 약함은 실패가 아니라 하나님의 능력이 빛나는 무대입니다. 인간의 가능성의 끝에서 하나님의 가능성이 시작됩니다. 약함은 하나님의 부르심을 이루기 위한 걸림돌이 아니라 도리어 하나님의 지혜와 영광을 드러내는 통로가 됩니다.

고통은 부르심을 재해석하게 하는 도구입니다

고통은 종종 하나님의 침묵처럼 느껴집니다. 그러나 하나님께서는 침묵 속에서도 말씀하시고 고통 가운데서도 부르십니다. 히브리서 기자는 이렇게 고백합니다. "그가 아들이시면서도 받으신 고난으로 순종함을 배워서"(히 5:8). 예수님도 고난을 통해 순종을 배우셨다면, 그것은 단순히 피해야 할 것이 아니라 순종과 부르심의 깊이를 더해주는 통로입니다. 고린도후서는 이렇게 증언합니다.

"우리의 모든 환난 중에서 우리를 위로하사 우리로 하여금 하나님께 받는 위로로써 모든 환난 중에 있는 자들을 능히 위로하게 하시는 이시로다"(고후 1:4). 하나님께 받은 위로는 개인적 위안을 넘어 고통받는 이들을 위로하고 세우는 사명의 자리로 인도합니다.

은혜는 시간과 과정 속에 천천히 드러납니다

하나님의 방식은 인간의 시간이 아닌 은혜의 시간 속에서 역사합니다. 전도서에서 솔로몬은 이렇게 고백합니다. "하나님이 모든 것을 지으시되 때를 따라 아름답게 하셨고 또 사람들에게는 영원을 사모하는 마음을 주셨느니라 그러나 하나님이 하시는 일의 시종을 사람으로 측량할 수 없게 하셨도다"(전 3:11). 그때는 이해되지 않지만 시간이 지나고 나면 고통과 실패, 좌절과 기다림 모두가 하나님의 손 안에서 은혜의 퍼즐 조각이 됨을 알 수 있습니다. 하나님께서는 결코 서두르지 않으시고 단번에 목적지로 인도하지 않으십니다. 그분은 과정을 통해 우리를 빚으시고 은혜로 이끄십니다. 결국 하나님의 계획은 완전하며, 그분의 때에 모든 것이 아름답게 드러납니다.

고통 속에서 하나님께 질문하기를 멈추지 말아야 합니다

고통은 우리를 침묵하게 만들고 하나님과의 거리가 멀게 느껴지도록 만듭니다. 그러나 하나님은 질문하는 자의 영혼에 말씀하시고 응답하시는 분입니다. "왜 나에게 이런 일이 일어났는가?"라는 물음은 결코 신앙의 부족함이 아니라 시작일 수 있습니다. 욥과 시편 기자처럼 하나님 앞에서 질문하고 울부짖는 것이 영혼의 정직한 기도입니다. "여호와여 어느 때까지니이까 나를 영원히 잊으시나이까 주의 얼굴을 나에게서 어느 때까지 숨기시겠나이까 나의 영혼이 번민하고 종일토록 마음에 근심하기를 어느 때까지 하오며 내 원수가 나를 치며 자랑하기를 어느 때까지 하리이까"(시 13:1-2). 그 가운데 하나님께서 우리를 만나주십니다. 고통을 회피하지 말고 그 자리에서 하나님의 얼굴을 구해야 합니다. "백성들아 시시로 그를 의지하고 그의 앞에 마음을 토하라 하나님은 우리의 피난처시로다"(시 62:8).

학문과 지성을 통해 하나님 사랑을 실천해야 합니다

신앙은 단지 감정의 영역만이 아닙니다. 지성과 사고, 비판과 창조의 과정 속에서도 하나님을 사랑할 수 있습니다. 학문은 하나님을 더 깊이 이해하고 그분의 진리를 세상에 선포하는 통로가 됩니다. 학생이든 직장인이든 책상 앞에서 보내는 시간은 단지 '성공을 위한 수단'이 아니라 하나님께 드리는 헌신의 제사가 될 수 있습니다. 하루의 공부를 시작하기 전에 기도로 헌신하고, 한 줄의 글을 쓸 때에도 하나님께 영광을 돌리겠다는 마음으로 임해야 합니다. 공부와 연구, 사유의 과정 속에서도 하나님은 예배 받으시기에 합당하신 분입니다.

하나님이 주신 관심과 재능을 신실하게 추구해야 합니다

신앙의 여정은 학교에 가는 것이나 학위를 얻는 것으로만 이루어지지 않습니다. 어떤 이에게는 학위가 하나님을 향한 부르심의 길일 수 있지만, 또 다른 이에게는 요리, 음악, 운동, 웹디자인, 비즈니스, 간병, 손기술 등이 될 수 있습니다. 중요한 것은 무엇을 하느냐보다 그 일을 어떻게 하느냐입니다. 하나님께서는 각 사람에게 고유한 관심과 열정을 주셨고, 그것을 신실하게 개발하고 그분께 드리기를 원하십니다. 하나님께 받은 재능과 시간을 정직하게 갈고 닦아 투자하는 것이 바로 '청지기 정신'이며, 그 자체가 하나님께 대한 예배가 될 수 있습니다.

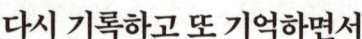

다시 기록하고 또 기억하면서

💬 내 삶의 실패와 연약함은 하나님의 섭리 안에서 어떻게 사용될 수 있습니까? 많은 이가 실패나 한계를 인생의 끝이라고 생각하지만, 하나님께서는 오히려 그 자리에서 가장 깊은 배움과 빚어짐의 통로를 여십니다. 때로는 세상의 기준으로 '낙오'처럼 보이는 여정이, 하나님의 관점에서는 준비의 시간과 은혜의 과정이 됩니다.

💬 나는 지금까지 어떤 실패와 약점, 또는 꺾인 길을 지나왔습니까? 그리고 그 경험은 나의 성품과 믿음과 사명에 어떤 변화를 일으켰습니까?

💬 하나님께서 나의 연약함을 사용하여 다듬고 계시는 부분은 무엇입니까? 하나님은 우리가 피하고 싶어 하는 그 '자리'에서 가장 깊은 일을 이루시는 분입니다. 우리의 한계 안에서 일어나는 하나님의 역사를 다시 바라봅시다.

은혜 안에서 자리에 피아나기

꿈:
내 손안에 있던 꿈이 무너질 때

우리는 모두 꿈을 꾸며 살아갑니다. 어떤 이는 성공적인 사업가가 되기를 꿈꾸고, 또 어떤 이는 여행을 다니며 자유롭게 사는 것을 소망합니다. 또 가정을 꾸리고, 사랑을 찾고, 평범하지만 안정된 삶을 원하기도 합니다. 그러나 그 꿈이 점점 멀어지고 손에 잡힐 듯 하다가 사라질 때 우리는 큰 상실감과 좌절을 경험합니다. 수년간 노력해 온 일이 한순간에 물거품이 되고 계획한 인생이 전혀 다른 방향으로 흘러갈 때, 우리는 어떻게 해야 할까요?

저 역시 꿈이 있었습니다. 저는 최고의 일식 셰프가 되어 고급 레스토랑을 운영하고 싶었고, 경제적으로도 안정되고 성공한 삶을 살기를 원했습니다. 이를 위해 밤낮없이 노력하고 기술을 연마하며 저의 꿈을 향해 달려갔습니다. 하지만 단 한 순간, 한 가지 사건으로 인해 모든 것이 사라졌습니다. 미래는 한순간에 무너지고 저는 아무것도 할 수 없었습니다.

혹시 지금 무너진 꿈을 바라보며 절망하고 있지는 않습니까? 그러나 우리가 잃어버린 꿈은 끝이 아닙니다. 우리의 계획이 실패할지라도 하나님께서는 여전히 일하고 계십니다. 우리가 예측하지 못한 길을 통해 더 크고 깊은 계획을 이루십니다.

"나는 돈을 벌 거야. 아니, 많이 벌 거야." 십 대 시절 나는 매일 이 말을 되뇌며 눈을 떴다. 그것은 내 마음속에서 주문처럼 반복되었고 내 삶의 방향을 결정짓는 나침반이 되었다. 부자가 되는 것 그리고 그 부를 마음껏 누리며 사는 것, 그것이 내가 추구한 인생의 목적이었다. 인생을 풍요롭고 자유롭게 살겠다는 목표가 너무도 분명했기에 다른 무엇도 나의 마음을 흔들 수 없었다. 나는 일찍부터 '성공'이라는 단어를 사치와 쾌락으로 번역했다. 친구들과 어울려 파티를 즐기고 술과 마약에 취해 현실을 잊는 삶 그리고 전 세계를 누비며 유명 관광지를 둘러보고 미쉐린 스타 레스토랑에서 최고급 요리를 맛보는 삶이 내 머릿속에서 꿈처럼 선명하게 그려졌다. 또한 이미 그런 삶을 살고 있는 사람들을 보면서 그들을 동경했다. "저들도 할 수 있었으니, 나도 할 수 있다." 이것이 나를 움직이는 동력이었다. 나는 이런 꿈이 이루어지면 행복은 자연스럽게 따라올 것이라고 굳게 믿었다.

꿈을 이루기 위한 첫걸음은 구체적인 계획에서 시작되었다. 나는 스스로에게 물었다. '어떻게 하면 가장 빠르게 돈을 벌 수 있을까?' 결론은 명확했다. 사업 그리고 그중에서도 특히 아시아 퓨전 요리를 기반으로 한 고급 일식 레스토랑을 열면 수익도 높고 성장

가능성도 크다고 판단했다. 나의 계획은 이러했다. 먼저 일식 셰프로 경력을 쌓고 모은 돈으로 작은 가게를 연 후에 투자자를 유치해 더 큰 레스토랑으로 확장하고, 궁극적으로는 레스토랑 가맹점을 구축하는 것이었다. 하지만 이 결정은 부모님의 기대와는 정반대였다. 부모님은 내가 미국에서 최고 수준의 교육을 받고 안정적인 직장에 들어가기를 바라셨다. 우리가 한국에서 미국으로 이민 온 것도 바로 더 나은 미래를 위해서였다. 부모님은 내가 보장된 길, 안전한 삶을 살기를 원하셨지만 나는 일식 셰프라는 직업이야말로 내 꿈을 가장 빠르게 실현해 줄 것이라 믿었다.

내가 아라파호 커뮤니티 칼리지에 다닐 때 학교로부터 학사경고를 받은 적이 있다. 그때의 나는 학교에도 가지 않고 일자리도 없었기에 완전히 무너진 일상을 살았다. 늦은 아침 혹은 오후에 눈을 뜨고, 밤에는 방 안에 불을 꺼둔 채 컴퓨터 앞에 앉아 게임을 하며 시간을 보냈다. 현실을 피하고 싶을수록 가상의 세계가 더 편하게 느껴졌다. 그렇게 며칠이 지나고 몇 주가 흘렀다. 점점 시간의 흐름조차 느껴지지 않았다. 어느 날은 친구들과 어울려 술을 마셨고, 또 다른 날은 약에 손을 댔다. 방향도, 의미도, 목표도 없이 하루하루를 낭비했다. 나 자신이 사라져가는 것 같은 기분이었다. 나는 존재했지만 살아 있지 않았다.

그러던 나에게 전혀 예상치 못한 기회가 찾아왔다. 어느 날, 아버지가 목회하시던 교회에 출석하던 크리스(Chris)라는 형제가 나를 찾아왔다. 그는 '야마'라는 일식 레스토랑의 셰프였다. 나이는 서른다섯 살 정도였는데, 이십대 초반부터 일식 셰프로 일하며 실력을 쌓아왔고, 시애틀에서 이미 레스토랑을 운영한 경험도 있는, 말 그대로 성공한 요리사였다. 그런 그가 덴버에서 일식 레스토랑

개업을 준비하며 나를 제자로 삼겠다고 직접 나선 것이다. 그뿐만 아니라 그는 레스토랑 주인에게 이렇게 말했다고 한다. "얘 월급은 제 월급에서 주세요. 제가 책임지겠습니다." 나는 귀를 의심했다. "잘 알지도 못하는 나를 위해 이렇게 해주는 사람이 있을까?" 하지만 그 말은 사실이었고, 아버지는 그의 헌신적인 태도에 깊이 감동하셨다. 그리고 처음으로 일식 셰프라는 직업이 단순한 생계 수단이 아니라 나에게 미래를 열어줄 수 있는 가능성 있는 기회라고 생각하시게 되었다. 아버지는 "이 길이 너의 미래를 설계할 수 있는 좋은 기회가 될 수도 있겠구나" 하시며 대학 중퇴를 허락해 주셨고, 심지어 토요일 저녁에도 일할 수 있도록 허락하셨다. 그렇게 나는 풀타임 일식 보조로서 인생의 새로운 페이지를 열게 되었다.

일식 보조로서의 삶은 결코 쉽지 않았다. 하루 10시간 이상의 노동은 일상이었고, 주 60시간 넘게 일하면서도 내가 받는 월급은 1천 달러(약 139만 원)에 불과했다. 나는 월요일부터 금요일까지 오전 9시에 출근해서 점심을 준비하고 오후 2시 30분까지 일한 뒤 두 시간의 짧은 휴식을 가졌다. 그리고 다시 오후 4시 30분부터 밤 10시까지 근무했다. 토요일은 오후 5시 30분부터 밤 11시까지 일하고 일요일은 유일한 휴일이었다. 가끔 손님이 늦게까지 머물면 마감 이후까지 일해야 했다. 그런데 내가 그 시간을 견딜 수 있었던 이유는 바로 크리스 덕분이었다. 그는 단순히 상사가 아닌 형 같은 존재였다. 그는 매일 아침 나를 차에 태워 함께 출근했고, 퇴근 후에도 집까지 바래다주었다. 우리는 때로 피곤한 하루를 마친 뒤 동료들과 함께 바에 들러서 술을 마셨고, 계산은 늘 크리스가 했다. "나중에 네가 출세하면 그때 갚아도 돼." 그 한마디는 나를 향한 진심 어린 신뢰이자 배려였다. 크리스는 술에 취하면 자주 자신의 인생 이야기를 들려주었다. 그것은 자랑이 아니라 진심 어린 회상이었고, 나는 그 이야기를 들을 때마다 이상하게 가슴이 뜨거워졌다. "J.D., 우리 같이 레스토랑 열자, 알겠지? 같이 성공하자." 처음에는 농담처럼 들렸던 그의 말이, 점차 내 안에서 진지한 꿈으로 자라기 시작했다. 그러면서 나는 더 열심히 일하고, 기술을 익히고, 요리에 대해 공부했다. 누군가가 나를 믿어주고 나에게 꿈을 심어주는 경험은 내 인생에서 처음이었다.

그러나 그 모든 꿈은 너무나 갑작스럽게 무너졌다. 크리스는 덴버에서 레스토랑을 열지 못한 채 가족과 함께 다른 도시로 떠나야 했다. 나는 그가 그동안 나에게 준 모든 사랑과 수고에 대해 제대로 감사조차 전하지 못하고 그를 보내야 했다. 한참을 멍하니 서 있던 기억이 난다. 그의 빈자리가 나에게 너무도 크게 느껴졌다. 함께 세웠던 계획이 사라지고 의지할 사람도 사라졌지만 그의 꿈은 내 안에 깊이 남아 있었다.

크리스가 떠난 후에도 나는 야마 레스토랑에 남기로 했다. 여전히 월급은 1천 달러에 불과했지만, 그곳에서 초밥을 계속 연습할 수 있고 다른 셰프들에게도 기술을 배울 수 있었기 때문이다. 레스토랑 동료들 역시 적은 급여에도 묵묵히 일하는 나를 보며 인정해 주고 진심으로 응원해 주었다. 매일 아침 눈을 떠서 피곤한 몸을 이끌고 출근하는 것이 힘들지 않았고 어느새 나는 '이 일이 좋다'고 느끼기 시작했다. 처음엔 계획도 없고 목적도 없었지만, 분명한 방향이 생겼다.

매일 하루를 마무리하면 나는 쉬지 않았다. 동료들과 어울려 술을 마시고 친구들과 파티를 즐겼다. 마리화나, 코카인, 엑스터시 등으로 취한 밤이 이어졌다. 하지만 그 와중에도 나는 단 한 번도 지각하거나 결근하지 않았다. 몸은 지쳤지만, 마음속에는 무언가를 이루고 싶다는 갈망이 불처럼 살아있었다. 또한 일을 하다가도 쉬는 시간이 되면 나는 의자에 앉아 휴식을 취하기보다 주방 한쪽에서 조용히 연습했다. 남은 재료로 초밥용 밥을 만들고 또 만들었다. 매일 백 개가 넘는 밥 뭉치를 만들며 크기와 형태를 균일하게 맞추는 데 몰두했다. 버려지는 채소나 모양이 좋지 않아 사용되지 않는 재료들도 나에겐 소중한 연습 도구였다. 그것들을 이용해 칼질 연습을 하고 손목의 유연함과 칼끝의 날카로운 감각을 익히려 애썼다. 나는 일본어, 요리와 관련된 단어, 재료의 이름, 주방에서 사용되는 용어들도 하나씩 익혀 나갔다. 비록 급여는 낮고 몸은 고단해도 나는 만족감을 느꼈다. 왜냐하면 꿈을 꾸고 있었고 그 꿈이 나를 앞으로 나아가게 했기 때문이다.

레스토랑에서 일한 지 10개월쯤 지났을 무렵, 또 한번의 기회가 찾아왔다. 덴버 다운타운 근처에 새롭게 오픈할 '쇼군'이라는 고급 일본 레스토랑에서 함께 일하자고 제안을 받은 것이다. 나는 망설일 이유가 없었다. 이 기회를 통해 내 실력을 넓히고 새로운 환경에서 도전하고 싶었다. 그래서 나는 고등학교 시절부터 친구였던 선과 함께 그곳에 지원했다.

쇼군에서의 시간은 내 요리 인생의 방향을 완전히 바꿔놓았다. 나는 그곳에서 훗날 세계적인 스타 셰프로 성장한 아키라 백을 만나게 되었다. 당시 그는 쇼군의 헤드 셰프였다. 나는 이미 꽤 능숙한 일식 셰프라고 자부했지만, 아키라 앞에서는 내 실력의 한계가 여실히 드러났다. 그의 손놀림, 감각 그리고 요리에 담긴 철학은 내가 감히 따라갈 수 없는 깊이를 가지고 있었다. 그런 그는 나를 꾸짖기보다 격려해 주었고, 나는 그의 가르침 속에서 끝없는 도전을 받았다. 그는 나를 단련시켜 주었고 나는 그의 신뢰에 보답하고 싶었다.

레스토랑이 오픈하는 날, 우리는 가족과 친구들을 초대했고 생애 처음으로 부모님 앞에서 일식 셰프가 된 모습을 보여드릴 기회를 얻었다. 그날 나는 부모님에게 가장 맛있는 음식을 대접하고 싶었지만, 아직 내 실력으로는 부모님을 감동시킬 자신이 없었다. 그래서 나는 아키라와 주방 팀에게 부탁했다. "부모님을 위해 최고의 요리를 만들어 주세요." 그리고는 나는 한 가지 요리를 맡았다. 바로 오차즈케였다. 오차즈케는 녹차에 밥과 다양한 재료를 넣어 만드는 일본식 요리인데 단 한 번도 제대로 만들어 본 적이 없었지만 그날만큼은 최선을 다했다. 식사가 끝난 후, 나는 조심스럽게 부모님이 앉아 계신 테이블로 다가가서 긴장한 얼굴로 아버지에게 물었다. "아버지, 어떤 음식이 가장 맛있으셨어요?" 나는 마음속으로 오차즈케라고 말씀해주시기를 바랐다. 그러나 아버지는 미소를 지으며 이렇게 말씀하셨다. "미안하지만, 그게 국이었니? 네가 만든 거야?" 그 순간, 우리는 모두 웃음을 터뜨렸다. 웃음은 진심을 전했고 나는 울컥한 마음을 삼켰다.

나는 아직 뛰어난 셰프는 아니었지만 부모님은 그것과는 상관없이 기뻐하셨다. 내가 좋은 방향으로 가고 있다는 사실만으로도 충분히 기뻐하시고 안도하신 것 같았다. 그날 나는 처음으로 느꼈다. '내 인생이 이제 긍정적인 방향으로 흘러가고 있구나.'

그러던 어느 날이었다. 스시 바 팀의 미팅 중에 아키라가 내게 뜻밖의 질문을 건넸다. "마츠히사에서 일해볼 생각 있니?" 그 말에 나는 가슴이 뛰기 시작했다. '마츠히사'는 콜로라도 아스펜에 위치한 세계적으로 유명한 고급 일본 레스토랑이었기 때문이다. 그곳은 전설적인 셰프 노부 마츠히사(Nobu Matsuhisa)의 이름을 딴 레스토랑으로 뉴욕, 말리부, 베벌리힐스, 마이애미, 밀라노, 파리, 도쿄 등 세계 주요 도시에서 프랜차이즈를 운영하고 있었다. 그만큼 일본 요리 업계에서 마츠히사는 꿈의 직장이었다. 그곳에서의 경력은 전 세계의 어느 일본 레스토랑에서든 취업이 가능한 보증수표와 같았고, 최소한 면접 기회가 보장되는 곳이었다. 아키라가 내게 이 기회를 제안한 것은 단순한 추천을 넘어 나에 대한 신뢰와 인정의 표현이었다. 그것은 마치 셰프로서의 내 존재를 승인받은 듯한 기분을 안겨주었다. 나는 내 안에 묻어둔 자긍심이 되살아나는 것을 느꼈다. 그렇기에 나는 일식 셰프로서의 정체성을 증명하기 위해 반드시 이력서에 마츠히사의 이름을 새겨 넣어야 했다. 주저할 필요가 없었다. 나는 곧바로 대답했다. "네, 가겠습니다!"

그렇게 2주 후 나는 마침내 아스펜으로 이사하여 마츠히사에서의 새로운 도전을 시작했다. 이곳은 단지 이름뿐만 아니라 실제로도 최고의 근무 환경을 제공했다. 직원들에게 다양한 혜택이 주어졌고, 나는 그것을 누릴 수 있었다. 건강보험이 전액 제공되고 겨울철에는 스키 시즌 패스, 여름에는 골프 패스를 받을 수 있었다. 직원 전용 숙소가 마련되어 있었으며 유급 휴가도 가능했다. 특히 여름(6–8월)과 겨울(12–3월) 성수기에는 월급 외에 매일 평균 150달러 이상의 팁이 추가로 주어졌다. 나는 단순히 직장을 얻은 것이 아니라 내 꿈에 한 걸음 더 가까이 다가가고 있었다. 아스펜의 찬 공기와 함께 시작된 이 새로운 계절은 내 인생의 또 다른 장을 펼치고 있었다. 나는 일주일에 이틀을 쉴 수 있었고, 성수기인 여름과 겨울 시즌에는 오후 1시부터 밤 11시까지 일했다. 비수기에는 아스펜이 거의 텅 비어서 현지 주민들만 남았고, 그 덕분에 업무 시간도 줄어들고 일도 한결 수월해졌다. 덜 바빠진 주방에서는 여유롭게 일하며 스트레스 없이 하루하루를 보낼 수 있었다.

마츠히사에서의 첫 출근은 다소 두려웠지만, 그곳에서의 경험은 놀라운 기회였다. 나는 일식 셰프들의 압도적인 기술과 장인 정신 앞에서 겸손해질 수밖에 없었다. 여름과 겨울 성수기마다 일본 본토에서 손에 꼽히는 초밥 셰프들이 아스펜에 왔다가 시즌이 끝나면 떠났고, 매 시즌을 함께하는 실력 있는 셰프들도 있었다. 이들은 30년 이상의 경력을 가진 일본 요리 장인이었고, 나는 그들에게서 배울 수 있는 모든 것을 배우고 싶었다. 그래서 그들의 요리 방식을 모두 눈에 담고 노트에 빼곡히 기록했다. 또 틈나는 대로 일본어를 외우면서 새로운 요리를 익히기 위해 노력했다.

꿈은 나를 움직이게 했다. 나는 단순히 생계를 위해 일하는 것이 아니라 일본 요리를 완전히 내 것으로 만들겠다는 열정을 품었다. 하지만 그 꿈을 이루기 위해서는 더 많은 실무 경험이 필요했고, 무엇보다 총괄 셰프인 아쿠의 인정을 받아야만 했다. 그는 초밥 셰프들의 포지션과 업무 배정을 결정하는 인물이었다.

나는 그의 신뢰를 얻기 위해 누구보다 일찍 출근했다. 한두 시간 먼저 출근하여 맡은 일을 재빨리 마무리한 후 다른 셰프들을 적극적으로 도왔고, 그들의 기술을 배우는 데 집중했다. 그리고 이러한 노력은 결코 헛되지 않았다. 나는 점점 더 많은 기회를 얻어서 더 다양한 작업을 경험할 수 있게 되었다. 휴일에도 주방에서 자원봉사를 하며 요리에 대한 이해를 넓혔다.

일본 요리뿐만 아니라 프랑스 요리에도 관심이 생긴 나는 일주일에 한 번 프렌치 퓨전 레스토랑에서 무급으로 일하며 기본기를 익혔다. 첫 번째 시즌에는 급여를 받지 못했지만, 그다음 시즌에는 레스토랑 오너와 헤드 셰프로부터 정식 아르바이트 제안을 받았다.

나는 몇 달 동안 아쿠와 같은 직원 숙소에서 지내며 그와 더 가까워졌다. 퇴근 후에는 종종 바비큐 파티를 열었고, 아쿠는 손수 요리를 준비하며 내게 따뜻한 격려의 말을 건넸다. "J.D., 네가 계속 이렇게 최선을 다하면 언젠가 헤드 셰프가 될 수 있을 거야." 그의 말 한마디는 내게 말로 다 표현할 수 없는 힘과 용기를 주었다. 일본인 총괄 셰프가 내 가능성을 믿어준다는 사실은 나에게 큰 자산이 되었다.

시간이 흐를수록 나는 주방에서 점점 인정받기 시작했고, 동료 셰프들과의 관계도 끈끈해졌다. 요리 실력은 물론, 주방 안팎의 경험이 쌓이며 내 인생의 미래가 한층 또렷하게 그려졌다. "모든 것이 순조로워. 아스펜에서 충분히 경험을 쌓은 후 1-2년 안에 LA나 라스베가스에서 헤드 셰프 자리를 찾을 수 있을 거야. 몇 년 후엔 투자자를 만나서 내 레스토랑을 오픈할 수도 있겠지." 나는 쇼군 레스토랑에서 일할 때부터 조금씩 급여를 모았고 술과 마약은 주로 팁으로 해결했기에 비교적 많은 돈을 저축할 수 있었다. 그렇게 내 삶은 즐거웠고 꿈을 향해 차근차근 나아가고 있었다.

그러던 어느 날 아무런 예고도 없이 내 인생이 산산이 무너졌다. 맑은 햇살이 내리쬐던 그날, 스노보드를 타고 설산을 가르며 내달리던 나는 마치 영화 속 한 장면에 들어와 있는 듯했다. 그러나 바로 그때, 내 삶이 송두리째 뒤집혔다. 속도를 올리는 순간에 나는 중심을 잃고 허공으로 내던져졌고, 다음 순간 눈밭에 처박힌 내 몸은 움직이지 않았다. 이윽고 바스러지는 듯한 통증이 몰려오고 정신이 아득해졌다. 구조 헬리콥터 소리와 응급처치사의 차가운 손길, 산소마스크 너머로 들려오던 간절한 기도소리 등 이 모든 것이 꿈처럼 느껴졌지만 그것은 부인할 수 없는 현실이었다.

"다시는 걸을 수 없습니다." 이 짧은 문장은 내 삶 전체를 집어

삼켰다. 셰프로서의 미래, 사업가로서의 꿈, 자유롭게 움직이며 살아가던 모든 삶의 청사진이 그 한 문장으로 무너졌다. 그것은 단순한 의학적 진단이 아니었다. 마치 내 인생 전체에 내려진 사형 선고와 같았다. 그 후 나는 매일같이 다시 걷는 꿈을 꾸었다. 잠에서 깨어나도 눈을 감으면 다시 그 꿈으로 돌아가곤 했다. 상상 속에서 나는 화려한 조명 아래서 여전히 멀쩡한 몸으로 초밥을 만드는 셰프였다. 세계적인 레스토랑을 누비고 파티에 참석하여 사람들 속에서 웃으며 투자자들과 미팅을 하면서 나만의 브랜드를 세우는 모습, 명성과 돈, 자유와 자부심으로 가득한 삶, 그 모든 것은 내가 붙잡고 놓지 못한 환상이었고 때로는 실제로 가능할지도 모른다는 착각이 나를 붙들었다.

"내가 정말 마츠히사에서 헤드 셰프가 될 수 있었을까? 술과 약물에 의존하면서도 성공적인 셰프로 살 수 있었을까? 그렇게 사는 삶이 정말 의미 있을까?" 이런 질문들이 꼬리에 꼬리를 물고 이어졌다. 그러면서도 나는 피해자 의식에 빠졌다. "그래, 난 이런 상상을 할 자격이 있어"라고 자신을 위안하며 온종일 환상의 세계에 머물렀다. 그러나 그 꿈들은 그림자처럼 점점 내 삶을 짓눌렀다. 손에 닿을 듯, 그러나 결코 다시 가질 수 없는 것들이었다.

어느 날 나는 내 자신에게 물었다. "새로운 꿈이 과연 그때 그 꿈만큼 찬란할 수 있을까?" 그러고는 곧 두려운 진실 하나와 마주하게 되었다. "장애, 휠체어, 마비…. 이것들이 새로운 꿈의 일부라면, 그건 꿈이 아니라 악몽이다." 나는 휠체어에 묶여 살아가야 했고, 누군가의 도움 없이는 기본적인 생활조차 할 수 없었다. 통증과 치료, 반복되는 수술과 재정적 고통 속에서 살아가는 삶은 내가 꿈꾸고 싶지 않은 현실이었다. 어쩌면 나는 새로운 꿈을 꿀 용기조차 잃어버린 사람이었는지도 모른다.

한편, 그 시기에 나는 나처럼 척수 손상을 입은 사람들을 만나기 시작했다. 그중에서도 데이비드(David)라는 청년이 유독 마음에 남는다. 그는 2002년에 나처럼 스노보드 사고를 당해 어깨 아래가 마비되었는데, 사고가 난 지 6개월 만에 대학으로 복귀했다. 그의 룸메이트들은 자발적으로 간병을 자처하며 함께 살겠다고 나섰고, 데이비드는 그 도움에 힘입어 졸업 후 다시 자신의 꿈을 향해 나아갔다. 그러나 나는 그와 다르게 여전히 과거에 묶여 있었다. 이미 끝난 꿈에 심폐소생술을 시도하듯, 매일 그 꿈을 되살리려 애썼다. 사실 머리로는 알고 있었다. "이제는 놓아야 해. 과거에서 빠져나와야 앞으로 나아갈 수 있어." 그러나 마음은 여전히 준비되지 않았다. 욕망과 아쉬움은 논리보다 강했고, 내 감정은 죽은 꿈에 온 힘을 다해 매달리고 있었다.

그 꿈은 더 이상 살아 있는 것이 아니었다. 오히려 내 영혼을 짓누르는 무거운 짐이었다. 그러나 아이러니하게도 나는 그것을 생명줄처럼 붙잡고 있었다. 그 꿈은 내게 있어 '아기' 같았다. 오랜 시간 돌보고, 기르고, 헌신했고 나의 열정과 시간과 삶을 그 안에 쏟아부었다. 그 꿈은 내 존재의 이유이고 정체성이었으며, 내가 살아 있음을 느끼게 해준 증거였다. 그래서 그것을 놓는다는 것은 곧 내 자신을 놓는 것과 같았다. 다른 무엇도 그 꿈을 대체할 수 없다고 믿었다. 그런데 문득 내 안에서 이런 질문이 들려왔다. "하나님께서는 이 집착을 어떻게 보실까? 죽은 꿈을 부여잡고 살아가는 내 모습을 기뻐하실까? 이 생각들을 내가 정말 사랑하는 사람들에게 털어놓을 수 있을까?" 질문은 간단했지만, 그 대답은 무겁고 복잡했다. 실질적으로 그 꿈을 내려놓는 일은 생각보다 훨씬 더 고통스러운 여정이었다. 나는 여전히 성경을 읽고 기도하며 하나님의 임재를 구했지만, 내 마음은 그 꿈의 잔해를 손에서 놓지 못하고 있었다. 현실은 냉혹했고, 고통스러웠다. 그럴수록 나는 상상 속 세계로 도피했다. 그곳에서 나는 자신감이 넘치고 살아 숨쉬고 있었으며 기쁨에 찬 사람이었다. 이런 상상은 일시적으로 위로가 되었지만, 동시에 과거에 나를 묶는 족쇄이기도 했다.

결국 나는 내가 붙잡고 있던 꿈이 산산조각난 유리 조각이었다는 사실을 받아들여야 했다. 나는 그 조각들을 하나하나 맞춰보려 했고, 어느새 손끝은 피투성이가 되어 있었다. 이 조각들을 내려놓지 않으면 더 많이 다치게 될 것임을 알고 있었음에도, 여전히 그 조각을 쥐고 있는 것이 현실을 직면하는 것보다 덜 아프게 느껴졌다. 나는 진실을 마주할 준비가 되지 않은 사람이었다.

죽은 꿈을 내려놓을 때 새로운 생명이 시작됩니다

집착은 생명을 질식시키고, 내려놓음은 새로운 생명을 초대합니다. 무너진 꿈을 붙드는 것은 인간의 자연스러운 반응이지만, 성경은 과거를 내려놓고 하나님을 신뢰하는 삶으로 초대합니다. 바울은 이렇게 고백합니다. "형제들아 나는 아직 내가 잡은 줄로 여기지 아니하고 오직 한 일 즉 뒤에 있는 것은 잊어버리고 앞에 있는 것을 잡으려고"(빌 3:13). 과거의 영광이나 실패에 붙잡힌 삶은 결국 영혼을 병들게 합니다. 죽은 꿈을 붙들고 사는 것은 가을에 떨어진 낙엽을 다시 가지에 붙이려 애쓰는 것과 같습니다. 계절은 이미 바뀌었고, 하나님께서는 새로운 열매를 맺기 위한 시간을 준비하고 계십니다. 그분은 우리의 과거가 아니라 현재와 미래 속에서 새로운 일을 행하고자 하십니다. 내려놓음은 죽음이 아니라 부활의 시작입니다. 하나님 앞에 꿈의 잔해를 내려놓을 때, 비로소 우리는 진정한 자유와 새로운 생명을 얻을 수 있습니다.

꿈은 우리의 정체성을 완성할 수 없습니다

우리는 종종 자신의 꿈을 통해 존재의 가치를 증명하고자 합니다. 꿈이 이루어지면 자신을 의미 있는 존재로 느끼고, 실패하면 무가치한 존재로 여깁니다. 그러나 성경은 인간 존재의 의미가 업적이나 성공에 있지 않다고 분명히 가르칩니다. "너희 몸은 너희가 하나님께로부터 받은 바 너희 가운데 계신 성령의 전인 줄을 알지 못하느냐 너희는 너희 자신의 것이 아니라 값으로 산 것이 되었으니 그런즉 너희 몸으로 하나님께 영광을 돌리라"(고전 6:19-20). 우리는 이미 하나님의 창조와 구속 안에서 존귀한 존재로 세워졌습니다. 그러므로 꿈이 무너질 때 느끼는 허무와 절망은 사실상 우리 존재의 근원이 잘못된 기반 위에 세워져 있었음을 드러냅니다. 시편 기자는 이렇게 고백합니다. "여호와께서 집을 세우지 아니하시면 세우는 자의 수고가 헛되며 여호와께서 성을 지키지 아니하시면 파수꾼의 깨어 있음이 헛되도다"(시 127:1). 우리의 존재는 꿈이 아니라 하나님의 손에 의해 규정됩니다. 따라서 꿈이 무너질 때 비로소 참된 정체성을 다시 발견할 수 있습니다.

새로운 꿈은 하나님 안에서만 안전하게 자랍니다

부서진 꿈을 내려놓는 것은 포기가 아니라 더 깊은 신뢰의 자리로 나아가는 길입니다. 하나님께서는 우리의 꿈을 내려놓을 때 그분의 꿈으로 채워주십니다. 이 과정은 단순한 대체가 아닌 존재의 방향 자체가 바뀌는 전환입니다. 다윗은 성전을 짓고자 했지만 하나님께서는 그의 몫이 아님을 말씀하셨습니다. 그 대신 그의 자손을 통해 영원한 왕국을 세우겠다고 약속하셨습니다. "가서 내 종 다윗에게 말하기를 여호와의 말씀이 너는 내가 거할 집을 건축하지 말라…내가 영원히 그를 내 집과 내 나라에 세우리니 그의 왕위가 영원히 견고하리라 하셨다 하라"(대상 17:4, 14).

예수님도 겟세마네 동산에서 자신의 뜻을 내려놓고 아버지의 뜻에 철저히 순종하십니다. "이르시되 아버지여 만일 아버지의 뜻이거든 이 잔을 내게서 옮기시옵소서 그러나 내 원대로 마시옵고 아버지의 원대로 되기를 원하나이다 하시니"(눅 22:42). 하나님의 뜻에 순복할 때 우리는 비로소 하나님 안에서 다시 새로운 꿈을 꿀 수 있습니다.

하나님 앞에 상처와 꿈을 솔직히 털어놓아야 합니다

부서진 꿈은 외면하거나 억누른다고 해서 사라지지 않습니다. 오히려 그것을 있는 그대로 하나님 앞에 가져가는 것이 회복의 출발점입니다. 시편 기자들은 하나님 앞에서 자신의 분노, 상실감, 혼란을 숨김없이 쏟아냈습니다. 하나님은 우리의 '영적 언어'뿐만 아니라 고통의 탄식도 들으시는 분입니다. 하루에 단 5분만이라도 '고통의 기도'를 드려봅시다. 기도의 형식보다 정직한 감정의 흐름이 더 중요합니다. "왜요, 하나님?"과 같은 질문도 회피하지 말고, 그 질문 속에서 하나님을 붙드는 연습을 합시다. 시편 13편, 42편, 73편 등을 묵상하며 정직한 기도를 회복합시다.

현실의 자리에서 '새로운 꿈'을 위한 작은 순종을 실천해 봅시다

회복은 언제나 '작은 순종'에서 시작됩니다. 과거의 꿈이 무너졌다면, 하나님이 주시는 새로운 방향을 향해 하루 한 걸음씩 나아가는 것이 중요합니다. 거창한 결단이 아니라 오늘 하루를 하나님께 다시 내어드리는 겸손한 자세가 시작입니다. 오늘 내게 주어진 삶 속에서 감사할 것 한 가지, 배울 것 한 가지를 기록해 봅시다. 실패할지라도 계속해서 기도하고, 예배하며 공동체 안에서 함께 걸어 갑시다. 하나님의 뜻이 아직 분명히 보이지 않더라도 주어진 자리에서 성실히 감당하는 것이 믿음의 걸음입니다.

내려놓음의 용기를 선택하고, 하나님의 새 일을 기대합시다

죽은 꿈을 내려놓는 것은 실패가 아니라 믿음의 행위입니다. 내 손으로 쥐려 하던 것을 내려놓을 때, 하나님께서 빈손에 새로운 은혜를 채워주십니다(사 43:19). 이 약속을 마음에 품고, 과거를 붙드는 대신 미래를 기대하는 신앙을 선택해야 합니다. 매일 아침 드리는 기도 가운데 "오늘 하나님께서 새롭게 시작하실 일을 기대합니다"라고 고백하며 하루를 시작해 봅시다. 믿음은 과거의 유산이 아니라 앞으로 펼쳐질 하나님의 새 창조를 향해 열려 있는 마음입니다.

💬 꿈이 무너졌을 때, 나는 누구의 음성에 귀를 기울입니까? 하나님
의 진리입니까, 세상의 평가입니까, 아니면 스스로의 정죄입니
까? 꿈이 꺾인 순간에 우리는 종종 정체성과 존재감이 흔들리기
도 합니다. 그때 들리는 목소리가 우리 삶의 방향을 결정짓곤 합
니다. 무너진 꿈의 자리에서 들리는 하나님의 음성은 새롭게 시
작되는 회복의 첫걸음일 수 있습니다. 그 음성에 다시 귀를 기울
여 봅시다.

은혜 교회 뜨리다에서 자리잡은 꿈

비전:
나의 꿈이 끝난 곳에서
하나님의 꿈이 시작되다

누구나 마음속에 품은 꿈이 있습니다. 어떤 꿈은 어린 시절부터 시작되어 자라나기도 하고, 또 어떤 꿈은 인생의 어느 순간에 번뜩이는 계기로 찾아오기도 합니다. 우리는 그 꿈을 위해 노력하고 때로는 포기하지 않으려고 몸부림치며 살아갑니다. 그러나 인생의 어느 지점에서 우리는 아무리 애써도 손에 잡히지 않는 현실 앞에 주저앉아야 할 때가 있습니다. 갑작스러운 사고, 예상치 못한 질병, 무너진 관계와 계획 등이 그것입니다. 그렇게 우리는 불현듯 '나의 꿈이 끝나는 자리'에 서게 됩니다.

이 장은 바로 그런 자리에서 시작된 한 사람의 이야기입니다. 모든 것을 잃은 것처럼 보였던 그 순간에 인간적인 꿈이 무너졌지만, 그 무너진 자리에 하나님의 더 크고 깊은 꿈이 서서히 피어났습니다. 장애라는 현실을 외면하고 싶었던 시간, 무너진 기대 속에서 부르짖었던 기도들, 다시는 일어설 수 없을 것 같던 절망의 계곡을 지나며, 오히려 하나님께서는 새로운 삶의 비전을 열어주셨습니다. 이 여정은 결코 단순한 극복의 이야기가 아닙니다. 오히려 고통과 질문 속에서 하나님을 새롭게 만나고 부서진 꿈 위에 하나님의 온전한 계획이 펼쳐지는 과정을 담고 있습니다.

혹시 지금 여러분도 끝나버린 것 같은 꿈 앞에 있나요? 실패나 좌절, 예상치 못한 고난이 삶의 방향을 바꾸었나요? 그렇다면 기억하길 바랍니다. 하나님께서는 인간의 꿈이 끝나는 곳에서 새로운 시작을 준비하고 계십니다. 우리의 약함과 상처마저도 은혜로 빚으시고 우리가 생각하지 못한 길로 인도하십니다. 이 이야기를 통해 여러분의 삶 속에서도 하나님의 깊고 선한 손길을 다시 발견하게 되기를 소망합니다.

나는 매일 기도했다. 마치 아침에 눈을 뜨고 밤에 눈을 감듯 기도는 내 하루의 시작과 끝이었다. 하나님의 뜻이 내 삶 가운데 이루어지기를 그리고 아직 보이지 않는 미래에 대한 그분의 계획을 보여주시기를 간절히 바랐다. 그러나 솔직히 말하자면, 그 기도의 중심에는 언제나 '치유'와 '회복'이 자리하고 있었다. 내 마음 깊은 곳에서 울려 퍼지던 기도는 언제나 이러했다. "하나님, 다시 걷게 해주세요. 제발, 제발 다시 일어서게 해주세요. 원래의 삶으로 돌아가고 싶어요."

그것이 내가 믿고 싶은 하나님의 꿈이었다. 하나님의 뜻이라는 이름 아래 나는 나의 바람을 하나님께 간청했다. 그 시절, 내 방의 한쪽 벽에는 예레미야 33장 3절 말씀이 적힌 포스터가 붙어 있었다. "너는 내게 부르짖으라 내가 네게 응답하겠고 네가 알지 못하는 크고 은밀한 일을 네게 보이리라." 나는 하루에도 수십 번씩 그 말씀을 입술에 담고 때로는 눈물을 머금으며 그 구절을 반복하면서 무릎을 꿇었다. "하나님, 제게도 보여주세요. 하나님의 꿈은 무엇인가요? 저를 향한 당신의 뜻이 무엇인지 말씀해 주세요." 그러나 그 당시의 나는 하나님의 꿈 안에 휠체어도, 장애도 있어서는 안 된다고 확신했다. 장애를 안고 살아가는 삶은 내게 있어 결코 꿈이 아니라 고통 그 자체였기 때문이다. 살아 있다는 느낌보다 살아 남았다는 피로감이 더 짙게 깔린 날들이었다. 그런데도 나는 포기하지 않고 계속해서 기도했다. 나를 붙드는 말씀과, 내 뜻대로 살 때마다 무너진 기억은 내 발걸음을 하나님의 계획으로 돌려세웠다. 나는 다시 실패하고 싶지 않았다. 더 이상 그 무거운 절망의 무게를 짊어지고 싶지 않았다.

그런데 어느 순간, 나는 내 꿈을 고집하는 대신 하나님의 꿈을 꾸기로 결심했다. 하나님의 뜻이 내 삶에 이루어진다면, 그때 비로소 그분의 꿈이 현실이 될 수 있으리라 믿었다. 그리고 아주 천천히 그러나 분명하게, 나는 내 안에서 죽어가던 꿈을 하나씩 놓기 시작했다. 동시에 하나님께서 새롭게 주시려는 꿈을 향해 마음을 열기 시작했다. 하나님이 주시려는 새로운 꿈 안에는 내가 받아들이고 싶지 않던 현실, 곧 '장애'가 분명히 포함되어 있었다. 나는 처음에 이 사실을 도저히 인정할 수 없었다. 내 안의 논리는 이렇게 말하고 있었다. "장애를 안고 살아가는 삶이 어떻게 하나님의 꿈이 될 수 있지? 이런 몸으로 무슨 일을 할 수 있단 말인가?" 그러나 하나님께서는 내게 말씀하셨다. "네가 무가치하다고 여긴 그 몸조차도 나에겐 영광의 도구가 될 수 있다."

그 음성은 조용하지만 깊었고, 내 존재의 가장 아픈 곳을 향해 파고들었다. 그제야 나는 비로소 깨달을 수 있었다. 하나님은 나의 약함 속에서도 일하시는 분이며, 그분의 꿈은 내가 그동안 소망해 온 꿈보다 훨씬 더 깊고 더 넓으며 더 선하다는 것을 말이다.

하나님의 계획을 구하는 여정 가운데 내 마음속에 작은 소망 하나가 자라나기 시작했다. 그것은 나와 같은 아픔 속에 있는 이들, 특히 장애로 인해 삶이 흔들린 사람들을 만나고 그들을 위로하며 돕고 싶다는 갈망이었다. 그런데 처음에는 이 마음조차 의심스러웠다. '정말 하나님이 주신 마음일까? 아니면 나의 미련한 감정일 뿐일까?' 나는 항상 상상해왔다. '하나님께서 나를 치유해 주신다면, 나는 그분의 능력을 간증하며 사는 삶을 살게 되겠지.' 그러나 현실은 그렇지 않았다. 나는 여전히 장애를 지니고 있었고 일상 속에서 수많은 문제와 싸워야 했다. 그래서 질문은 꼬리에 꼬리를 물고 이어졌다. '내가 누군가를 도울 수 있을까? 나는 아직도 다른 사람의 도움이 절실한데. 여전히 풀리지 않은 문제들이 산더미처럼 쌓여 있는데 도대체 어떤 힘으로, 무슨 말로 사람들을 위로할 수 있을까? 기도에 응답 받지 못한 절망 속에 있는 사람들에게 내가 무슨 희망을 줄 수 있을까? 그들이 나를 진지하게 받아들일까? 내가 전할 수 있는 메시지가 정말 존재할까?'

그러던 어느 날, 나는 조용히 사람들의 이야기에 귀를 기울이기 시작했다. 그리고 그 가운데 고통과 분노, 좌절과 실망, 외로움과 절망은 이 세상 어디에나 있으며 그것은 사람들이 서로 다른 방식으로 경험하는 인간 공통의 실존이라는 것을 깨달았다. 그러면서 그 깊은 고요 속에서 내 마음속 작은 목소리가 울려 퍼졌다. "작은 방식일지라도, 나도 누군가를 도울 수 있지 않을까?"

나는 모든 고통을 경험해본 것은 아니지만 오랜 시간 고통과 씨름하며 살아온 자로서, 그것이 인간의 삶과 하나님과의 관계에 어떤 영향을 주는지 조금은 이해하고 있었다. 이 갈망은 단순한 내 욕심이 아니었다. 오히려 하나님께서 내 마음에 심으신 작은 씨앗이었고, 수년 동안 나를 도와준 이들과 단체들로부터 받은 사랑과 긍휼의 열매였다. 그들의 선한 영향력은 내가 다시 세상을 향해 손을 내밀 수 있도록 해주었다. 이처럼 작고 불확실하며 미성숙했던 소망이 서서히 자라나서 마침내 '하나님의 부르심'이라는 새로운 꿈으로 결실을 맺게 되었다. 그런데도 나는 여전히 그 부르심을 온전히 받아들이지 못했다. 마음 한편에서는 끊임없이 질문이 생겨났다. "하나님은 전능하신 분인데, 왜 나는 아직도 마비된 몸으로 살아가야 합니까? 사람들이 그렇게 묻는다면 나는 뭐라고 대답해야 하죠?" 이 질문은 단순한 신학적 의문이 아니었다. 나의 깊은 내면에서 솟구치는 실존적인 절규였다. "하나님, 이 몸으로도 정말 괜찮은 건가요? 제가 정말 목회자가 될 수 있을까요?"

나는 여전히 의료적 문제로 고통받았고, 많은 교회의 건물은 휠체어가 들어갈 수 없는 구조였다. 그것은 단지 건물의 문제가 아니었다. 사람들의 시선, 무언의 판단, '정상'이라는 기준의 벽들이 나를 짓눌렀다. '몸이 건강하고 자유롭게 움직일 수 있으며 여러 사역을 감당할 수 있는 사람이 교회에는 더 적합하지 않을까?'라는 세상의 기준이 내 마음속 깊은 곳에서 나를 무너뜨리고 있었다. 나는 하나님 앞에 수없이 울며 기도했다. "주님, 이 부르심이 정말 주님의 뜻입니까? 아니면 제 착각입니까?" 몇 달 동안 그렇게 기도하며 씨름했다.

그동안 나는 내가 할 수 없는 것들만 바라보았고 그것들은 나를 얽매고 있었다. 그러나 하나님께서는 내가 할 수 없는 것을 바라보시며 그분의 능력과 자비를 신뢰하라고 말씀하셨다. 그렇게 나는 마침내 겸손히, 감사히 그리고 떨리는 마음으로 그 부르심을 받아들였다. 그리고 복음주의 장로교회(EPC)를 통해 목회자의 길을 따르기로 결단하고 정식으로 안수 준비 과정에 들어가게 되었다.

한편, 이 시기에 나는 새로운 이민 변호사를 만나게 되었다. 그는 내게 미국 내에서 일할 수 있는 한 가지 비자 옵션을 알려주었다. 이 신분은 임시적이고 정부로부터의 지원을 받을 수 없다는 제한이 있지만, 당시 나에게는 꼭 필요한 길이었다. 일반적으로 이 비자는 난민이나 정치적 박해를 받는 사람과 같은 특수한 상황에 있는 이들을 위한 것으로, 장애가 있는 경우에는 해당되지 않는 때가 많았다. 그러나 나는 특별한 사례로 간주되어 극적으로 자격을 얻게 되었다. 또 지인 100여 명이 추천서를 써주었다. 마침내 나는 미국에서 자유롭게 일할 수 있게 되었다. 세금을 낼 수 있다는 사실조차 나에게는 감사한 일이 되었다. 물론 그 과정은 결코 순탄하지 않았다. 이 신분은 2년마다 재신청해야 했고 어떤 때는 변호사와 이민 담당자도 내가 더 이상 자격을 얻기 어렵다고 판단한 적도 있었다. 그러나 감사하게도 결국 다시 허가를 받을 수 있었다. 그때 변호사는 이렇게 말했다. "어떤 신적인 존재가 당신을 지켜보고 있는 것 같네요." 그때 나는 마음속으로 확신하게 되었다. 그분은 바로 예수님이셨다.

이후 나는 안수 준비 과정에서 샤론 비크먼(Sharon Beekmann) 목사님을 만났다. 매달 그분과 만나서 예수님과 함께한 삶의 여정, 사역의 부르심 그리고 안수를 준비하는 내 마음속 불안과 기대를 함께 나누었다. 샤론 목사님은 내 이야기를 진심으로 들어주었고 때로는 눈물로, 때로는 기도로 나를 품어주셨다. 목사님 또한 깊은 고통과 영적 전쟁의 시간을 지나왔기에, 그분의 말 한 마디 한 마디는 체험에서 나온 진리였고, 내게 큰 위로와 통찰을 안겨주었다.

어느 날, 샤론 목사님이 내게 말하셨다. "당신의 고통은 결코 헛된 것이 아니예요. 오히려 그것은 하나님과 사람들을 연결하는 귀한 다리이자, 그분의 위로를 전하는 통로가 될 수 있어요." 이 말은 내 마음 깊은 곳에 닫혀 있던 문 하나를 천천히 열어주었다. 고통은 하나님께 쓰임 받을 수 없다고 여긴 나의 생각은, 그날 이후 더 이상 같은 모습으로 머물 수 없었다.

나는 EPC 교단 소속의 호프 처치(Hope Church) 담임목사이신 루퍼스 스미스(Rufus Smith) 목사님과의 뜻밖의 만남을 통해 새로운 문을 열게 되었다. 노회 모임에서 내가 간증을 전했을 때, 목사님은 예배가 끝난 후 조용히 다가와 내게 간증을 나눠 달라고 하시며 성령 하나님이 마음을 주셨다고 했다. 그 한마디는 내 마음 깊은 곳에 큰 울림을 주었다. 나는 망설임 없이 대답했다. "네, 가겠습니다." 하지만 목사님은 호프 처치가 2만 명 이상이 모이는 대형 교회임을 미리 말하지 않으셨다.

그 후 우리 가족은 사고 이후 처음으로 콜로라도를 벗어나는 여정을 준비하게 되었다. 무려 12년 만의 첫 가족 여행이자 하나님을 전하는 선교 여행이었다. 여행을 준비하며 우리는 기도했고, 마음속엔 설렘과 두려움이 교차했다. 이동 수단이었던 개조 차량은 시속 105킬로미터 이상을 낼 수 없고 내비게이션도 없었다. 하지만 우리에겐 하나님의 인도하심이 있었다. 나는 부모님에게 웃으며 말했다. "사도 바울도 첫 선교 여행에서 약 2,600킬로미터를 걸었는데 우리도 왕복 3,500킬로미터 정도는 차로 갈 수 있지 않겠어요?"

이틀을 달려 테네시주 멤피스에 있는 호프 처치에 도착했을 때, 우리는 지쳤지만 은혜와 감사로 충만했다. 루퍼스 목사님과 교회 스태프들은 우리를 환영해주었다. 그들의 환대와 섬김은 무척 따뜻했다. 나는 그 주 토요일 저녁과 주일 아침 세 번의 예배에서 수만 명의 성도들 앞에 섰다. 단상에서 복음을 전하며 하나님의 사랑과 나의 여정을 간증했다. 몇백 명 앞에서도 긴장해서 떨던 나였기에, 이날의 떨림은 더할 수 밖에 없었다. 그러나 하나님께서는 내 입술에 담대함을 주시고 내 연약한 몸에 기쁨과 능력을 부어주셨다.

예배 후에는 많은 사람이 눈물을 흘리며 내게 다가와 감사의 말을 전했다. 우리는 육체적으로는 탈진했어도 성령으로 충만했고, 마음은 은혜와 감동으로 벅찼다. 이것이 하나님의 부르심의 길임을 나는 다시 한번 확신할 수 있었다.

간증을 마치고 콜로라도에 있는 집으로 돌아왔을 때는 이메일 한 통이 나를 기다리고 있었다. 그것은 에버딘 대학교로부터 온 박사과정 합격 통지서였다. 나는 부모님께 이 소식을 전했고, 함께 눈물을 흘리며 하나님께 찬양을 올렸다. 그 순간, 그 길이 하나님이 여신 길이라는 확신이 내 마음에 깊이 자리 잡았다. 그 길은 단지 내 개인의 길이 아니었다. 우리 가족이 수년 동안 함께 기도해 온 길, 수많은 눈물과 실패 그리고 기다림과 포기가 쌓인 길, 그러나 하나님께서 반드시 열어주실 것이라 믿었던 바로 그 길이었다.

나는 마침내 하나님의 부르심에 대한 확신을 품고 그 부르심에 응답하는 구체적인 결단을 내렸다. 그 결단의 열매는 바로 'J.D. Kim Ministries'라는 비영리 기독교 단체의 설립이었다. 이 사역은 단지 나의 꿈이 아니었다. 그보다 훨씬 더 크고 깊은, 하나님께서 먼저 꾸신 꿈의 실현이었다. 그분이 내게 보여주신 꿈은 인종과 나이, 능력과 지위, 장애와 문화, 성별과 경제적 조건과 상관 없이 삶의 크고 작은 고통을 가진 모든 사람이 예수 그리스도를 주로 고백하고 성부·성자·성령을 예배하며, 사랑과 거룩함과 기쁨으로 하나 된 공동체를 이루는 것이었다. 이 사역은 눈물도 고통도 소외도 단절도 사라질 예수님의 재림을 소망하며, 오늘 이 땅 위에서 복음 안에 살아가는 이들과 함께 하나님 나라를 미리 살아내는 순례의 여정이었다.

J.D. Kim Ministries의 비전은 단순한 이상이 아니었다. 그것

은 절망과 고통 한복판에서 하나님의 손길을 체험한 자들의 실제적인 고백이자, 믿음의 응답이었다. Dr. Rich Sweeney, Dr. Sung Wook Chung, Rev. Jae Son, Dr. Dick Elliot 그리고 나의 아버지가 이 사역의 이사로 함께하며 사명에 동참하는 동역자가 되어 주셨다. 우리의 사역은 세 가지 핵심 영역을 중심으로 복음을 실천해 나갔다.

첫째는 기독교 신학 교육이다. 오늘날 수많은 신자와 비신자가 신학적 혼란 속에서 하나님과의 관계에 위기를 겪고 있다. J.D. Kim Ministries는 복음주의 신학과 성경의 진리에 기반한 건강하고 균형 잡힌 신학 교육을 제공함으로써, 그들이 하나님을 더 깊이 알고 더 온전하게 신뢰할 수 있도록 돕고자 한다.

둘째는 격려와 나눔의 사역이다. 나는 내 간증을 통해 삶의 굴곡, 연약함, 한계와 눈물을 숨기지 않고 진실하게 나눈다. 왜냐하면 우리가 고통을 함께 나눌 수 있다면 그리스도 안에서 서로의 짐을 함께 질 수 있기 때문이다. 감사와 기쁨 그리고 치열한 신앙의 여정을 함께 나눈다면 우리는 각자의 십자가를 지고 함께 순례하는 동반자가 될 수 있다. 내가 전하는 복음은 죄와 고통의 악순환에서 해방될 수 있는 유일한 소망이다.

셋째는 장애인을 위한 사역이다. 많은 장애인들이 오랜 시간 동안 교회 안팎에서 무시당하거나 외면당해 왔다. J.D. Kim Ministries는 그들에게 격려와 위로를 전하며 장애 사역 단체들과 협력해 재정과 자원을 제공하고, 세상에서 소외된 이들을 향한 하나님의 사명과 꿈을 선포한다.

나는 사역을 시작하면서 많은 믿음의 동역자들과 목회자들 그리고 후원자들을 만나게 되었다. 그들은 이 사역의 비전을 함께 믿어주고 기도와 격려 그리고 재정으로 아낌없는 후원을 보내주면서 말씀을 나눌 수 있는 기회도 주었다. 내가 사고 이후 재활했던 크레이그 병원에서도 정기적으로 말씀을 나누며 힘들고 어려운 분들을 위로하게 되었다. 또한 그 가운데 나는 국제 장애인 사역 단체 '조니앤프렌즈'의 창립자인 조니 에릭슨 타다(Joni Eareckson Tada)와 연결될 수 있는 기회를 얻었다. 학업을 시작할 당시 나는 그들의 사역에 깊은 감동을 받았고, 재정적인 후원과 함께 사역 자원과 기도, 다양한 지원을 받으며 동역자로 연합하게 되었다. 조니앤프렌즈는 나의 사역에 큰 격려와 도움을 주는 소중한 동반자이다. 하나님과 장애로 영향을 받은 이들을 위한 사역에 이 기관과 동역하게 된 것은 내게 큰 특권이 아닐 수 없다.

나는 한 번도 이런 꿈을 꿔본 적이 없었다. 성경을 연구하고 신학을 가르치며, 나의 연약함과 예수 그리스도를 자랑하는 책을 쓰게 되리라고는 말이다. 이것은 내 꿈이 아니라 하나님의 꿈이었다.

인간의 꿈은 유한하지만 하나님의 꿈은 영원합니다

우리는 본능적으로 자기 삶의 방향과 미래를 계획하며 살아갑니다. 그러나 인간의 꿈은 언제든지 부서질 수 있는 유한한 것이며, 그 꿈이 하나님의 뜻과 반드시 일치하는 것도 아닙니다. 반면, 하나님의 꿈은 인간을 구원하고 그분의 뜻을 이루기 위한 거룩하고 영원한 계획입니다. "사람의 마음에는 많은 계획이 있어도 오직 여호와의 뜻만이 완전히 서리라"(잠 19:21). 하나님이 주시는 꿈은 인간이 생각하는 번영, 성공, 치유를 넘어 그분의 영광과 나라를 위한 존재 목적에 참여하게 하는 부르심입니다. 우리는 그 꿈의 일부로 초청받은 '하나님의 동역자'입니다. "우리는 하나님의 동역자들이요 너희는 하나님의 밭이요 하나님의 집이니라"(고전 3:9).

하나님의 꿈은 공동체를 향해 나아갑니다

하나님의 꿈은 결코 개인의 유익에 머무르지 않습니다. 참된 부르심은 타인의 고통에 참여하고 이웃을 섬기며, 공동체를 세워가는 사역으로 확장됩니다. 하나님이 주시는 꿈은 개인의 회복을 넘어 세상을 치유하고 공동체를 살리는 방향으로 이끕니다. "임금이 대답하여 이르시되 내가 진실로 너희에게 이르노니 너희가 여기 내 형제 중에 지극히 작은 자 하나에게 한 것이 곧 내게 한 것이니라 하시고"(마 25:40). 하나님의 꿈을 따르는 삶은 곧 자기중심적 꿈에서 벗어나 이웃을 향한 헌신과 섬김으로 나아가는 순종의 삶입니다. "(예수 그리스도께서) 오히려 자기를 비워 종의 형체를 가지사 사람들과 같이 되셨고"(빌 2:7). 이는 우리가 그분의 꿈에 동참하는 방식이기도 합니다.

하나님께서는 무너뜨림을 통해 새로운 것을 세우십니다

우리를 사랑하시는 하나님은 때로 우리가 붙잡고 있는 잘못된 기반, 허상의 꿈, 자아중심적인 계획을 무너뜨리십니다. 그러나 그것은 파괴가 아니라 재건을 위한 은혜로운 붕괴입니다. 하나님께서는 부서진 삶의 잔해 위에 우리를 위한 새로운 창조를 시작하십니다. "보라 내가 오늘 너를 여러 나라와 여러 왕국 위에 세워 네가 그것들을 뽑고 파괴하며 파멸하고 넘어뜨리며 건설하고 심게 하였느니라 하시니라"(렘 1:10). 그분은 우리 안에 있는 자기 의, 허망한 자존감, 성공 중심의 가치관, '정상'이라 여겼던 삶의 형식들을 부수실 수 있습니다. 그리고 그 자리에 그리스도의 성품, 하늘의 소망, 하나님의 비전, 섬김의 정체성을 새롭게 세워가십니다. 고통과 실패는 하나님의 새로운 건축이 시작되는 성소의 땅이 될 수 있습니다. 어떤 땅은 다른 땅보다 더 깊이 갈아야 열매를 맺습니다. 십자가가 그렇습니다. 그것은 철저한 무너짐이었지만, 부활의 영광을 위한 하나님의 거룩한 초석이었습니다.

지금 할 수 있는 작은 일을 찾아 최선을 다해야 합니다

상실과 실패는 자기연민에 쉽게 빠지게 합니다. 그러나 하나님께서는 우리가 과거를 애도하는 데 머무르는 것이 아니라 지금 주어진 삶을 충성스럽게 살아가기를 원하십니다. '무엇을 잃었는가' 생각하기보다는 '지금 무엇을 할 수 있는가' 질문해 보기를 바랍니다. 가벼운 운동, 책 한 페이지 읽기, 짧은 기도, 감사 한 줄 적기 등 아무리 작은 일이라도 좋습니다. 지금 할 수 있는 일을 최선을 다해 감당할 때, 하나님께서는 그 충성 위에 새로운 생명을 심으십니다. 예수님은 말씀하십니다. "지극히 작은 것에 충성된 자는 큰 것에도 충성되고 지극히 작은 것에 불의한 자는 큰 것에도 불의하니라"(눅 16:10). 자기연민은 삶을 정지시키지만, 작은 충성은 무너진 삶 속에 새 길을 엽니다. 오늘 하루, 스스로를 연민하는 마음을 거두고 지금 할 수 있는 선한 일 한 가지를 선택하여 행동으로 옮겨봅시다.

자신의 약함을 두려워하지 말고, 그것을 통해 하나님의 능력을 신뢰하길 바랍니다

하나님의 부르심은 능력 있는 자가 아닌 그분을 의지하는 자에게 주어집니다. 자신의 연약함, 장애, 실수, 과거의 상처가 오히려 하나님의 은혜와 능력을 증언하는 통로가 될 수 있다는 사실을 받아들입시다. 그리고 오늘 마주한 나의 약점이나 실패, 상처 등 한 가지를 떠올려 봅시다. 그것이 여전히 수치로 남아 있다면, 하나님의 시선으로 다시 바라보는 연습을 해봅시다. 또한 그 약함을 사용하여 다른 누군가에게 격려와 위로의 말을 전하거나 기도로 섬기는 구체적인 행동을 실천해 봅시다.

하나님의 꿈은 사람과 공동체를 향한 것임을 기억합시다

하나님의 꿈은 결코 나 한 사람 회복되는 것으로 끝나지 않습니다. 타인의 고통에 공감하고 공동체 안에서 함께 꿈꾸며, 섬김과 나눔의 자리에까지 나아가게 합니다. 오늘 하루, 도움이 필요한 사람에게 다가가 보길 바랍니다. 반드시 큰 일이 아니어도 괜찮습니다. 말 한마디, 기도 한 줄, 메시지 하나가 충분히 시작이 될 수 있습니다. 그리고 이렇게 다짐해 봅시다. "하나님의 꿈은 이웃의 회복과 연결되어 있음을 기억하며, 오늘 나의 삶이 누군가에게 위로가 되게 하소서."

💬 하나님께서 '나의 계획'을 멈추실 때 나는 그것을 절망으로 받아들입니까, 아니면 초청으로 받아들입니까? 우리는 대부분 실패나 상실을 하나님의 부재나 무관심으로 해석하지만, 이 장은 절망의 순간이 오히려 하나님의 개입과 새로운 비전의 출발점임을 고백합니다.

💬 '나의 꿈'과 '하나님의 꿈'은 반드시 일치해야 합니까? 그렇지 않다면 그 차이는 어떻게 해석해야 할까요? 하나님의 꿈을 꾸기를 기도합니다.

예수님:
I love Jesus!

우리는 인생의 여러 갈림길 앞에서 하나님의 뜻을 알고 싶어 합니다. 진로를 결정할 때, 중요한 사람과의 관계를 놓고 고민할 때, 혹은 크고 작은 사역의 문을 두드릴 때마다 우리는 묻습니다. "하나님, 어디로 가야 할까요? 무엇을 해야 할까요?" 그러나 그것을 가만히 들여다보면, 때로는 하나님의 뜻을 구하기보다 그분이 나의 바람을 지지해 주시기를 기대하는 나를 발견하게 됩니다. 기도는 열심히 하지만 그 기도의 중심에 하나님의 영광이 아닌 나의 성공과 안전이 놓여있을 때가 있습니다.

저 역시 그랬습니다. 입술로는 하나님의 뜻을 찾는다고 고백했지만 마음 깊은 곳에서는 하나님께 내 계획을 승인해 달라고 매달렸습니다. 돌아보면 제가 정말로 원했던 것은 하나님의 뜻에 순종하는 삶이 아니라 하나님을 이용하여 저의 뜻을 이루는 삶이었습니다. 이 깨달음은 쓰라렸지만 동시에 해방감을 주었습니다. 하나님은 우리가 무엇을 하느냐보다 그분을 얼마나 사랑하며 살아가는지를 더 중요하게 여기신다는 것을 조금씩 알게 되었기 때문입니다.

혹시 지금 여러분도 비슷한 질문을 품고 있지 않습니까? "나는 진짜 하나님의 뜻을 구하고 있는가, 아니면 내 뜻을 하나님의 이름으로 포장하고 있는가?" 하나님의 뜻은 어떤 특별한 장소나 직업, 성취를 의미하는 것이 아닙니다. 그분을 사랑하는 마음에서 시작됩니다. 이 여정을 통해 우리 모두가 하나님을 더욱 사랑하고 붙드는 삶으로 초대받았음을 발견하게 되기를 소망합니다.

하나님께서 응답하신 기도 제목들과 그분의 세심한 공급하심을 경험하면서 내 삶은 감사로 가득 찼다. 비록 여전히 나는 마비된 몸을 안고 살아가고 삶에는 수많은 어려움과 고통이 있었지만, 모든 것에 감사드릴 수밖에 없었다. 그래서 나의 기도는 언제나 감사로 시작했고 감사로 마무리되었다. 다른 말을 덧붙일 필요가 없었다. 감사만으로도 충분했고, 내 마음속에 넘치는 감격이 그대로 하나님께 드려졌다.

나는 종종 하나님께 고백했다. "하나님, 몸은 여전히 불편하고 상황은 녹록지 않지만 저는 너무도 감사합니다. 숨을 쉬게 하시고 하루의 식탁을 채워주시며, 오늘도 가족과 이야기하게 하시고 제 안에 평안을 주시니 감사합니다." 어떤 날은 어마어마한 병원비를 해결해 주신 것처럼 내 기준에서 '큰 응답'을 받기도 하고, 또 어떤 날은 단순히 하루를 무사히 마치고 잠자리에 들 수 있다는 것만으로도 가슴이 벅차올랐다. 일상의 아주 작은 것들, 창밖의 햇살과 따뜻한 한 끼 식사, 사랑하는 사람들과 나누는 대화와 나를 붙들어주는 평안 등이 모두 하나님의 선물이었다.

그런 감사의 고백이 쌓일수록 하나님을 향한 나의 믿음은 더욱 깊어졌고, 그분이 나를 사랑하신다는 확신은 내 영혼을 단단히 붙들어주었다. 성경을 읽고 그 안에서 나의 구원을 묵상할수록 십자가 위에서 고난 받으시고 죽으신 예수님의 은혜에 대한 감격은 점점 더 커져갔다. 예수님의 십자가를 묵상할 때마다 나는 숨이 멎을 만큼 놀라웠다. 영원하시고 영화로우시며 전능하신 하나님이 인간을 창조하시고, 그들과 인격적인 관계를 맺으시며, 영원한 교제를 위해 사람의 몸을 입으셨다는 사실은 내 이성으로는 도무지 다 헤아릴 수 없는 경이였다. 인간의 역사를 통해 하나님의 위대하고 놀라운 계획을 이루시기 위해 그분이 친히 인간이 되셨다는 사실은 내 마음의 벽을 무너뜨리기에 충분했다. 비록 성경의 어려운 본문을 이해하는 데는 시간이 걸렸지만, 내 구원의 근거가 분명히 하나님의 아들 예수 그리스도라는 확신은 흔들리지 않았다.

그러던 중 복음서를 읽다가 예수님이 베드로에게 하신 질문이 내 마음을 깊이 사로잡았다. "너는 나를 사랑하느냐?" 예수님은 이 질문을 세 번이나 반복하셨고, 베드로는 단호하게 세 번 모두 "그렇습니다"라고 대답했다. 그런데 그 질문을 나 자신에게 던졌을 때, 나는 자신 있게 대답할 수 없었다. 하나님께서 내 삶을 붙드시고 수많은 순간에 나를 도우셨다는 사실에 분명 감사하고 있었지만, "주님, 사랑합니다"라고 말하는 것이 너무 어색했다. 하나님을 사랑하지 않는 것은 아니지만, 그 사랑이 진실하고 강한 마음에서 우러나오는 것이 아닌 것 같아서 말문이 막혔다. 마치 형식적인 인사처럼 하나님께 입술로만 고백을 드리는 기분이 들었다. 그건 정말 끔찍한 느낌이었다. 하나님이 "나는 너를 사랑해서 생명까지 내어주었다"고 말씀하시는데, 내가 할 수 있는 말은 "감사합니다"뿐이었다.

나는 하나님을 사랑하는 것이 가장 자연스럽고 이상적이며 윤리적인 반응이라는 사실과, 내 생명을 대신해주신 나의 하나님이

시자 왕, 주인이신 그분께 내가 드릴 수 있는 가장 합당한 응답은 '사랑'이라는 것을 분명 알고 있었다. 또한 순종은 하나님께서 가장 기뻐하시는 명령이자 기대하시는 응답이라는 것도 알고 있었다. 하지만 그 지식과는 달리, 내 마음 깊은 곳에서는 사랑이 온전히 흘러나오지 않았다. 내 사랑은 반쪽짜리처럼 느껴졌고, 나는 스스로가 배신자처럼 느껴질 정도로 죄책감에 시달렸다.

나는 어느 순간 하나님이 주시는 은혜, 치유, 재정적 공급 그리고 삶의 필요만을 구하고 있다는 사실을 깨달았다. 하나님께서는 분명 그런 것들을 구하라고 하셨지만, 그분은 또한 나에게 '무언가'를 원하셨다. 그것은 바로 그분을 향한 사랑과 신실함 그리고 그분 자체를 구하는 삶이었다. 단지 하나님의 손길만을 구하는 것이 아니라 그분의 얼굴을 구하는 신앙의 깊은 관계였다. 나는 눈물로 기도드리며 내 마음을 있는 그대로 고백했다. "하나님, 이렇게밖에 사랑하지 못하는 저 자신이 너무 부끄럽습니다." 그리고 진심으로 외쳤다. "주님, 제 마음과 힘과 정성을 다해 주님을 사랑하게 해주세요. 누구보다 주님을 더 사랑하게 해주세요."

시간이 조금 걸렸지만, 하나님은 그 기도에 놀랍도록 응답하셨다. 나의 마음에 하나님을 사랑하는 마음으로 채워주셨다. 이제는 "하나님, 사랑합니다"라는 고백을 확신과 기쁨 그리고 감사로 드릴 수 있게 되었다. 나를 향한 하나님의 크신 사랑이 내 사랑을 더욱 풍성하고 깊게 만들어 주셨다. 그 후 내가 아침에 눈을 뜨자마자 하는 기도는 "I love you Jesus!"가 되었다.

어느 날은 신학대학원 동료에게 나의 신앙 여정을 나누었더니 그들이 웃으며 나를 "Jesus freak(예수쟁이)"라고 불렀다. 그것은 비난이 아닌 진심 어린 칭찬이었고, 나는 그 표현이 너무 좋았다. 나는 진심으로 예수쟁이가 되고 싶었다. 내가 구한 것을 얻든지 못

얻든지, 불길을 지나든지 물을 건너든지 또는 평탄한 길을 걷든지, 나는 일평생 주님을 사랑하고 싶었다. 하나님을 사랑하는 것이 나의 꿈이 되었다.

내게는 인생의 계획과 사명에 대해 하나님께 울부짖으며 간절히 기도하던 시간이 있었다. 나의 진로와 직업을 위한 간구 안에는 단지 사역의 방향이나 개인적인 성취 이상의 것들이 담겨있었다. 그것은 생계를 유지하고 기본적인 삶의 필요를 감당하며 독립적으로 살아가기 위한 절박한 염원이자, 하나님께서 나를 어디로 보내시고 어떤 방식으로 사용하기 원하시는지에 대한 깊은 갈망이었다.

하지만 현실은 결코 쉽지 않았다. 중증 장애로 인해 휠체어를 사용하는 내가 직업을 찾는 일은 언제나 높은 벽처럼 느껴졌다. 나는 본격적으로 구직 활동에 나선 적은 없지만, 생각만으로도 수많은 장애물과 염려가 머릿속을 떠나지 않았다. 어떤 친구는 이력서에 장애를 기재했다는 이유만으로 면접 기회조차 얻지 못했다고 했다. 어렵게 면접까지 간 경우에도 엘리베이터가 없거나 휠체어 접근이 불가능한 건물 구조 때문에 출입조차 하지 못한 사례도 있었다.

그런 이야기를 들을 때마다 나도 비슷한 상황을 마주하게 될까 봐 두려움이 밀려왔다. 회의실 공간이 휠체어가 회전할 만큼 충분히 넓지 않다면 어떻게 될까? 업무 중에 프린트를 하거나 사무실 내 물건을 옮겨야 하는 상황이 오면 나는 제대로 감당할 수 있을까? 이런 걱정들이 현실적으로 다가왔다. 그 만약의 경우들이 구직의 시작조차 망설이게 했다. 그런데 사실 가장 큰 장벽은 신체적인 제약보다 사람들의 시선과 판단이었다. 내가 맡게 될 업무의 본질이나 수행능력보다는 '함께 일하면 복잡하고 부담스럽지 않을까?'라는 막연한 편견이 마음에 걸렸다. 실제로 그것이 장애인들을 조용히 밀어내고 있다는 사실을 주변 사람들의 이야기 속에서 자주 들었다. 나도 그런 시선을 받게 될까 봐 마음이 위축되었다. 내 존재 자체가 무력하게 느껴졌다.

나는 하나님의 뜻을 구하며 간절히 부르짖었지만, 어쩌면 그 기도는 하나님의 뜻이 아니라 내 소원에 뿌리를 둔 채 나만의 계획을 이루어 달라는 외침이었는지도 모른다. 내가 울며 기도한 것은 결국 하나님의 계획이 아니라 그분이 나의 계획을 성취해 주시기를 바라는 간구였을 수도 있다. 그래서 더욱 하나님 앞에 무릎 꿇을 수밖에 없었다.

그러던 어느 날 평소처럼 말씀을 묵상하며 기도하던 중, 하나님께서 내 마음 깊은 곳에 강력한 확신을 주셨다. 그것은 놀랍게도 내 진로나 직업이 아니라 매일 그분 앞에 드리는 사랑과 헌신, 순종을 기뻐하신다는 사실이었다. 그분은 조용하지만 분명하게 말씀하셨다. 내가 오랫동안 찾고 애타게 기다려온 하나님의 뜻이 다름 아닌 바로 그 자리에 있었다. 크고 특별한 사명이 아닌, 내가 날마다 하나님을 향해 드리는 사랑과 헌신 그리고 조용한 순종 안에 하나님의 기쁨이 머물러 있었다. 하나님께서 내게 말씀하셨다. "무엇을 하느냐보다 나를 어떻게 사랑하며 살아가느냐가 먼저다." 이 깨달음은 마치 가슴 깊숙이 스며드는 빛과 같았고, 나의 정체성과 삶의 방향을 다시금 분명하게 비추었다. 나는 사랑받는 자이고, 사랑하며 살아가야 할 존재였다.

물론 처음에는 너무 단순하고 기본적인 것이어서 하나님의 뜻이라고 받아들이기 어려웠다. 그분의 계획은 뭔가 더 거창하고 특별해야 한다고 생각했다. 하지만 하나님께서는 내가 작다고 여긴 것들을 위대하게 여기셨고, 내가 크다고 여긴 것들은 오히려 사소하게 여기셨다. 분명 그런 '기본'이야말로 그 위에 그분의 크고 놀라운 계획을 세울 수 있는 기초였음을 깨달았다. 예수님이 말씀하셨듯이 주님의 말씀을 듣고 그대로 행하는 자는 반석 위에 집을 짓는 자와 같다.

예수님은 십자가에서 고통을 당하시고 죽으심으로, 나를 더 가까이 부르시고 매일 인격적인 관계로 초청하셨다. 그리고 나는 지금 그분과의 놀라운 교제 안에 살아가고 있다. 그 확신은 내가 구체적인 미래 계획을 알지 못할지라도 주님과의 여정을 계속 걸어갈 수 있게 하는 힘이 되었다. 죄인인 나 같은 존재가 감히 주님을 기쁘시게 할 수 있다면, 나는 그것을 기꺼이 매일 반복할 것이다.

하나님을 사랑하는 삶은 불완전한 우리에게 주신 최고의 부르심이다. 이 사랑은 단지 감정의 고백이 아니라 매일의 선택과 태도 그리고 삶의 방향에서 드러나는 신앙의 본질이다. 우리는 하나님의 뜻을 몰라 방황하기보다, 먼저 그분을 사랑함으로 그분의 뜻 안에 머무르기를 선택해야 한다. 그 사랑의 길 위에 하나님은 우리의 길을 비추시고 인도하신다.

하나님을 사랑하는 것은 율법과 신앙의 핵심입니다

예수님은 가장 큰 계명이 무엇인지에 대한 질문에 이렇게 대답하십니다. "예수께서 이르시되 네 마음을 다하고 목숨을 다하고 뜻을 다하여 주 너의 하나님을 사랑하라 하셨으니 이것이 크고 첫째 되는 계명이요"(마 22:37-38). 이 말씀은 모든 율법과 예언서의 핵심이 하나님을 사랑하는 데 있다는 것을 보여줍니다. 하나님과의 인격적인 사랑의 관계가 없다면, 그 어떤 종교적 행위도 그분이 보시기에 의미를 갖기 어렵습니다. 구약에서도 이같은 사랑의 명령이 반복됐습니다. "너는 마음을 다하고 뜻을 다하고 힘을 다하여 네 하나님 여호와를 사랑하라"(신 6:5). 이 사랑은 단지 감정이나 고백에 그치는 것이 아니라 순종과 삶의 방향성을 포함하는 전인격적 반응입니다. 우리는 종종 '하나님의 뜻'을 복잡하고 멀리 있는 계획으로만 생각하지만, 성경은 분명히 말씀합니다. 하나님을 사랑하는 것이 그분의 뜻에 참여하는 첫걸음이며 그 자체가 하나님이 기뻐하시는 삶의 방향입니다.

하나님의 사랑이 먼저 주어졌으며 우리의 사랑은 그 응답입니다

우리가 하나님을 사랑할 수 있는 이유는 그분이 먼저 우리를 사랑하셨기 때문입니다. "우리가 사랑함은 그가 먼저 우리를 사랑하셨음이라"(요일 4:19). 하나님과의 관계는 인간의 의지로 시작된 것이 아니라 철저히 하나님의 선행적 은혜에 기반하고 있습니다. 우리의 사랑은 하나님의 사랑에 대한 반응이며, 성령 안에서 자라나는 열매입니다. 예수님은 완전한 사랑을 요구하시기보다 진실한 사랑의 방향을 원하십니다. 하나님께서는 완벽한 사랑이 아니라 진심 어린 사랑을 기뻐하십니다. 하나님을 사랑한다는 고백은 결국 삶의 모습으로 드러나야 하며, 이는 하나님의 뜻을 분별하고 따르는 핵심입니다.

하나님의 뜻은 특정한 계획보다 관계 중심입니다

많은 이가 하나님의 뜻을 찾는다고 말하지만, 성경은 그분의 뜻에 관하여 '무엇을 하느냐'가 아니라 '어떤 존재로 살아가느냐'의 문제로 설명합니다. "하나님의 뜻은 이것이니 너희의 거룩함이라 곧 음란을 버리고"(살전 4:3). 거룩함은 하나님과의 관계 안에서 구별된 삶을 사는 것을 의미합니다. 우리는 종종 사역, 직업, 성공 등 외적인 결과를 하나님의 뜻으로 오해하지만, 그분이 진정 기뻐하시는 것은 우리가 주님과 동행하며 사랑 안에 머무는 삶입니다. 예수님도 제자들에게 말씀하십니다. "내 계명은 곧 내가 너희를 사랑한 것같이 너희도 서로 사랑하라 하는 이것이니라"(요 15:12). 하나님의 뜻은 단지 우리의 경로를 알려주는 지도가 아니라 우리와 함께 걸어가시는 임마누엘의 여정입니다. 결국 하나님의 뜻을 구하는 삶이란, 그분의 계획을 이끌어내는 것이 아니라 그분을 사랑하고 신뢰하며 동행하는 데 있습니다. 하나님을 사랑하는 사람은 자신의 뜻을 내려놓고 하나님의 임재와 그분과의 관계를 가장 귀한 목적으로 삼습니다.

사랑의 고백을 일상의 언어로 표현해 봅시다

하나님을 사랑한다는 고백은 예배 시간에만 드리는 고상한 말이며 하루를 시작하고 마칠 때의 기도와 말 속에 자연스럽게 스며들어야 하는 삶의 언어입니다. 아침에 눈을 뜰 때 "주님, 사랑합니다"라고 인사드리고 하루를 마칠 때는 "오늘도 함께해 주셔서 감사합니다"라고 고백하는 작은 습관은 하나님과의 관계를 더욱 친밀하게 만들고 그 사랑을 삶 속에 체화시키는 첫걸음이 됩니다.

하나님의 임재 안에서 삶의 동기와 계획을 점검해 봅시다

우리는 종종 하나님의 이름으로 자기 욕망을 합리화할 때가 있습니다. 기도 가운데 고백하는 계획, 진로, 사역의 목적이 정말 하나님을 기쁘시게 하기 위한 것인지, 아니면 나의 성공과 안정을 위한 것인지 점검하는 것이 필요합니다. 하나님을 사랑하는 사람은 결과보다 관계를 먼저 생각하고, '이 결정이 주님과의 사랑을 깊어지게 만드는가?'라는 질문을 던집니다.

불완전한 사랑조차 그분께 드리고 순종의 걸음을 내디딥시다

하나님께서는 완전한 사랑을 요구하지 않으십니다. 진실한 방향과 중심을 보시고 기뻐하시는 분입니다. 때로는 "주님을 사랑합니다"라는 말이 어색하고 부끄럽게 느껴질 수 있지만, 그럼에도 불구하고 사랑의 고백을 드리며 사랑의 마음으로 작은 순종을 실천하는 것이 곧 하나님께 드리는 향기로운 제사입니다. 작은 일에 충성할 때 하나님께서 그 위에 더 큰 일을 맡기십니다.

💬 나는 "예수님을 사랑합니다"라는 고백이 언제, 어떤 상황에서 가장 진실하게 나옵니까? 이 고백은 삶의 조건이 모두 충족될 때보다 고통과 상실, 이해할 수 없는 침묵 속에서 더욱 깊이 우러나옵니다.

💬 혹시 나는 예수님에 대한 사랑이 응답받은 기도나 형통한 삶에만 의존하고 있지는 않습니까? 조건 없이, 이유 없이 예수님을 사랑한다는 것이 나에게 어떤 의미인지 깊이 묵상해 봅시다.

멘토:
사람을 통해 사람을 이끄시다

우리는 종종 인생길 위에서 외로움을 느끼고 방향을 잃은 채 방황하기도 합니다. 신앙의 여정 역시 마찬가지입니다. 하나님을 믿고 따르기로 결단했지만 현실은 때때로 너무 복잡하고, 그분의 뜻이 명확하게 보이지 않을 때가 있습니다. 그때 하나님께서는 우리에게 '사람'을 보내주십니다. 조언자, 동반자, 중보자, 또는 거울처럼 우리를 비춰주는 이들입니다. 우리는 그들을 '멘토'라고 부릅니다.

멘토는 단지 지식을 전달하는 사람이 아닙니다. 삶을 나누고 기도하면서 실수와 눈물을 함께 견뎌내고, 때로는 말없이 곁을 지켜주는 은밀한 사역자입니다. 성경 속 디모데에게는 바울이 있었고, 엘리사에게는 엘리야가 있었습니다. 예수님도 제자들을 세우실 때 단순히 교훈을 주신 것이 아니라 그들과 함께하며 본을 보이셨습니다. 이렇듯 믿음은 관계를 통해 자라나고 전수되는 것입니다.

저 역시 인생의 여러 시기마다 하나님이 보내주신 멘토들을 통해 위로받고, 도전받고, 삶의 방향을 발견할 수 있었습니다. 교수님, 목사님, 친구, 부모님 그리고 책과 설교를 통해 만난 신앙의 동반자들의 삶은 제 삶의 거울이자 나침반이 되어 주었습니다. 이 장에서는 저의 신앙 여정에 결정적인 영향을 끼친 멘토들의 이야기를 나누고자 합니다. 이 이야기를 통해 하나님께서 여러분의 삶에 보내주신 멘토들을 돌아보게 하고, 나아가 누군가의 멘토가 되어주는 삶의 부르심을 새롭게 받아들이게 되기를 소망합니다. 하나님은 사람을 통해 사람을 이끄시는 분입니다.

나의 첫 멘토는 손재홍 목사님이다. 내가 아일리프 신학교에 다니던 시절에 목양 영적 케어 과목을 수강하면서 목사님과 처음 만나게 되었다. 당시 나는 욕창으로 인해 몸 상태가 좋지 않았고 수업 중 목사님과 깊은 교류를 나누기 어려운 상황이었지만, 하나님의 인도하심으로 목사님과 연결될 수 있었다. 임상목회 교육(CPE, Clinical Pastoral Education)이라는 과정을 같이 수강하게 되면서 목사님과 매주 만나 점심을 함께 나누고 삶의 이야기를 공유하는 귀한 시간을 가졌다. 이후 우리 가족과 목사님 가정도 가까워졌다. 병원 병목 사역 실습을 해야 할 때는 같은 병원에서 실습하게 되어서 점심시간이나 쉬는 시간마다 서로를 격려하며 환자들을 위해 기도했던 기억이 선명하다. 그때 나누었던 경험들, 삶과 죽음의 경계에서 고통받는 이들을 향한 우리의 연민과 기도 그리고 사역자로서 내면의 갈등과 회복 등 모든 것이 나에게 큰 위로와 용기를 주었다.

아일리프 신학교를 졸업한 후에도 목사님과의 관계는 계속 이어졌다. 목사님은 성경을 어떻게 해석해야 하고 삶 속에 어떻게 적용해야 하는지 친절히 가르쳐주시고 내가 도움이 필요할 때마다 항상 기도해주셨다. 오랜 시간 동안 나의 고민과 아픔을 나눌 수 있었던 유일한 분이었다. 친구들과 자주 교제를 나누기 어려운 상황에서 목사님은 나에게 든든한 조언자였다. 내가 덴버신학교를 졸업하고 사역을 시작했을 때도 목사님은 내 사역의 이사회 일원으로 함께하며 변함없이 기도해 주셨고, 나의 사역과 학업을 이루어 나가는 모든 순간을 함께하며 축하해 주셨다. 현재는 한국의 예능교회 담임목사로 섬기고 계신다.

나의 두 번째 멘토는 덴버신학교의 정성욱 교수님이다. 2013년에 덴버신학교 입학을 준비하던 무렵에 처음 교수님을 만나게 되었다. 당시 나는 미국 내 합법적인 체류 신분이 없는 상황이었고 학교가 나를 받아줄 수 있을지 확신할 수 없는 불안한 시기였다. 그런 나에게 지인 목사님이 정 교수님을 소개해 주었는데, 처음 뵙는 자리였음에도 교수님은 매우 따뜻하고 격려하는 말들로 나를 반겨주셨다. 그리고 내가 덴버신학교에 입학할 수 있을 것이라고 단언하듯 말씀하셨다. 학교 측에서 체류 신분이 없는 학생도 받아주기로 결정했기 때문이라는 것이다.

그 문제에 대해 이야기를 나눈 지 불과 5분도 채 지나지 않아, 교수님은 곧바로 다른 이야기를 꺼내셨다. 시각장애인이지만 박사 학위를 받고 미국 국무부 국가장애위원회 정책분과 위원장(차관보급 보직)으로 활동한 강영욱 박사님의 이야기를 들려주셨다. 교수님은 그분의 사례를 소개하며 나에게 박사 과정 지원을 권유하셨고, 내가 그것을 성취할 수 있을 것이라고 진심 어린 눈빛으로 말씀해주셨다. 솔직히 말하면, 나는 처음에 그 이야기가 다소 당황스럽고 부담스럽게 느껴졌다. 하지만 정 교수님의 그러한 격려는 그날이 처음이 아니었다.

덴버신학교에 입학한 이후 필수 과목인 멘토링 과정을 통해 교수님은 나의 공식 멘토가 되셨다. 그리고 거의 3년 동안 매 학기 다섯 번 이상 꾸준히 만나며 학문적, 영적, 개인적 삶을 함께 나누었다. 입학한 첫 학기에 교수님은 나에게 삼위일체 교리에 관한 책 한 권을 선물해 주셨다. 그리고 그 책은 내 인생의 방향을 완전히 바꿔놓았다. 삼위일체 교리는 내게 너무도 깊고 아름다운 신학의 세계로 다가왔고, 나는 그 책을 몇 번이고 반복해서 읽고 묵상하면서 수많은 묵상을 써내려갔다. 그러다 어느 순간, 삼위일체를 통해 하나님의 고난을 사유하고 싶다는 열망이 생겨서 그것이 결국 박사 논문의 주제로 이어졌다.

교수님은 첫 만남 이후 지금까지 변함없이 나를 격려해 주셨고 끊임없이 새로운 길을 열어주셨다. 덴버신학교를 졸업하고 박사 과정을 시작할 때 교수님은 내 가족보다 더 기뻐해 주셨다. 학생들과 교수들 앞에서 내가 조직신학 박사과정을 시작했다는 소식을 자랑처럼 이야기하실 때마다 마음이 벅차오르기도 했다. 박사과정 중에 힘든 시간을 보낼 때도 교수님은 늘 내 이야기를 들어주셨고, 내가 세부적인 문제에 매몰되어 큰 그림을 놓칠 때마다 탁월한 조언으로 시야를 넓혀주셨다. 무엇을 붙들고 무엇을 놓아야 할지 막막할 때, 교수님의 말 한마디가 길을 열어주곤 했다.

이후 교수님은 J.D. Kim Ministries의 이사로 함께하시고 내가 에버딘 대학교에서 박사 학위를 마친 뒤에는 출판사를 연결해 주셨다. 또한 덴버신학교에서 강의할 수 있는 기회도 만들어 주셨다. 나중에는 한국 목회학 박사과정(D.Min)에서 프로그램 부디렉터로 일할 수 있는 기회도 제공해 주셨다.

무엇보다 놀라운 것은, 교수님이 농담처럼 혹은 가볍게 건넨 한마디가 시간이 지난 후 실제로 내 삶에서 현실이 되었다는 점이다. 마치 예언처럼 들렸던 그 말들이 하나씩 이루어지는 걸 보며, 하나님의 섬세한 인도하심을 자주 떠올리게 되었다. 교수님은 여전히 나의 멘토로, 변함없는 동행자로 곁에 계신다. 그 따뜻한 마음과 사려 깊은 배려는 지금도 나에게 큰 위로와 도전이 되고 있다.

세 번째 멘토는 리치 스위니(Rich Sweeney)다. 2013년에 체리 힐스 커뮤니티 교회(Cherry Hills Community Church)에서 그와 처음 만났다. 그는 교회 내 '인터내셔널 커뮤니티'(International Community)라는 모임에 속해 있었는데, 이 모임은 매달 열리는 국제적 교제 모임이었다. 미국인, 한국인, 일본인, 독일인, 인도인 등 16개국 출신의 사람 200명 정도가 모여 식사를 나누고 각자의 이야기도 나누며 교제했다. 그 모임에 참석한 초반에는 나는 모든 것이 낯설었다. 대형 교회 특유의 거리감 때문인지 누구와도 쉽게 연결되기 어려웠고, 외로움을 느낄 때도 많았다. 그때 나에게 다가와 따뜻하게 말을 걸어준 사람이 바로 리치다. 그는 은퇴한 의사였지만 교회에서 어떤 직책도 맡지 않은 성도였고 누구보다 헌신적이었다. 모임이 있을 때면 늘 가장 먼저 와서 자리를 준비하고, 모임이 끝난 뒤에는 마지막까지 남아서 뒷정리를 도맡았다. 묵묵히 섬기는 그의 모습은 말보다 삶으로 섬김을 보여주는 제자도의 본보기였다.

어느 날은 리치가 나를 산속 공원으로 초대했는데, 거기서는 장애인들도 하이킹할 수 있도록 특수 휠체어를 빌려주었다. 자연 속에서 오랜만에 마음껏 숨 쉬고 웃었던 그날은 지금도 나에게 잊을 수 없는 선물 같은 하루로 남아 있다. 그 후 나는 리치를 내 사역 단체의 이사로 초청했고, 그는 기꺼이 수락해 주었다. 그는 이사로서 언제나 행사 준비를 도와주고 기도 모임이나 소규모 집회를 위한 교회 공간도 흔쾌히 섭외해 주었다. 또한 종종 나를 점심에 초대하여 함께 교제를 나누었다. 늘 집에만 머물며 공부와 사역에 집중하던 내 상황을 이해하고 먼저 손을 내밀어준 그의 따뜻한 배려에 마음이 많이 움직였다.

한번은 자율신경 과다반사(hyperreflexia) 증상으로 방광 결석 제거 수술을 받아야 했는데, 병원비가 너무 비싸 막막했던 때가 있었다. 그때 리치는 자발적으로 모금 행사를 열어주었고, 덕분에 큰 짐을 덜 수 있었다. 그는 목사도, 장로도, 집사도 아니었다. 하지만 그리스도인으로서 깊고 진실하게 하나님의 사랑과 환대를 삶으로 보여주었다. 나는 리치를 통해 '섬김'이란 결국 직분이 아니라 삶의 자세라는 걸 배웠다. 진짜 섬김은 자리를 차지하는 것이 아니라 자리를 마련해주는 것임을 그가 행동으로 보여주었다. 그는 지금도 나에게 영적인 도전이 되는 사람이다. 그의 헌신과 사랑 덕분에 나는 하나님 나라의 섬김이 얼마나 아름답고 귀한 것인지를 조금씩 배워가고 있다.

네 번째 멘토는 루시다. 그녀와의 인연은 2004년에 내가 크레이그 병원에 입원했을 때 시작되었다. 당시 그녀는 나의 담당 사회복지사였고, 병원 생활뿐만 아니라 퇴원 이후 오랜 시간 동안 내 곁을 떠나지 않고 도와준 고마운 사람이다. 보통 사회복지사의 역할은 퇴원과 함께 끝나기 마련인데, 루시는 예외였다. 퇴원한 이후에도 여전히 연락을 주고받으며 필요할 때마다 도움을 아끼지 않았다. 내가 학교에 다니기 시작했을 때 그녀는 크레이그 병원 장학금을 신청할 수 있도록 도와주고 장애인들을 지원하는 다양한 비영리 단체 목록을 정리해서 보내주기도 했다. 그 목록에는 장학금은 물론, 휠체어 수리, 치과 치료, 각종 복지 지원까지 실질적으로 필요한 정보들이 가득 담겨 있었다. 프로그램에 지원할 때마다 필요한 추천서도 언제나 기꺼이 써주었고, 휠체어가 고장 나서 도움을 요청하면 누구보다 빨리 움직여 해결책을 찾아주었다.

그녀는 종종 자기 아들 이야기를 하곤 했다. 아들은 나와 나이가 비슷했는데 생일도 며칠밖에 차이 나지 않아, 루시는 아들 생일이 다가오면 늘 나를 떠올리게 된다며 단순한 친절 이상의 따뜻함으로 다가왔다. 그녀는 언제나 도움이 필요한 사람에게 한 걸음 더 다가갔다. 자신의 직무나 책임의 경계를 넘어서 누군가의 필요를 위해 기꺼이 수고하고 애써주는 사람이었다. 그런 사람은 많지 않다.

안타깝게도 루시는 그리스도인이 아니다. 그런데 아이러니하게도 그녀의 따뜻한 마음과 책임감은 때때로 믿는 사람들보다 더 진실되고 순전해 보였다. 신앙은 없지만 약자에게 마음을 내어주는 그녀의 모습을 보며, 나는 하나님의 자비와 은혜를 자주 떠올렸다. 그래서 나는 지금도 그녀를 위해 기도한다. 그녀가 언젠가는 하나님의 은혜를 체험하고, 구원의 기쁨 안에서 참된 평안을 누릴 수 있기를 말이다. 내 삶에 루시 같은 사람들을 허락하신 하나님의 은혜에 깊이 감사드린다. 그녀의 삶은 내게 '돕는다는 것'이 무엇인지 보여주었고, 그런 삶을 꿈꾸고 실천해야 한다는 소명을 다시 새기게 했다. 믿음으로 사는 사람이라면 누군가에게 그런 존재가 되어야 한다는 것을 알게 해주었다. 나는 하나님께서 우리 삶 속에 '선한 사마리아인'을 보내시고, 또 우리 자신이 그런 사람이 되기를 원하신다는 것을 루시를 통해 깨달았고, 그리스도인들도 역시 그러한 사람이 되기를 꿈꾸어야 한다는 것을 배웠다.

다섯 번째 멘토는 강준민 목사님이다. 처음에는 목사님과 직접적인 인연이 있었던 것은 아니고, 목사님의 책과 온라인 설교를 통해 만나게 되었다. 그 만남은 내게 크고 깊은 울림을 안겨주었다. 사고 이후 삶의 모든 것이 바뀌고 몸과 마음이 지칠 대로 지친 그때, 목사님의 글과 설교는 나에게 도전과 위로 그리고 하나님을 다시 붙들게 하는 끈이 되어주었다.

한동안 나와 가족이 지역교회에 출석하지 못하고 집에서 온라인 예배를 드릴 수밖에 없는 시기가 있었다. 여러 현실적인 제약 속에서 그 시간은 참으로 고독했고 영적으로 메마른 계절이었다. 바로 그 시기에 우리 가족이 의지한 것이 강 목사님의 설교였다. 특히 고난 속에서 하나님의 뜻, 고난학교를 통해 우리를 교육하시고 위로하시는 하나님의 역사에 관한 메시지는 나와 가족을 살리는 생명줄과 같았다. 그 말씀을 들으며 우리 가족은 다시 믿음의 숨을 쉬었고, 하나님을 신뢰하는 걸음을 이어갈 수 있었다. 그러던 중 2016년에 목사님이 덴버를 방문하신다는 소식을 듣게 되었다. 나는 부흥회를 주최한 관계자에게 연락하여, 감사하게도 목사님과 저녁 식사를 함께 할 기회를 얻었다. 비록 짧은 만남이었지만 그 시간은 내게 아주 깊은 인상을 남겼고, 이후로 목사님과 자주 연락을 주고받으며 관계를 이어가게 되었다.

강 목사님은 수년 동안 매주 두 번씩 정성껏 작성한 메시지를 나에게 보내주셨다. 그 메시지에는 긴 묵상 글과 함께 개인적인 격려도 함께 담겨 있었다. 직접 통화하거나 만나지는 않았지만 목사님의 가르침과 메시지 속 따뜻한 말들은 늘 내 마음을 북돋아 주었고 나를 더 깊은 하나님과의 친밀함으로 나아가게 해주었다.

목사님의 삶과 말씀은 나에게 더 높은 목표를 향해 나아가도록 도전하고 신앙의 여정을 포기하지 않고 꾸준히 달릴 수 있는 방향을 보여주었다. 단지 외적인 성공이나 성취가 아니라 하나님 앞에서 내면이 자라고 성숙해지는 삶, 그것이 얼마나 소중한지를 깨닫게 해주셨다. 나는 지금도 목사님의 가르침과 삶을 통해 계속 도전받고 있다. 하나님 앞에서 더 진실하고 깊은 사람으로 살아가고 싶은 열망은 강 목사님의 삶을 통해 더 자주 깨어난다.

마지막으로 소개하고 싶은 멘토는 바로 나의 부모님이다. 어릴 적부터 지금까지 부모님의 믿음은 늘 내게 깊은 울림을 주었다. 말로만 하는 신앙이 아니라 고난과 눈물 속에서도 한결같이 하나님을 붙드는 부모님의 삶은 내 신앙 여정의 든든한 뿌리가 되었다. 부모님은 믿음이란 말이 아니라 살아내는 것임을 삶으로 보여주셨다.

나를 향한 부모님의 사랑은 단지 부모로서의 애정을 넘은 것이었다. 그것은 예수님을 향한 사랑과 맞닿아 있었고, 그 안에는 인내와 믿음 그리고 말로 다 표현할 수 없는 헌신이 담겨 있다. 그 사랑이 있었기에 나는 지난 수년간 수많은 고난과 도전 앞에서도 무너지지 않고 버틸 수 있었다. 나는 부모가 되어 본 적은 없지만 가끔 상상해본다. 만약 내가 나 같은 자녀를 둔다면 과연 부모님처럼 헌신하며 돌볼 수 있을까? 솔직히 자신이 없다. 그만큼 부모님의 헌신은 상상을 초월하고 그로 인해 내 마음엔 깊은 존경심이 자리 잡았다.

부모님의 삶은 기도와 말씀 묵상으로 채워져 있고, 자연스럽게 내게도 그런 삶의 습관이 스며들었다. 어떤 고민이 생기면 가장 먼저 부모님과 이야기를 나누며 하나님의 뜻을 구하게 된다. 내가 두려움이나 걱정에 휩싸일 때면 부모님은 늘 따뜻한 격려와 성경 말씀으로 내 마음을 다독여 주셨다. 그분들은 나의 부모님이자 신앙의 동역자다.

아버지는 내가 어딘가 가야 할 일이 있을 때마다 기꺼이 나를 데려다주셨다. 그것을 불편하게 여기기보다 늘 자랑스럽게 생각

19일 : 멘토_사람을 통해 사람을 이끄시다

하셨다. 또한 어머니는 언제나 보이지 않는 곳에서 가정을 지키고 기도로 우리를 이끄셨다. 사실, 아버지를 믿음으로 이끌어 교회로 인도한 사람도 어머니다. 어머니의 기도와 희생은 지금도 내게 가장 깊은 감사를 불러일으키는 삶의 증거다.

나는 언젠가 아버지에게 이민 교회의 담임목사로 섬기던 사역을 내려놓고 내 곁에서 돌보는 삶을 선택하신 것에 대해 조심스럽게 여쭤본 적이 있다. 그것이 나의 마음 한 켠에 늘 죄송함으로 남아 있었기 때문이다. 그때 아버지는 이렇게 말씀하셨다. "나의 사명은 너를 잘 돌보는 것이란다. 나는 너를 돌볼 수 있어서 늘 자랑스럽다." 그 한마디는 마음에 깊이 새겨져서 지금까지도 내 삶의 큰 위로가 되어준다.

부모님은 내가 인생의 가장 밑바닥을 경험할 때부터 지금 이 자리에 있기까지 한결같이 곁을 지켜주셨다. 지금의 내가 있기까지는 그분들의 기도와 사랑 그리고 말로 다 헤아릴 수 없는 희생이 있었다. 나는 부모님의 사랑에 평생 갚을 수 없는 빚을 지고 살아간다. 아버지는 내 전임 간병인이 되셔서 그로 인해 사회 생활과 목회 사역도 모두 내려놓으셔야 했다. 오랜 시간 나를 돌보다가 손목터널증후군(carpal tunnel syndrome) 진단을 받았지만, 수술을 받으면 일정 기간 나를 돌볼 수 없어서 결국 수술을 미루셨고 지금도 그 고통을 안고 계신다. 게다가 할아버지가 돌아가셨을 때조차 나를 돌보느라 한국에 가지 못하셨다.

어머니는 생계를 위해 수선 가게에서 전임으로 일하고 오랜 시간 자신의 삶을 거의 누리지 못하셨다. 집과 일터를 오가는 반복된 일상 속에서 대부분의 사회적 교류는 포기해야 했다. 내가 미국인 교회에서 사역했기에 한인 커뮤니티와의 연결도 쉽지 않았지만, 지금은 함께 한인 교회에 출석하며 예배드릴 수 있음에 감사하다.

부모님을 통해 나는 진정한 사랑이 무엇인지 배웠고, 믿음은 말이 아니라 삶으로 전해지는 것임을 배웠다. 하나님의 사랑이 가정 안에서 어떻게 실현될 수 있는지를 나는 매일 부모님의 삶 속에서 목격해 왔다. 그분들의 삶은 내 인생에서 가장 강력한 설교이자, 지금도 계속되고 있는 살아 있는 메시지다.

멘토링은 하나님의 뜻 안에서 세대 간 신앙을 잇는 거룩한 통로입니다

하나님께서는 언약 공동체를 통해 세대를 거쳐 신앙이 전수되기를 원하십니다. 멘토링은 단지 지식을 전달하는 것을 넘어 하나님의 역사와 말씀, 은혜의 흔적을 다음 세대에게 '살아 있는 이야기'로 전해주는 사역입니다. 신명기 6장 6-7절은 이를 분명히 보여줍니다. "오늘 내가 네게 명하는 이 말씀을 너는 마음에 새기고 네자녀에게 부지런히 가르치며 집에 앉았을 때에든지 길을 갈 때에든지 누워 있을 때에든지 일어날 때에든지 이 말씀을 강론할 것이며." 이 말씀은 부모 혹은 멘토가 하나님의 말씀을 마음에 품고 일상 속에서 자연스럽게 나누며 가르쳐야 한다는 하나님의 명령입니다. 신앙은 단절되지 않고 전수되어야 하며 그 통로가 바로 거룩한 멘토링입니다. 신앙은 단순한 정보의 계승이 아니라 삶 속에서 하나님의 성품과 뜻이 체화되어 다음 세대에게 살아 있는 진리로 전해지는 것입니다. 멘토는 말씀을 기억하게 하는 자이며, 하나님의 언약을 일상 속에서 다시 들려주는 사람입니다.

멘토링은 그리스도의 제자도와 공동체의 성숙을 위한 실천입니다

예수님의 사역은 단지 말씀을 선포하는 데 그치지 않았습니다. 그분은 제자들과 함께하시면서 일상의 기쁨과 아픔을 나누셨습니다. 그분의 삶 자체가 제자도를 가르치는 '살아 있는 교과서'이자 멘토링의 본보기입니다. 마태복음에서 예수님은 단순한 지식 전

달이 아닌, 삶을 변화시키는 제자훈련을 명령하십니다. "그러므로 너희는 가서 모든 민족을 제자로 삼아 아버지와 아들과 성령의 이름으로 세례를 베풀고 내가 너희에게 분부한 모든 것을 가르쳐 지키게 하라 볼지어다 내가 세상 끝날까지 너희와 항상 함께 있으리라 하시니라"(마 28:19-20). 멘토링은 단발성 교육이 아니라 사람을 세우고 변화시키는 지속적인 관계 사역입니다. 또한 완전한 자가 행하는 것이 아니며 그리스도를 향한 여정에서 함께 걷는 이들을 초대하는 제자도의 방식입니다. 건강한 멘토와 멘티의 관계 안에서 공동체는 자라고 성숙해 갑니다. 이러한 과정은 교육이자 양육이며, 동시에 일상 속에서 드리는 예배의 연장입니다.

멘토링은 하나님의 형상대로 지음 받은 존재 간의 동반자적 사랑입니다

하나님께서는 인간을 공동체적 존재로 창조하시고 타인을 통해 자신을 이해하고 성장하도록 하셨습니다. 멘토링은 진로 방향의 제시 그 이상으로, 하나님의 형상대로 지음 받은 존재들 사이에서 이루어지는 사랑의 실천입니다. 잠언은 다음과 같이 말씀합니다. "철이 철을 날카롭게 하는 것같이 사람이 그의 친구의 얼굴을 빛나게 하느니라"(잠 27:17). 멘토링은 일방적인 지도가 아니라 상호 관계를 통해 서로의 삶을 빛나게 하는 영적 교제입니다. 멘토링은 교회의 사명을 위한 필수적인 연결점이며 사랑의 실천을 통해 그리스도의 몸이 세워지는 방식입니다. 우리는 하나님의 형상을 따라 지음 받은 존재로서 멘토링을 통해 하나님의 인격과 사랑을 재현하고 확장하는 삶으로 부름 받았습니다. 멘토링은 교회 안에서 '하나님의 사람'을 세우는 하나님의 방법이며, 관계 속에서 복음의 열매가 맺히는 성령의 역사입니다.

하나님께서 내 삶에 주신 멘토를 돌아보고 감사를 표현해봅시다

지나간 삶을 돌아보면 결정적인 순간마다 하나님이 보내주신 사람들이 있었음을 깨닫게 됩니다. 교수, 목회자, 가족, 동역자, 친구, 혹은 책과 설교를 통해 영향을 받은 사람들도 그 범주에 포함됩니다. 지금까지 나를 이끌어 주고 격려해 준 이들에게 감사를 표현하고 그들의 삶 위에 하나님께서 복 주시기를 기도합시다.

정기적으로 멘토를 찾아가 배우고,
삶의 결정을 놓고 함께 기도하며 나눠봅시다

멘토링은 단발적인 조언이 아니라 신뢰와 지속적인 교제를 통한 삶의 동행입니다. 신앙과 인생의 중요한 시기마다 믿음의 선배에게 지혜를 구하고, 정기적인 만남을 통해 자신의 삶을 점검 받는 습관은 영적 성숙을 위한 중요한 실천입니다. 매달 또는 분기별로 멘토와의 만남을 계획하고, 삶과 신앙의 고민을 함께 나눠봅시다.

다른 사람의 멘토가 되어 삶과 믿음을 나누는 제자도의 여정을 시작합시다

내가 받은 멘토링을 다른 사람에게 나누는 단계로 나아갈 때, 하나님께서는 나의 삶을 통해 다른 이를 세우십니다. 신앙이 연약한 지체, 사역을 고민하는 후배, 삶의 방향을 찾고 있는 사람들에게 먼저 다가가길 바랍니다. 소그룹에서 한 명을 정하여 정기적인 신앙 점검, 기도 나눔, 삶의 조언을 함께 나누며 제자도를 실천하는 관계를 형성해 봅시다.

💬 나의 신앙 여정 가운데 결정적인 영향을 준 사람은 누구입니까? 하나님께서는 종종 직접 말씀하시기보다 사람을 통해 우리의 길을 비추시고, 지치고 흔들리는 순간에 격려의 통로를 보내십니다.

💬 지금 나의 곁에는 어떤 신앙의 동반자가 있습니까? 또한 나도 누군가에게 하나님의 도구로 사용되고 있습니까? 신앙의 여정에서 멘토와 멘티의 관계가 어떤 영적 유익을 만들어내는지 되돌아보며 오늘 내가 누구의 멘토, 또는 제자가 되어야 하는지 기도해 봅시다.

가족:
부모님의 희생을 통해 배운 사랑

사랑은 말로만 전해지는 것이 아닙니다. 진정한 사랑은 손끝에서, 땀방울에서 그리고 눈물에서 드러납니다. 그 사랑이 가장 선명하게 나타나는 곳이 가정이며 때로 우리는 부모님의 침묵과 희생을 통해 하나님 아버지의 마음을 배우게 됩니다. 이 장은 단순히 효에 관해 이야기하는 것이 아닙니다. 복음 그 자체를 증언합니다. 저는 부모님의 간병을 받는 자녀로서 삶의 가장 낮은 자리에서 사랑의 정수를 체험했습니다. 그 사랑은 제 몸을 씻기고 옷을 갈아입히며 밤새워 기도하는 손길 안에 있었고, 동시에 십자가에서 자신을 내어주신 예수님의 사랑과 닮아있었습니다.

오늘날 많은 이가 '사랑'을 빠르게 소비하며 조건과 기대 속에서 주고받고 있습니다. 그러나 부모님의 희생과 돌봄은 그 모든 문화적 정의를 넘어서는, 신학적이고 성육신적인 사랑의 본질을 드러내는 증거입니다. 여러분이 이 이야기를 통해 단순한 감동을 넘어, 하나님의 사랑이 일상 속에서 얼마나 구체적으로 드러나는지 깊이 깨닫게 되기를 바랍니다. 아울러 우리 모두에게 주어진 '사랑하는 존재'로의 부르심을 다시금 발견하게 되기를 기도합니다.

우리 가정의 영적 기둥인 어머니는 중학생 시절에 예수님을 인격적으로 만나셨고, 불교와 유교 전통의 가정에서 자라난 아버지와 결혼하셨다. 아버지는 어릴 적 친구를 따라 교회에 간 적은 있지만, 할머니의 강한 반대로 신앙을 갖지 못하셨다. 어머니는 그런 아버지를 위해 매일 눈물로 기도하셨고, 아버지는 내가 네 살이 되었을 때 예수님을 영접하셨다. 그 뒤로 조부모님과 증조할머니도 주님께 돌아오고 우리 집에는 더 이상 우상이나 타 종교의 상징들이 존재하지 않았다. 가족 전체가 주님의 제자가 되기를 결단하고 제자훈련과 성경공부, 부흥집회에 적극적으로 참여했다. 감사한 것은 할아버지도 임종 전에 예수님을 영접하셨다.

우리 가족이 미국으로 이주하기 전에 부모님은 활발한 신앙 공동체 안에서 집사 직분으로 헌신하셨다. 어머니는 제자훈련과 소그룹, 이슬비 전도 등을 인도하시고 아버지는 청년부 부장으로 섬기며 주일 아침에는 어르신들을 위한 버스도 운전하셨다. 또한 입시학원과 외국어학원에서 20여 명의 교사와 200여 명의 학생을 지도하시며 힘들고 어려운 성도님들과 목회자들을 섬기셨다. 그때 우리 가정은 믿음과 기쁨, 감사 그리고 경제적인 풍요로 가득

했다. 부모님은 "그 시절이 우리 인생에서 가장 행복한 때였어"라고 종종 말씀하셨다.

어머니는 미국으로 이민온 후 2004년 초에 'B.P. Tailor'라는 작은 재봉 가게를 운영하셨다. 그곳에서 날마다 재봉틀 앞에 앉아 한 땀 한 땀 정성 들이며 고객의 기대를 뛰어넘는 솜씨로 옷을 수선하셨다. 작은 공간에서 피어난 어머니의 손길은 단지 실과 바늘의 기술이 아니라 삶의 무게를 견디는 한 여성의 믿음과 성실함이었다. 대부분의 고객은 어머니의 정성과 진심을 사랑했고, 자연스레 가게는 단골로 가득 찼다. 하지만 직원을 둘 형편이 되지 않았기에 어머니는 하루 종일 가게를 지켜야 했다. 어머니는 영어가 서툴고 전문적인 경영 지식이나 상업 경험도 없었다. 그런데도 가족의 생계를 책임지기 위해 작은 가게를 직접 운영하셨다. 낯선 언어와 문화 속에서 손님을 응대하고 물건을 정리하며 거래를 처리하는 모든 과정을 혼자 감당하셔야 했다.

작은 실수 하나에도 손해를 감수해야 했기에 어머니는 늘 긴장 속에서 일하셨고, 주변 상인들과 경쟁하면서도 정직함과 성실함을 결코 잃지 않으셨다. 주 6일을 일하고 손님이 많은 날에는 새벽같이 출근하여 밤 늦게까지 가게를 지키셨다. 그렇게 고된 하루를 마친 뒤에도 어머니는 집안일에 손을 놓지 않으셨다. 아버지는 그런 어머니 곁에서 다림질, 청소, 영수증 정리 등의 가게 일을 도우며 함께하셨다. 그 작은 가게는 단순한 생계 수단이 아니었다. 우리 가족이 이 땅에서 버티고 살아남기 위한 희망의 터전이고 어머니의 눈물과 땀이 스며든 생존의 현장이었다.

아버지는 당시 오로라 침례교회(Aurora Korean Baptist Church)에서 담임목사로 사역하고 계셨지만, 교회의 재정이 어려워 가정의 주된 생계는 어머니의 재봉 가게를 통해 유지되었다. 그런데 그 해에 나의 사고가 일어났고, 그런 와중에 성도님들이 교회를 떠나아버지는 예기치 않게 사임하게 되셨다. 우리 가족은 보험도 연금도 저축도 없는 상태에서 갑작스러운 전환기를 맞이했다. 우리는 정부의 도움을 받을 수 없어서 간병인을 고용하려면 매달 8천 달러(약 1,800만 원) 이상이 필요했지만, 우리 형편에는 불가능한 일이었다. 그때 아버지가 망설임 없이 나의 간병인이 되기로 결심하셨다. 그것은 단지 아버지로서의 선택이 아니라 하나님이 맡기신 새로운 사명으로 받아들인 순종의 응답이었다.

전통적인 가정에서 자라서 '남편은 가정을 부양하는 존재'라고 배운 아버지에게 간병인의 역할은 결코 쉬운 결정이 아니었다. 그러나 가족이 생존하기 위해, 더 나아가 하나님 앞에서의 부르심에 충실하기 위해 아버지는 그 역할을 기꺼이 감당하셨다.

아버지의 하루는 나로 시작해서 나로 끝났다. 아침과 저녁에 나를 씻기고 옷을 갈아 입히는 데만 두 시간이 걸렸고, 그 후에 식사 준비와 휠체어 배터리 충전, 컴퓨터 켜기와 책상 정리 등 나에게 필요한 모든 부분을 도와주셨다. 특히 사고가 난 후 1년 정도는 하루 24시간 중 대부분을 내 곁에서 보내셨다.

간병인이 된 아버지의 존재는 처음엔 나에게도 불편하고 낯설었다. 누군가에게 의존해야 한다는 사실에 자존심이 상했고 때로는 민망함과 부끄러움으로 고개를 들 수 없었다. 아버지 역시 이런 새로운 관계에 적응하느라 무척 힘드셨을 것이다. 하지만 우리에겐 선택의 여지가 없었다. 아버지가 나를 옮겨주시지 않으면 나는 하루 종일 침대에 갇힌 채 있어야 했다. 그래서 나는 '부끄러워하지 마. 아버지는 너를 사랑하시는 분이야. 그리고 그 사랑은 네가 감사를 배워야 할 점이야라고 마음속으로 되뇌었다.

아버지는 전문 간병인이 아니셨기에 손끝은 서툴고 절차는 익숙하지 않았다. 나는 그런 상황이 답답하고 불편해서 때로는 불평하고 참을성 없이 짜증을 내기도 했다. 그러나 아버지는 언제나 묵묵히 감내하셨다. 말없이 인내하고 다시 웃으며 혹 짜증을 내더라도 내가 요청하는 모든 것을 다 들어주셨다.

부모님은 일생을 주님께 헌신하며 살아오셨다. 하나님이 그 헌신을 기억하셔서 방황하는 아들을 언젠가 다시 돌이키실 것을 믿으며 사셨다. 부모님은 큰 기대를 품지 않으셨지만 단 하나의 바람이 남아 있었다. "아들이 믿음 안에서 살아가게만 해 주세요." 그래서 내가 일하고, 돈을 모으고, 부모님께 자주 전화를 걸기 시작하자 부모님은 그것을 하나님의 응답이라 믿었다. 하지만 의사의 진단은 그 모든 희망을 무너뜨리는 것처럼 들렸다. '하나님이 막아주셨다면 좋았을 것을. 성경에서 예수님은 앉은뱅이를 일으키시고 중풍병자도 고치셨는데, 왜 우리에게는 그런 일이 일어나지 않을까? 왜 목회자 가정에 이런 일이 생겼을까?

내가 다시는 걸을 수 없을지도 모른다는 말은, 부모님의 삶 전체를 뒤흔드는 비통한 선언이었다. 어머니는 밤마다 눈물로 고백하셨다. "아들아, 내가 너를 도울 수 없다는 게 너무 미안해. 네 고통을 대신할 수도 없고 아무것도 해줄 수 없어서 정말 미안하다." 그러나 사실 죄송해야 할 사람은 나였다. 그날 밤에 부모님의 조언을 무시하고 친구들과 어울리기 위해 집을 나섰던 사람은 나였고, 덴버에 머물라는 어머니의 권면을 외면하고 아스펜으로 이사한 것도 나였다. 사랑과 지혜, 격려를 외면한 채 어머니의 마음에 상처를 준 사람도 바로 나였다. 아버지는 말수가 많지 않으셨지만,

기도 중에 들려오는 흐느낌은 나를 깨우기에 충분했다.

　나는 부모님의 삶을 떠올릴 때마다 목이 멘다. 부모님의 고통스러운 여정, 고단한 삶의 무게 그리고 끝이 없는 희생 앞에 말문이 막히고 가슴이 저린다. 특히 나의 사고 이후 그분들의 고통은 더욱 깊어졌고, 일상의 짐은 배가되었다. 나는 아무것도 할 수 없다는 무력감에 자주 사로잡혔다. 내가 대신 아파드릴 수도, 부모님의 어깨를 가볍게 해드릴 수도 없기에 기도 외에는 할 수 있는 일이 없었다. 그래서 나는 하나님께 엎드린다. 이 모든 고통의 여정을 통해 내가 무엇을 배우고 있는지 물으며 눈물로 간구한다. 그때마다 나는 이 여정을 통해 예수님의 사랑을 배우고 있음을 깨닫는다.

　부모님의 헌신은 자녀에 대한 사랑을 넘어선 것이다. 그것은 복음의 실체이고 십자가의 그림자였다. 매일 나를 씻기고 입히며 날마다 말없이 희생을 감내하면서, 피곤한 몸으로도 새벽과 밤중에 기도하며 나의 이름을 부르셨다. 부모님의 손길은 마치 예수님이 십자가에서 피 흘리시며 우리를 위해 자신을 내어주신 바로 그 사랑을 닮아 있었다. 나는 그 사랑 안에서 다시 살아났고, 그 헌신 속에서 하나님의 사랑의 깊이를 배웠다.

　부모님은 말없이 사랑을 베풀면서도 나를 판단하지 않으시고 오히려 나의 상처를 함께 짊어지며 조용히 동행해 주셨다. 부모님은 내 인생의 어두운 밤에 빛이 되고, 내가 하나님의 사랑을 다시 깨닫고 신뢰할 수 있도록 만들어주신 가장 큰 증인이다. 나의 부모님이자 간병인이었을 뿐만 아니라 복음의 동역자이고 주님 안에서 친구요 형제요 자매였다. 부모님의 헌신은 육체를 돌보는 것을 넘어 내 영혼을 살리는 사역이었다. 절망과 회의 속에 빠져 있던 나에게 부모님의 무언의 사랑은 하나님의 임재와 동일했다.

언젠가 TV 프로그램에서 "다시 태어나도 이 사람과 결혼하시 겠습니까?"라고 질문을 던지는 장면을 본 적이 있다. 이와 비슷하 게 만약 누군가 내게 "다시 태어나도 부모님의 아들로 태어나시겠 습니까?"라고 묻는다면, 나는 그 질문에 망설임 없이 눈물과 감격 에 가득 찬 마음으로 이렇게 말할 것이다.

"Yes, yes, and yes!"

부모님의 희생은 하나님 아버지의 사랑을 드러내는 거울입니다

성경은 하나님의 사랑을 이해하는 중요한 통로로 부모의 사랑을
제시합니다. 부모는 자녀에게 생명을 주고 성장하도록 돌보며, 그
존재 자체를 조건 없이 품습니다. 이러한 사랑은 하나님의 사랑과
본질적으로 연결되어 있습니다. 하나님께서는 다음과 같이 선포
하십니다. "여인이 어찌 그 젖 먹는 자식을 잊겠으며 자기 태에서
난 아들을 긍휼히 여기지 않겠느냐 그들은 혹시 잊을지라도 나는
너를 잊지 아니할 것이라"(사 49:15). 하나님의 사랑이 어머니의 사
랑보다도 더 크고 깊다고 말씀하십니다. 부모의 돌봄은 인간의 연
약함을 감싸시는 하나님의 손길의 체현(體現)입니다. 또한 예수님
이 비유로 말씀하신 아버지의 모습(눅 15:11-32)과 탕자를 기다리며
먼저 달려 나간 그 사랑은 인간의 회복을 향한 하나님의 열정을
드러냅니다. 부모의 헌신은 이러한 하나님의 사랑을 일상 속에서
반영하는 가장 깊고 실제적인 은총입니다.

고난 속에서 드러나는 사랑은 성육신적 사랑입니다

사랑은 고통을 감수할 때 비로소 그 진실됨이 드러납니다. 예수님
은 단순한 가르침을 넘어서 고난을 통해 사랑을 완성하셨습니다.
"우리가 아직 죄인 되었을 때에 그리스도께서 우리를 위하여 죽
으심으로 하나님께서 우리에 대한 자기의 사랑을 확증하셨느니
라"(롬 5:8). 부모의 희생, 특히 자녀의 고통을 함께 짊어지고 감당

하는 모습은 성육신(incarnation)의 영성을 드러냅니다. 예수님이 하늘 보좌를 버리시고 인간의 연약함을 입으신 것처럼 부모는 자신의 삶의 구조를 허물면서까지 자녀를 품습니다. "그는 근본 하나님의 본체시나 하나님과 동등됨을 취할 것으로 여기지 아니하시고 오히려 자기를 비워 종의 형체를 가지사 사람들과 같이 되셨고"(빌 2:6-7). 이러한 사랑은 단지 '도와주는 것'이 아니라 함께 '거하는 사랑'이며 곁에 머무는 헌신입니다. 인간의 고통 속에 거하시며 끝까지 책임지시는 예수님의 사랑이 부모님의 희생 속에 투영되어 있습니다.

희생은 복음의 실체이며, 공동체를 세우는 능력입니다

복음은 본질적으로 '자기를 내어줌'에 기초하고 있습니다. 예수님의 십자가는 이기적 존재인 인간을 향한 하나님의 자기 비움입니다. 부모님의 일상 속 헌신은 자녀에게 복음을 전하는 가장 강력한 메시지입니다. "사랑하는 자들아 우리가 서로 사랑하자 사랑은 하나님께 속한 것이니 사랑하는 자마다 하나님으로부터 나서 하나님을 알고"(요일 4:7). 이사야서에서 고난 받는 종의 이미지는 단지 십자가의 예수 그리스도뿐 아니라 일상의 십자가를 지는 부모님의 모습에서도 비춰집니다. "그가 찔림은 우리의 허물 때문이요 그가 상함은 우리의 죄악 때문이라 그가 징계를 받으므로 우리는 평화를 누리고 그가 채찍에 맞으므로 우리는 나음을 받았도다"(사 53:5). 이러한 사랑은 가정을 넘어 공동체 안에서 회복과 위로, 나눔의 기초가 됩니다. 부모님의 사랑은 교회와 사회의 건강한 공동체 문화를 형성하는 기초가 되며, 자녀는 이 희생을 통해 '자기를 부인하고 십자가를 지는 삶'을 배우게 됩니다.

사랑은 말이 아니라 행동임을 기억하길 바랍니다

복음은 단순한 감정의 언어가 아니라 실제적인 행동으로 나타났습니다. 예수님이 십자가에서 보여주신 사랑은 부모님의 헌신을 통해 구체적으로 느껴집니다. 우리도 사랑을 말로 표현하기 전에 누군가를 위해 자신을 낮추고 시간과 자원을 내어주는 법을 배워야 합니다. 오늘 하루 주변 사람에게 말보다 행동으로 사랑을 표현해 봅시다. 작은 수고와 조용한 배려, 따뜻한 격려가 누군가에게는 큰 위로가 될 수 있습니다.

부모님의 사랑을 되돌아보고 감사를 표현해 봅시다

우리는 종종 부모님의 사랑을 너무 익숙하게 여겨서 그 깊이와 무게를 잊고 지냅니다. 그러나 그 희생은 결코 당연한 것이 아니며, 하나님의 은혜와 깊이 연결되어 있습니다. 부모님 혹은 나를 길러주신 분들에게 감사의 마음을 표현해 봅시다. 직접 말로 표현하거나 문자, 손편지를 통해 마음을 전하는 것도 좋은 방법입니다.

부모님 외에 희생으로 사랑을 베풀어준 사람에게 다가가 봅시다

때로는 사랑으로 돌봐주는 부모님을 경험하지 못할 수도 있지만, 하나님께서는 우리 삶의 다양한 통로를 통해 그분의 사랑을 부어주십니다. 친척, 교회 공동체, 선생님, 친구, 혹은 예상치 못한 이웃이 나에게 희생으로 보여준 사랑에 감사하는 시간을 가집시다. 그 사랑을 기억하며 되갚는 마음으로 복음의 삶을 살아가면서, 과거 또는 현재에 나를 위해 희생해준 분들에게 연락해 봅시다. 감사의 인사와 안부를 전하는 것만으로도 복음의 향기를 전하는 귀한 모습이 됩니다.

💬 나는 지금 사랑하고 있습니까, 아니면 사랑을 피하고 있습니까? 사랑은 감정보다 깊고 조건보다 무거운 결단일 때가 많습니다. 우리는 사랑하고 싶지만, 동시에 사랑받지 못할까 봐 두려워서 망설이기도 합니다. 그러나 하나님께서는 우리가 아직 죄인이었을 때 사랑하시고 배신과 외면을 감당하면서까지 사랑하셨습니다.

💬 나의 관계 속에서 꺼리고 있는 사랑의 표현은 무엇입니까? 그것이 용서든, 섬김이든, 침묵의 기다림이든 그 사랑의 자리에 하나님의 사랑을 흘려보낼 수 있습니까? 결국 사랑입니다.

은혜:
나의 걸음에 함께하시는 하나님

기록하며 되새길 문장 필사
....
나의 걸음에 함께하신 주님께 감사드리는 감사노트
....

주님과 동행하는 귀한 시간을 허락하신 하나님께 모든 영광을 올려드립니다. 이제 우리는 함께한 여정의 마지막 문 앞에 서 있습니다. 이 장에서는 하나님이 부어주신 은혜들을 손으로 필사하면서 마음에 채우고 새겨보기를 원합니다. 그리하여 한 글자 한 글자 꾹꾹 눌러 쓴 문장들이 여러분의 삶이 되기를, 또한 앞으로 펼쳐질 삶의 여정 가운데 힘이 되고 위로가 되며 생각나는 한 문장이 되기를 바랍니다.

실패와 무너짐은 그분의 주권 밖에서 일어난 일이 아닙니다.
하나님께서는 그 허물어진 자리에서 새로운 일을 시작하십니다.

하나님의 회복은 '과거로의 복귀'가 아니라
'새로운 존재로의 재창조'입니다.

그분이 우리의 깊은 상처를 아시고 그것을 그대로 두지 않으시며
우리에게 찾아오십니다.

절망은 신앙의 끝이 아니라 거짓된 소망이 무너지고 참된 소망이
시작되는 자리입니다.

자유의 목적은 하나님을 사랑하고 이웃을 사랑하는 것입니다.

우리에게 필요한 것은 구체적인 변화나 결과 자체가 아니라
그것보다 더 크신 하나님을 붙드는 믿음입니다.

우리는 '패배자'가 아니라 '정복자'이고, '버려진 자'가 아니라
'하나님의 자녀'이며, '부끄러운 자'가 아니라 '하나님의 걸작
품'이라는 하나님의 음성에 귀 기울여야 합니다.

○

그리스도인의 삶에서 성경은 정보의 원천이 아니라 거룩함으로
빚어가는 하나님의 도구입니다.

○

하나님은 기도를 통해 우리의 내면을 다듬으시고 그분의 선하심을
신뢰하는 믿음이 자라게 하십니다.

○

회개는 인간의 결단이 아니라 하나님의 인도하심 속에서 일어나는
은혜의 응답입니다.

○

하나님께 나아가는 첫걸음은 진실한 자기인식입니다.

○

은혜는 계산이나 교환의 영역이 아니라 전적으로 하나님 편에서
시작되고 완성되는 사랑의 행위입니다.

○

그리스도 안에서 우리는 더 이상 무엇을 얻기 위해 살아가는
존재가 아니라, 이미 주어진 하나님의 사랑 안에서 살아가는
존재입니다.

○

믿음은 해석에서 시작되며,
해석은 하나님의 시선으로 삶을 바라보는 연습에서 길러집니다.

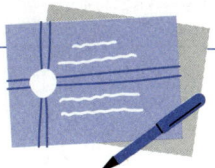

。

고통과 약함은 실패가 아니라 하나님의 능력이 빛나는 무대입니다.

。

부서진 꿈을 내려놓는 것은 포기가 아니라

더 깊은 신뢰의 자리로 나아가는 길입니다.

하나님께서는 우리의 꿈을 내려놓을 때

그분의 꿈으로 채워주십니다.

。

하나님이 주시는 꿈은 개인의 회복을 넘어 세상을 치유하고

공동체를 살리는 방향으로 이끕니다.

。

우리가 하나님을 사랑할 수 있는 이유는

그분이 먼저 우리를 사랑하셨기 때문입니다.

。

멘토링은 교회의 사명을 위한 필수적인 연결점이며

사랑의 실천을 통해 그리스도의 몸이 세워지는 방식입니다.

。

인간의 고통 속에 거하시며 끝까지 책임지시는 예수님의 사랑이

부모님의 희생 속에 투영되어 있습니다.

언제나 함께하시는 주님께 감사를 고백하며

지금까지 나와 함께하셨고 앞으로도 함께하시며
인도해주실 주님께 감사의 고백을 작성해 봅시다.

" 여호와께 감사하라 그는 선하시며 그 인자하심이 영원함이로다"(시 136:1).

문을 닫으며

스노보드 사고가 일어난 지 어느덧 20년이 넘었습니다. 그 사이에 제 삶에는 참으로 많은 일이 있었습니다. 기쁨과 축복의 순간도 있었고, 타들어 가는 가슴으로 맞이한 절망의 순간도 있었습니다. 소망에 부풀어 하나님께 찬양드리던 때도, 실망과 낙심 속에서 그분의 침묵에 괴로워하던 날도 있었습니다. 그러나 이 모든 여정 속에서 단 한 가지는 결코 변하지 않았습니다. 하나님께서는 언제나 저와 함께하셨습니다. 그분의 사랑은 멈추지 않았고, 그분의 자비는 날마다 새로웠으며, 그분의 거룩하심은 저를 바른 길로 인도하셨습니다. 하나님의 섭리 속에서 제 삶의 오르막과 내리막은 모두 그분의 선한 뜻을 이루는 과정이었습니다.

하나님께서는 제 기도에 응답하심으로 그분의 존재와 능력을 나타내셨고, 때로는 응답하지 않으심으로 제 믿음을 요구하셨습니다. 하나님께서 저에게 고난을 허락하신 이유는 단순히 인내를 가르치시기 위함이 아니었습니다. 오히려 그것은 이 땅에서의 삶이 나 자신을 위한 것이 아니라 하나님의 영광을 위한 것임을 알게 하시려는 사랑의 초대였습니다. 그분은 빛이 아닌 어둠 속에서, 높음이 아닌 낮음 속에서 저를 성경과 신학으로 이끄셨고, 복음을 전하며 힘들고 어려운 삶을 살아가는 분들을 섬기는 사명을 주셨습니다.

295

제가 경험한 수많은 '결핍'은 오히려 하나님의 은혜와 능력을 더욱 풍성히 누리게 한 통로였습니다.

만약 그 사고가 없었다면, 저는 제 삶을 온전히 예수 그리스도께 드리지 않았을 것입니다.
만약 불법체류 신분이 아니었다면, 여호와 이레 하나님을 체험하지 못했을 것입니다.
만약 장애가 없었다면, 하나님의 능력이 얼마나 놀라운지 경험하지 못했을 것입니다.
만약 전신마비가 아니었다면, 그리스도 안에서의 자유를 누리지 못했을 것입니다.
만약 인간적인 자존감이 무너지는 수치를 겪지 않았다면, 성육신하신 예수님의 겸손을 이해하지 못했을 것입니다.
만약 제 삶의 자립심이 무너지지 않았다면, 저는 여전히 제 삶의 주인이 저라고 착각하며 살았을 것입니다.
만약 휠체어에 앉아있지 않았다면, 하나님의 병거를 타고 달린다는 영광을 상상하지 못했을 것입니다.
만약 고통이 없었다면, 부모님의 사랑이 얼마나 귀한지 몰랐을 것입니다.
그리고 그 사랑을 통해 예수 그리스도의 십자가 사랑이 얼마나 깊은지 결코 깨닫지 못했을 것입니다.

이 모든 고백은 인간적인 단념이 아니라 영적인 깨달음에서 비롯된 것입니다.

많은 사람이 저에게 자주 묻는 두 가지 질문에 답변하며 마무리하려고 합니다. 먼저는 "하나님께서 당신의 기도에 응답하신다면 왜 당신을 치유하시지 않으십니까? 왜 기적이 일어나지 않습니까?"라는 질문입니다. 기적의 목적은 하나님을 하나님으로 믿고 인정하게 하는 데 있습니다. 하나님께서는 이성과 논리로는 설명할 수 없는 초자연적인 방식으로 역사하심으로써 인간이 그분을 믿을 수 있도록 도우십니다. 즉 하나님께서는 인간의 눈으로 관찰 가능한 역사 속에서 일하심으로, 우리가 그분의 존재와 주권을 체험하게 하십니다.

하지만 성경에서 말하는 기적은 단지 비상식적이거나 놀라운 사건에 그치지 않습니다. 참된 기적은 하나님의 뜻이 사람의 삶에 드러나는 사건입니다. 다시 말해, 기적은 하나님의 임재와 목적이 인간의 역사 속에 구현되는 방식이며, 그 형식이 반드시 극적이거나 외적일 필요는 없습니다.

우리는 이성적인 설명이나 분명한 증거가 있어야만 믿을 수 있다고 생각합니다. 그리고 어떤 이들은 이렇게 주장합니다. "기적이 일어나야 하나님을 믿을 수 있다." 하지만 고난당하고, 외면당하고, 기도에 응답이 없는 것처럼 느껴질 때에도 여전히 하나님을 믿는다면 그것이야말로 진정한 기적이 아닐까요?

죄인은 스스로 하나님을 선택할 수 없습니다. 인간은 타락 이후 하나님을 찾지도, 기뻐하지도 않습니다(롬 3:10-12). 따라서 인간이 하나님을 믿고 의지하게 된다는 것 자체가 이미 하나님의 은혜로 이루어진 초자연적인 역사입니다. 보이지 않는 하나님의 손길이 인간의 내면 깊은 곳에서 일하시고, 이해할 수 없는 방식으로 마음을 열고 눈을 뜨게 하시며, 마음을 돌이키게 하십니다.

고난의 한가운데서도 하나님을 붙드는 것, 낙심과 절망 속에서도 하나님께 소망을 두는 것, 응답이 없는 기도 가운데서도 무릎 꿇는 것, 이것이야말로 인간의 능력으로는 도저히 설명할 수 없는 하나님의 역사입니다. 생각하면 할수록 떠나야 할 것 같고, 마음속에서는 실망과 분노가 올라오는데, 그럼에도 불구하고 하나님을 찾게 되는 것, 그것이 바로 기적입니다.

이처럼 하나님은 외적으로 드러나는 놀라운 사건뿐만 아니라 인간의 내면에서 은밀하게 이루어지는 믿음의 변화 속에서도 기적을 행하십니다. 바로 이런 이유로 예수님은 도마에게 말씀하십니다. "너는 나를 본 고로 믿느냐 보지 못하고 믿는 자들은 복되도다 하시니라"(요 20:29). 오늘도 하나님이 행하시는 기적은 육체의 질병을 단번에 고치시는 일일 수도 있고, 수십 년의 고난과 기다림 속에서 믿음을 잃지 않게 하시는 일일 수도 있습니다. 전자는 눈에 띄는 기적이고, 후자는 깊이 뿌리내린 기적입니다. 그러나 둘 다 하나님이 행하신 것입니다.

하나님께서 제 기도에 응답하지 않으심으로 요구하신 것은 믿음이었습니다. 마비된 몸, 흔들리는 감정, 대답 없는 하늘 앞에서도 저는 그분을 붙들 수밖에 없었습니다. 왜냐하면 그 어두운 골짜기에서조차 하나님은 제 곁에 계셨기 때문입니다. 육체는 회복되지 않았지만 제 영혼은 그 어느 때보다 자유로웠고, 삶의 진정한 목적과 존재의 이유를 그리스도 안에서 발견하게 되었습니다.

사람들은 극적인 치유나 재정적인 기적을 기대합니다. 그러나 진정한 기적은 고난 속에서도 하나님을 신뢰하고 예배하는 삶입니다. 하나님이 침묵하실 때에도 그분을 떠나지 않는 믿음, 아무런 표적이 없어도 성경 말씀을 붙들고 살아가는 인내, 쓰러졌지만 다시 일어서는 용기 등이 기적입니다. 여러분도 지금 고통 중에 있음에도 불구하고 여전히 하나님을 믿고 있다면, 당신이 바로 하나님의 기적입니다.

하나님께서는 여전히 기적을 행하십니다. 그 기적은 바다를 가르는 것이 아니라 닫힌 마음을 여는 것이고, 육신을 일으키는 것이 아니라 죽은 영혼을 살리는 것입니다. 기적은 과거의 이야기가 아니라 오늘도 우리 가운데 일어나고 있는 하나님의 현재형 사역입니다. 고난 중에도 믿음을 잃지 않고 살아가는 당신의 삶 자체가 기적입니다. 기도해도 응답받지 못한 것 같지만, 여전히 하나님을 붙든다면 이미 우리 안에 가장 큰 기적이 일어난 것입니다.

우리는 기적을 바라는 사람이 아닙니다. 우리가 기적입니다.

두번째 질문은 "만약 하나님이 살아 계신다면 왜 우리에게 고난을 허락하십니까?"입니다. 하나님께서는 저의 자기중심적인 꿈을 무너뜨리셨습니다. 그분은 제가 사고가 나기 전날 밤에 운전해서 아스펜으로 가고, 그 다음 날 스노보드를 타는 자유로운 선택을 하실 것을 미리 아셨습니다. 그 선택은 불행하고 고통스러운 결과로 이어졌고, 그 결과는 저에게 있어 의미 없고 파괴적인 것이었습니다. 그러나 하나님께서는 그 모든 결과를 미리 아시면서도 그날 사고가 일어나도록 허락하셨습니다. 이는 단순한 비극이 아니라 하나님의 거룩한 이름을 영화롭게 하고 저에게 유익을 주시기 위한 선한 목적과 계획이 있었기 때문입니다. 주님은 저의 삶에 장애와 고난을 허락하시고, 그것을 통해 제 삶을 무너뜨리고 다시 세우셨습니다. 그분은 제 고통의 깊이도 미리 아셨고, 제가 겪는 고통 하나하나를 함께 감당하셨습니다.

하나님께서는 인간에게 자유의지를 주셨기에 저의 선택을 막지 않으셨습니다. 그러나 동시에 하나님은 창조주로서 인간의 자유의지 위에 주권적으로 역사하실 수 있는 권한과 능력을 가지신 분입니다. 만약 제가 A를 선택하려 해도 하나님은 저를 B로 인도하실 수 있는 분입니다. 이것은 인간의 자유를 억압하는 것처럼 보일 수 있으나, 그분은 인간의 수많은 자유로운 선택을 미리 아시며, 그것을 활용하고 존중하시면서도 자신의 뜻을 이루어 가십니다. 만약 하나님께서 제 사고를 미리 아시지 못했다면, 그 사고는 단순한 비극이 되었을 것입니다. 그리고 그분이 그 사고에 아무런 관여가 없고 그 결과를 알지 못하셨다면, 그런 하나님은 전능하지도, 전지하지도 않은 분이며 제 기도에 응답하실 수 없을 것입니다. 그런 하나님을 믿고 예배할 이유가 없을 것입니다. 만약 하나님도 사고를 당할 수 있는 분이라면 누가 그분을 위로하겠습니까?

이러한 하나님의 주권과 인간의 자유의지의 관계는 성경에 나오는 요셉의 이야기를 통해 더욱 명확해집니다. 요셉은 형들이 자신에게 절하는 꿈을 반복해서 말하는 선택을 했고, 그것은 형들에게 오만하게 비쳤습니다. 아버지 야곱은 그 형제들의 복잡한 관계를 알고 있었지만, 요셉을 형들에게 보냈습니다. 이는 어리석은 선택이었습니다. 형들은 요셉을 상인에게 은 몇 냥에 팔아버리고 이는 악하고 비도덕적인 선택이었습니다. 보디발의 아내는 요셉을 거짓으로 고발하고 보디발은 요셉을 감옥에 가두었습니다. 그러나 술 맡은 관원장이 요셉을 기억하여 바로에게 그의 꿈 해석 능력을 말하고, 바로는 요셉을 애굽의 총리로 세웠습니다.

이 모든 인물은 각자의 의지로 선택했고, 그중 일부는 악한 선택이었습니다. 그러나 하나님께서는 그들의 선택을 헛되이 하지 않으시고 그것을 사용하셔서 그분의 계획을 이루셨습니다. 요셉은 문화적으로, 사회적으로, 정치적으로 훈련받으며 많은 사람을 살릴 리더로 준비되었습니다. 그리하여 그는 형들을 다시 만났을 때 이렇게 말합니다. "당신들은 나를 해하려 하였으나 하나님은 그것을 선으로 바꾸사 오늘과 같이 많은 백성의 생명을 구원하게 하시려 하셨나니"(창 50:20). 이처럼 하나님은 인간의 악한 선택마저도 그분의 선하신 계획을 위해 사용하실 수 있는 분입니다.

저의 꿈과 삶은 완전히 무너졌습니다. 육체도, 가정도, 정체성도, 인간관계도, 신앙도 무너졌습니다. 모든 것이 산산이 부서졌습니다. 그러나 그 절망 가운데서 하나님께 손을 내밀자, 그분이 저의 손을 잡아주시고 건축자들이 버린 돌을 제 안에 심으셨습니다. 그것은 곧 예수 그리스도, 새 꿈의 기초가 되신 분이었습니다. "예수께서 이르시되 너희가 성경에 건축자들이 버린 돌이 모퉁이의 머릿돌이 되었나니 이것은 주로 말미암아 된 것이요 우리 눈에 기이하도다 함을 읽어 본 일이 없느냐"(마 21:42). 그분 안에서 저는 새로운 꿈을 향해 나아가게 되었고, 그분이 끊임없이 제 손을 붙드시며 말씀하셨습니다. "내가 너를 위해 예비한 꿈은 너를 형통하게 하려는 것이며, 너에게 미래와 희망을 주기 위한 것이다."

새 포도주를 낡은 부대에 담을 수 없듯이, 하나님께서 이제 저의 옛 꿈을 완전히 무너뜨리시고 그 위에 그분의 새로운 꿈을 재건축하고 계십니다. 이 새로운 건축물은 제 자아를 위한 것이 아니라 하나님의 영광을 위한 것입니다. 설계도는 성경이고, 건축가는 하나님이십니다. 하나님께서는 지금도 제 삶 위에 그분의 꿈을 재건축하고 계십니다.

고난은 단지 우리를 괴롭게 하려는 하나님의 방관이나 무관심의 표현이 아닙니다. 오히려 그것은 하나님의 뜻과 사랑이 우리의 삶 깊은 곳까지 스며들어 우리를 깨뜨리고 다시 세우는 은혜의 도구입니다. 그분은 고난 속에서도 결코 우리를 혼자 두지 않으시고 우리와 함께 걸으시며, 함께 아파하시고 마침내 우리를 그분의 뜻대로 아름답게 빚어가십니다. 그러므로 살아 계신 하나님이 우리에게 고난을 허락하시는 것은, 바로 그 고난 속에서 그분의 더 깊은 사랑과 주권 그리고 선하심을 경험하게 하기 위함입니다.

하나님께서는 우리를 사랑하시고 우리 각 사람에게 맞춤형으로 설계된 꿈을 갖고 계십니다. 그분의 계획은 우리가 원했던 인생과 다를 수 있지만, 우리에게 꼭 필요한 생명의 길입니다. 하나님은 우리를 너무나 사랑하셔서 그분을 우리와 같이 낮추시고 우리의 고통을 함께 겪으시며, 십자가에서 우리를 대신하여 죽으셨습니다. 그 십자가가 하나님의 사랑의 확증이며 부활은 우리의 소망의 시작입니다.

그리스도는 죽음을 이기시고 살아나셨고, 다시 오실 날에 우리도 새로운 몸으로 부활할 것입니다. 그날에는 더 이상 고통도, 눈물도, 장애도, 죄도 존재하지 않을 것입니다. 하나님께서 눈물을 닦아주시고 상처를 치유해 주시는 그날까지, 우리는 서로 믿음을 격려하며 예수 그리스도의 이름으로 살아가야 합니다.

이 책을 마치며 한 가지 확신을 가지고 고백합니다.

예수 그리스도와 동행하는 것은 모든 고난과 어둠 속에서도 진정한 기쁨과 소망의 삶입니다. 지금 고통 속에 있다면 여러분은 버려진 존재가 아닙니다. 오히려 그 자리는 하나님의 사랑이 드러나는 자리이며, 여러분 안에서 지금도 기적이 일어나고 있는 자리입니다. 하나님께서는 여러분의 삶을 결코 낭비하지 않으시며, 고난의 자리를 새롭게 빚어가십니다. 그러므로 절망의 벽 앞에서 십자가를 바라보십시오. 빈 무덤을 기억하십시오. 그리고 외치십시오.

"마라나타! 주 예수여, 어서 오시옵소서!"

국제제자훈련원은 건강한 교회를 꿈꾸는 목회의 동반자로서 제자 삼는 사역을 중심으로
성경적 목회 모델을 제시함으로 세계 교회를 섬기는 전문 사역 기관입니다.

무너진 자리에서
피어난 은혜

초판 1쇄 인쇄 2025년 12월 10일
초판 1쇄 발행 2025년 12월 20일

지은이 김지훈

펴낸이 오정현
펴낸곳 국제제자훈련원
등록번호 제2013-000170호(2013년 9월 25일)
주소 서울시 서초구 효령로68길 98(서초동)
전화 02) 3489-4300 **팩스** 02) 3489-4329
이메일 dmipress@sarang.org

ISBN 978-89-5731-934-5 03230